지역창생과 지역활성화 전략

- 미국, 유럽, 일본의 도시창생 프로젝트 -

일러두기

원제는 「地方創生」でまちは活性化する'(지방창생으로 마을을 활성화한다) 이다. '창생'이라는 단어는 일본에서 만든 신조어인데, 우리나라에서도 일부 사용하고 있고 도시창생, 지방창생, 지역창생 등을 혼용해서 사용하고 있어 우리나라의 실정과 현황 등을 고려하여 용어의 통일이 필요했다. 특히 앞으로 국내의 지역활성화에 있어서도 도시재생의 범위를 벗어나 창생의 개념과 정책이 도입될 것으로 예상을 한다.

1. 원서의 '지방창생'이라는 용어를 '지역창생'으로 대체했다. 도시, 지방, 지역 중에서 지역이 이라는 개념이 가장 포괄적이서 나머지를 흡수 할 수 있을 것이라는 일부 학자들의 의견을 수렴했다. 내용에 따라 도시창생, 지방창생 등을 사용했다.

2. 서언이나 일부 본문에 있어 모임 명, 직책 등의 경우엔 원서 그대로 지방창생이라는 용어를 사용했다. (지방창생연구회, 지방창생대신 등)

3. 또한 지방창생을 지역창생으로 바꾸는 것에 대해서 이 책의 저자도 개념상 차이가 없다는 의견을 확인했다.

4. 외국어 표기에 있어 원어를 괄호 안에 적었고, 일본에서 사용되는 단어 혹은 조어 등도 각주를 통해 설명을 곁들였다.

5. 저자에 따라 문체 등 표현의 방식이 달라 통일을 하려 하였으나 일부 어려움이 있었다.

지역창생과 지역활성화 전략

- 미국, 유럽, 일본의 도시창생 프로젝트 -

고바야시 유우지 / 나미카타 가츠히코 공저
엄상용 옮김

학연문화사

서언

제2차 아베 내각(2012.12.26.~2014.9.3.)은 지방 쇠퇴의 현상을 중시하여 지방진흥을 중요 과제로 인식하고, '지역창생(地域創生)'의 실행을 위해 「마을·사람·일자리창생법」을 새롭게 제정하여, 지방진흥 정책을 시작했다.

주의해야 할 것은, 이 법의 목적이 '지역창생'이지 '지역재생'은 아니라는 점이다. 우리 중소기업진단사(中小企業診斷士: 중소기업의 경영 과제에 대응하기 위한 진단·조언을 하는 전문가)들은 이 점을 충분히 의식해야 한다. '창생'이란 '새로운 것을 만드는 것'이고, '재생'은 '되살린다'는 것이다.

따라서, '지역창생'이란 "쇠퇴하는 지역을 되살린다"가 아니라, "새로운 지역을 만든다"는 것이다. 그래서 쉬운 일은 아니기 때문에 지역을 창조한다는 마음으로 임해야 한다.

중소기업진단사로서 이러한 사회적 요청에 부응하기 위해서는 지역창생에 대해 기본부터 체계적으로 배우고 연구해야 한다. 이에, 우리 중소기업진단사의 연구진은 국가의 지역창생 정책의 실시와 함께 '지방창생연구회(地方創生研究会)'를 출범하고 연구에 임했다.

이 책은 연구회의 첫 번째 연구 발표이다. 지역창생 사업의 전개에 도움이 되길 바라며, 우선 현 상황에서 파악되는 지역창생 사업을 다음과 같은 구성으로 정리했다.

서장에서는 우선 지역창생의 필요성, 의미, 추진방법에 대해 설명하고자 한다. 이어지는 각론에서는 제1장은 지역, 제2장은 상점가, 제3장은 네트워크, 제4장은 기업에 각각 관점을 두고 지역창생의 흐름을 짚어본다. 또 제5장, 제6장에서는 미국과 유럽에서의 도시창생 성공 사례를 각각 소개한다.

여기에 수록되어 있는 지역창생 사례는 현재까지의 상황에 근거함으로 새로운 영역인 인구 문제, 육아 문제, 교육 문제는 거의 다루지 못하였기에, 아직은 미흡하지만, 지역창생의 선구적 연구로 발표하고, 훗날 다시 한 번 추가적인 연구를 통해 보고서를 정리하여 세상의 기대에 부응하고 싶다.

2015년 5월

'지방창생연구회(地方創生研究会)' 대표
고바야시 유우지(小林勇治)

차례

서장

지역창생
사업의
발상과 전략

1 전통적인 경영 진단 기법으로는 지방이 활성화될 수 없다

일본 대부분의 마을에는 예로부터 유명 소매점이 즐비하게 번성하는 '혼마치도리(本町通り)'나 '긴자도리(銀座通り)'등과 같은 상점가가 많았다. 하지만 최근 이들 상점가에서는 대부분의 인기 있던 매장이 문을 닫고 셔터를 내리는 업소가 늘어나 '셔터거리', '셔터상가' 등으로 비유되고 있다.

또한 지역창생에서는 인구감소 문제도 중요 과제로 꼽고 있다. 인구감소를 그대로 방치하게 되면 일본의 총인구는 1억 2,700만 명(2015년 기준)에서 50년 후에는 8,700만 명까지 줄어지고 전국 지자체의 절반이 소멸될 것이라는 추계(推計)도 있어, 1억 명 정도의 인구를 유지하겠다는 정부의 목표달성은 쉽지 않기 때문이다.

우리 중소기업진단사(中小企業診断士)[1]는 지금까지 수많은 상가 진단, 나아가 도시 전체 상업 시설을 대상으로 한 광역 상업 진단, 신규 개발 쇼핑센터 건립·운영 진단 등에 참여해 왔다.

물론, 현재까지도 상가를 어떻게든 지원하고자 손을 내밀고 있지만 반드시 긍정적인 효과가 나오고 있는 것은 아니다. 또, 인구감소 문제에 대한 대응은 문제가 너무 커서 상가 진단의 범주를 벗어나 거의 손

---

1) 편집자 주) 중소기업진단사(中小企業診断士)는 중소기업의 경영 과제에 대응하기 위한 진단·조언을 하는 전문가다. 이는 법률상의 국가 자격으로 「중소기업 지원법」 제11조에 따라 경제산업대신이 등록한다. 중소기업진단사 제도는 중소기업들이 적절한 경영 진단 및 경영에 관한 조언을 받도록 경영 진단 및 경영에 관해 조언하는 사람의 선정을 용이하게 하기 위해 경제산업대신이 일정 수준 이상 능력을 가진 사람을 선발한다. (출처: https://www.j-smeca.jp/contents/002_c_shindanshiseido/001_what_shindanshi.html)

을 쓰지 못하고 있다고 할 수 있다.

이러한 상황에 대해 반성을 해 보면, 연구직원의 능력이 부족할 뿐만 아니라, 경제 환경, 경영 환경, 지역 환경이 크게 바뀌어, 진단의 대상이 개별 기업, 기업집단, 상가뿐만이 아니라, 인구문제, 고령화, 육아, 교육, 지역개발, 심지어 국가의 정책에까지 미치게 되면서, 종래의 경영진단의 사고방식, 기법, 진행방식으로는 충분히 대응할 수 없게 되었기 때문이라고 생각된다.

2 '지역창생'이란, 새로운 사업을 시작하는 것

21세기 들어 기존의 상업 진단 기법이 효율성을 잃어가면서 쇠퇴하는 지방의 활성화를 위해 새로운 지방 도시 개발의 필요성이 요구되었다. 좀처럼 묘안이 없어 추이를 지켜보던 중 2014년, 제2차 아베 내각에서는 '지역창생', '빛나는 여성시대'라는 지역 활성화를 주장한 정책이 제시되었다.

법제적인 측면에서는 인구감소 대책이나 지방 활성화의 기본이념을 정한 「지역·사람·일자리창생법」을 제정하고 아울러 여성의 활력을 이끌어내 지방 재생을 지원하는 「여성활약추진법」이 제정되었다.

그리고 이를 향후 5년간 시행하는 종합 전략을 시행하겠다고 밝혔다. 그런데 창생은 재생과 혼동되는 경향이 있지만 창생과 재생은 비슷한듯하면서도 전혀 다르다.

'창생(創生)'의 의미를 명확하게 할 수 있도록, 사전에서 조사해 보니 '창생'이라고 하는 말은 없었다. 유사한 말로는 '창성(創成)'이 있으며, 그것은 "처음 생겨난다"는 뜻이었다. '창생'이란 머리 좋은 관료의 신조어 같지만, "창성"과 같은 동의어로 생각해도 좋을 것 같다.

따라서, '지역창생'이란, "그 지역에 지금까지 없었던 새로운 것을 만들거나 실행을 통해서 그 지역의 진흥을 도모한다"는 것을 의미하며, 상가 진단보다는 넓은 의미를 가진 것으로 해석해야 한다.

3 '지역창생'에는 경영 진단보다 넓은 시각이 필요

「마을·사람·일자리창생법」에서는 제1조에 그 목적을 다음과 같이 정하고 있다.

저출산 고령화의 진전에 정확하게 대응하고 인구 감소에 제동을 거는 동시에, 수도권 인구의 과도한 집중을 시정하고, 각 지역에서 살기 좋은 환경을 확고히 보장하여, 미래에 걸쳐 활력 있는 일본 사회를 유지해 나가기 위하여 마을·사람·일자리창생에 관한 시책을 계획적으로 시행한다.

또한 마을·사람·일자리창생이란 다음을 일체적으로 추진하는 것이다.

① 마을: 국민 개개인이 꿈과 희망을 갖고 윤택하고 풍요로운 생활을 안심하고 영위할 수 있는 지역사회 형성
② 사람: 지역 사회를 담당하는 개성이 풍부하고 다양한 인재의 확보
③ 일자리창출: 지역의 매력 있는 다양한 취업 기회의 창출

더욱이 동법 제2조에서는 기본 이념으로서 실시해야 할 일을 다음과 같이 꼽고 있다.

① 국민의 개성이 풍부하고 매력 있는 지역사회에서 윤택하고 풍요로운 삶을 영위할 수 있도록, 각 지역의 실정에 따라 환경의 정비를 도모한다.
② 일상생활, 사회생활의 기반이 되는 서비스에 대해서 수요·공급

을 장기적으로 전망하면서 주민의 부담 정도를 고려해 사업자·주민의 이해와 협조를 얻으면서 현재·미래에 있어서 제공의 확보를 도모한다.

③ 결혼·출산은 개인의 결정에 근거한 것임을 기본으로 하면서, 결혼·출산·육아에 대해 희망을 가질 수 있는 사회가 형성되도록 환경 정비를 도모한다.

④ 일과 삶의 조화를 도모할 수 있도록 환경 정비를 도모한다.

⑤ 지역의 특성을 살린 창업 촉진·사업 활동의 활성화를 통해 매력 있는 취업 기회 창출을 도모한다.

⑥ 지역의 실정에 맞는 지방 공공 단체 상호 제휴 협력을 통한 효율적이고 효과적인 행정 운영 확보를 도모한다.

⑦ 국가·지방 공공단체·사업자가 서로 연계를 도모하면서 협력할 수 있도록 노력한다.

4 지역창생진단의 구체적인 항목

　지역창생은 지방의 진흥을 위해 국가시책으로 내세워 각 지역에서 이뤄지는 것이지만, 종래의 시책과 조금 다른 방식이 있다.

　이 정책을 담당하는 이시바 시게루(石破茂) 전 지방창생대신(2014. 9. 3. ~2015. 10. 7 재임)은 "지역창생의 지혜는 가스미가세키(霞が関: 도쿄에 있는 일본의 관청가)에 있는 것이 아니라 지방 현장에 있는 것이다. 국가의 제도, 구조를 바꿔야 한다"고 말했다.

　이것은 지방이 '지역창생'의 재료를 발견, 사업화를 기획·입안하고 그것을 중앙에 제안하면, 실현을 위해 지원, 보조하는 정책이라는 것이다.

　지역창생의 성공 선진 사례를 보면 기존의 기업 진단의 범위에서 큰 괴리가 있어, 중소기업진단사는 이에 대응하여 사회 구조 변화에 따른 진단·지원을 할 필요가 있게 되고 있다.

　지역창생의 구체적인 대응을 열거하면 다음과 같다.

① 상가에 손님이 유입될 수 있도록 월 1회, 계절별 1회, 6개월 1회, 대대적인 판매 및 행사를 성대하게 개최한다.
② 상가에 유력 전문점을 유치하여 유명상가를 만들거나 인기 있는 매장을 유치하여 시장을 구성한다.
③ 상가에 미니 공원, 놀이 공원, 스포츠 센터를 만들어 어린이 고객, 어린이 동반 고객을 유치한다.
④ 상가의 빈 점포를 임대하여 주부의 쇼핑을 도울 수 있는 돌봄센터를 만든다.

⑤ 상가의 빈 점포 대책으로서 보육원, 요리, 패션, 미용, 기모노 복장 교실 등의 학원사업자, 전문학교를 유치한다.

⑥ 인구 감소 대책으로는 상가에 한정하지 않고 시내 전역에 있는 빈집을 아파트로 개조, 소형 빈 건물을 아파트로 리모델링하고, 빈집은 청년주택(若者ハウス)으로 개조하여 시가보다 훨씬 저렴하게 임대한다. 거리가 번창하면서, 인구증가를 수반하는 구매력 향상을 기대할 수 있다.

⑦ 시중에 있는 대형 건물에 대학 통신 교육부, 사회 통신 교육 기업을 유치하여 학생들을 끌어들인다.

⑧ 시중뿐만 아니라, 근교를 포함해 공실이 있는 건물, 빈 창고 등에 경공업, 물류 가공공장, 통신판매 물류 센터 등을 유치한다. 모두 시내보다는 저렴하게 임대료를 책정한다.

⑨ 시내 근교에 청과, 과일 등을 재배하는 관광 농가, 도시 농업을 유치하여 직접생산을 통해 관광객을 유치한다.

⑩ 시내에 있는 사찰·사원의 유래를 조사하고 새로운 관광명소로 개발, 홍보를 통해 관광객을 모은다.

5 이미 볼 수 있는 지역창생 사례

지역창생이 법제화되어 '마을·사람·일자리'의 창생이 추진되었지만, 정부의 지원이 시작되기 전부터 지방에서는 자체적으로 활성화에 나서고 있는 곳도 많다.

그래서 인터넷이나 『요미우리신문』(2014년 11월 5일, 11월 25일자)에 소개한 지역창생 사례의 일부를, 법령의 '마을·사람·일자리' 분류에 따라 소개한다.

1) '마을'과 관련된 지역창생의 사례

① 쇼와(昭和) 30년대 분위기의 '이나리라쿠(稲荷楽市) 시장' (도요카와시)

아이치현(愛知県) 도요카와시(豊川市)의 도요카와 이나리오모테 산도(豊川 稲荷表参道)에서는 봄부터 가을까지 월 1회 '이나리라쿠(稲荷楽) 시장'을 개최하고 있다. 300m 거리에는 명물 이나리즈시(稲荷ずし), 마키센베(まき煎餅)등을 파는 포장마차들이 즐비하고, 고객이 붐비는 곳을 매장주인이 분장을 한 피에로가 돌아다니며 요고(太鼓)와 피리 소리로 흥을 돋우고 있다.

② 100여 개가 넘는 포장마차가 즐비한 '교바시아사(京橋朝) 시장' (오카야마시)

월 1회 개최되는 오카야마현(岡山県) 오카야마시(岡山市)의 '교바시아사(京杭朝) 시장'은 해당지역 외에도 분점을 인정하고 있고 5,000㎡의 회장에 100여개가 넘는 포장마차를 나란히 배치하여 세토내해(瀬戸内海: 세토내해는 혼슈 섬과 시코쿠 섬, 규슈 섬 사이의 좁은 바다를 말한다)의 생선과 지역의 채소, 비젠도자기(備前焼)등을 파는 명물 행사로 유명하다.

③ 산조 마르쉐(三条マルシェ) (산조시)

니가타현(新潟県) 산조시(三条市)는 셔터거리가 된 중심상가를 활성화하기 위해 매년 5월부터 10월까지 월 1회 '산조 마르쉐'라는 보행자천국을 실시하고 있다. 전장 2km거리에 170개의 노점이 나란히 붐비고 있어 이미 현지 명물이 되었다.

④ 근접 거주지 보조금제도 (도쿄도 지요다구)

도쿄도(東京都) 지요다구(千代田区)는 거주 인구의 증대를 도모하기 위해 간병 시대에 대한 대응을 겸해 부모가 사는 거주지 내로 이주한 신혼 가구와 육아 세대에 '차세대 육성주택조성제도'에 의한 이주자금을 지원하고 있다. 대상이 되는 2인 세대에게는 30㎡ 이상의 주택을 제공하고, 첫 해는 월액 8만 엔, 다음 해부터 1만 엔씩 감액하여 8년 간 보조를 한다.

2) '사람'과 관련된 지역창생의 사례

① '육아 지원금'으로 출생률 제고 (가고시마현 이센쵸)

가고시마시(鹿児島市) 남쪽 약 450km에 있는 도쿠노시마(徳之島)의 이센쵸(伊仙町)는 인구가 약 7,000명이다. 출생률은 2.81명으로 전국 시정촌(市町村: 일본의 행정구역 명칭) 중에서는 최고 수준이지만, 2020년에는 3.8명까지 높이기 위해 육아 지원금을 지급하고 있다.

자녀 1명이 태어나는 경우에는 5만 엔, 둘째 아이에겐 10만 엔, 셋째 아이 이후부터는 15만 엔이 지급된다.

② '황새대사' 제도로 결혼 지원 (효고현)

효고현(兵庫県)은 독신 남녀의 결혼을 지원하는 '황새대사(こうのとり大使)' 제도를 시행하고 있다. 황새대사는 공모제로 선발하는 자원봉사자로 보수는 없지만 현재 601명이 등록되어 있다. 이 제도로 인해 지금까지 146쌍의 약혼이 이뤄졌고 39쌍이 결혼으로 이어졌다.

③ '화목한 가정이루기 과정'으로 고등학생 대상 육아와 살림 교육 (시즈오카현)

시즈오카현(静岡県)은 고교생을 대상으로 PC나 휴대전화를 사용해 퀴즈형식으로 게임을 하면서 육아와 가사를 배우는 '화목한 가정 이루기 과정'을 개설해 운영하고 있다.

④ '결혼장려 마스터' 제도로 결혼 촉진 (교토)

2013년 출산율이 1.26명으로 도도부현(都道府県: 일본의 행정구역) 중에서 최하 2위가 된 교토부(京都府)는 결혼 중개역이 되는 '결혼장려 마스터' 제도를 도입했다. '결혼장려 마스터'에 의해 결혼 커플이 탄생하면 1쌍 당 3만 엔의 장려금이 지급된다.

3) '일자리'에 관련된 지역창생 사례

① '요시다마을' 회사에서 70명 고용 (운난시)

시마네현(島根県) 운난시(雲南市)에는 '요시다고향마을(吉田ふる
さと村)'이라는 주민출자 회사가 있다. 이 회사의 운영을 위해 약
70명을 고용하여 일터를 제공하고 있다. 이 회사는 약 50종류의
지역 상품을 기획·제작하면서 수익금 일부를 마을버스의 운행이
나 수도공사 업무에 충당하고 있다.

② IT기업을 유치하여 일터를 제공 (도쿠시마현 카이야마쵸)

도쿠시마현(德島県) 카미야마쵸(神山町)는 "지금의 IT기업은 정
보기반이 갖추어진 대도시에 위치할 필요는 없다"고 IT기업가들에
게 호소하며, 사업을 시작하는데 다양한 편의를 제공한다고 IT기
업을 유치, 젊은이에게 일터를 제공해 인구 확보를 도모했다.

6　지역관리자 파견으로 지역창생을 추진

　본격적인 지역창생사업에는 단독상점, 상가에서 할 수 있는 것은 제한되어 있다. 지방행정이 법령에 의해 사업계획을 세우고, 이에 따라 관련단체의 승인, 행정기관의 허가를 받아 건축, 토목, 법률의 전문가 지식과 기법에 따라 실시계획 작성 등을 하게 된다.

　이들 '지역창생사업계획'은 지방행정기관에서도 만들 수도 있지만 전문부서가 있거나, 해당 분야의 전문가가 있는 것이 아니기 때문에 대부분의 경우 '지역창생 프로젝트팀'을 결성해 그 안에 국내외 전문가를 모아 사업계획을 수립하고 운용하게 된다.

　이에 대해 정부는 지역창생에 적극적으로 임하는 시정촌(市町村)에 대해 단체장 보좌역(도시 관리자)으로, 부시군장·간부 및 대학연구원, 민간인을 파견해 지역에 따른 '지역창생 방안 만들기'를 지원하기로 결정한 바 있다.

　그러나 여기서 말하는 대학 연구원, 민간 전문가 중에서 '지역창생을 이룰 수 있는 인재'는 현재 거의 없으므로 한발 앞서서 지역창생을 연구하는 우리 '중소기업진단사'에 대한 참여요구가 높아진다. 관계기관과의 연락을 밀접하게 하면 사업의 기회가 많아 질 것이다.

　이때 중소기업진단사가 전문가로서 모이면 크게 활약할 수 있지만, 지금까지의 진단 사업에서는 중소기업진단사는 대부분 계획 설정 후의 시행 단계에서 실무 담당자로서 활용되고 있다. 이 경우, 전체적인 과정에서 계획 작성에는 거의 관여하지 않고 있다.

　지역창생은 새로운 사업이다. 중소기업진단사도 전체과정의 '창생계획' 수립 단계부터 프로젝트 구성원의 일원으로 참여할 수 있도록 활동하는 것이 필요하다.

그러기 위해서는 「간이 창생 사업 계획서안」을 작성해 행정기관에 제출하고, 자신이 창생 사업을 충분히 실행할 수 있다는 인상을 심어 주어야 한다. 이를 통해, 프로젝트팀의 일원으로 채용될 수 있게 된다.

「마을·사람·일자리창출」 법안은 제10조에서 해당 지자체들은 대체적으로 다음에 내 세울 사항에 대해 "지역·사람·일자리창생 종합 전략"을 정해야 한다고 하고 있다.

① 시군구의 '마을·사람·일자리' 창생에 관한 목표
② 시군구의 '마을·사람·일자리'창생에 관한, 지자체가 구성해야하는 시책에 관한 기본 방향
③ 시군구의 '마을·사람·일자리' 창생에 관한, 시군이 구성해야하는 시책을 종합적이고 계획적으로 실시하기 위해 필요한 사항

7 간이창생사업계획서(지역창생제안보고서)의 미니모델

간이창생사업계획서는 다음과 같이 작성한다. 우선 현지조사를 통해 창생사업의 필요성을 파악하고 통계자료 등을 분석한 후 재생사업의 필요성을 파악해 서면으로 정리한다.

아래 간단한 모델을 제시하지만, 실제로는 통계자료, 조사자료 등을 통해, 더 세세한 내용까지 파고들어 보고서로서의 체계를 갖춰야 한다.

1) 지역창생의 목표

① 외부조사로 본 창생사업의 문제점

  예) a. 셔터를 내린 매장이 13개가 있다.

  　　b. 상가에는 주차장이 없기 때문에, 노상 주차가 많다.

  　　c. 초등학교의 교실이 10개 비어있다.

② 내부조사로 본 창생 사업의 문제점

  예) a. 인구 조사에 따르면 최근 10년 동안 인구가 10% 감소했다.

  　　b. 혼인 신고, 출생 신고가 최근 5년간 전무하다.

2) 지역창생 실시의 기본 방향

  ① 셔터가 닫힌 가게는 특수 법인으로 임대하여 유아탁아소, 보육원, 상가 고객 휴게소로 만든다.

  ② 초등학교의 빈 교실에는 전문학교, IT 교실, 요리 교실, 공예 교실

등을 유치한다.

③ 아이의 탄생 가구에는 축하금을 지급한다.

④ 신규 전입자에게는 축하금을 지급하고 전입자의 증가를 도모한다.

3) 창생 사업 실시 후 기대 성과

① 상가가 활성화되어 번창하고, 매출이 늘어난다.

② 전문학교 등의 유치로 젊은이들이 늘어나면서 마을에 활력이 생긴다.

③ 결혼·출생 축하금의 지급에 의해 결혼 출산율이 상승하고 마을에 활력이 생긴다. (이하 생략)

제1장

마을 · 사람 ·
일자리를
창조하는 지역

1 농업은 '사람', '일자리', '지역' 만들기 [야마나시]

1) 농업인의 고령화와 늘어나는 경작포기지에 대한 대처

야마나시현(山梨県) 중앙부에는, 포도, 복숭아, 앵두 등 여러 가지 과일이 재배되고 관광농원과 와인산지가 많은 고후 분지가 있다. 생수로 유명한 남알프스시(南アルプス市) 서쪽에 위치한 이 풍요로운 분지는 수도권에 가까워 휴일이 되면 많은 관광객으로 붐비고 있다.

지리적으로 타고난, 농업이 번창한 야마나시현에서도 농업인의 고령화와 후계자 부족으로 인해 야기된 휴경지 문제가 심각하다. 야마나시현의 휴경지는 2000년에는 약 2,900ha, 2010년에는 3,100ha로 증가하고 있다. 이렇게 보면, 경작포기지의 증가는 완만한 것 같지만, 1999년 27,000ha에서 2009년에는 25,000ha로 감소하고 있는 경지 면적과 비교해 볼 때, 휴경지가 농지로 전용되었다는 것이 엿보인다.

이런 가운데 야마나시현은 현지에서 취농 지원을 하는 것과 더불어, 신·농업인 박람회등의 행사를 통해 수도권에서 IJU턴(I턴: 지방에서 도시로, J턴: 지방에서 대규모 도시로 이주, U턴: 지방에서 도시로 이주) 희망자를 귀농인구로 끌어들이고 있다.

그런 보람이 있었는지, 야마나시현 내의 신규 귀농자는 서서히 증가하고 있는 듯하다. 이렇게 귀농자가 늘어남에 따라, 농업자의 고령화 대책과 휴경지 감소가 전망된다는 것이다. 근래에는 이러한 관 주도의 시책뿐만이 아니라, 민간에서도 이런 움직임이 활발해지고 있다.

2) '새로운 농업 형태'를 만든다 '샐러드볼'

야마나시현을 포함하여 전국적으로 농업인의 고령화와 휴경지의 증가, 농지 전용이 문제가 되고 있는 가운데 "새로운 농업 형태를 만든다"는 슬로건으로 농업에서 첨단적인 대응을 해온 기업이 있다. 금융계에 근무했던 다나카 스스무(田中進) 씨가 이끄는 농업 생산 법인 주식회사 샐러드볼(サラダボウル, http://www.salad-bowl.jp)이다.

농업생산법인주식회사 샐러드볼
(サラダボウル)
대표이사 다나카 스스무(田中進)

[기업명] 농업생산법인 주식회사 샐러드볼

[대표이사] 다나카 스스무

[직원] 40명(사원·파트 연습생)

[소재지] 야마나시현 주오시 니시하와나 3684-3

[TEL] 055-273-2688

[사업 내용] '새로운 농업의 형태를 만든다'를 슬로건으로, 기업경영 기법을 도입해 조직화된 농업을 전개, 인재 육성에도 주력하고 있다.

친가가 전업농가인 다나카 씨는 대학 졸업 후 대기업 은행에 취직한 뒤 외국계 생명 보험 회사에서 컨설팅 업무에 종사하고 최고의 영업사원이 된다. 지원하던 기업 경영자가 자신의 '구상'을 실행해서 사업화하는 것을 가까이서 보던 중 '농업의 DNA'가 깨어나 스스로 창업을 결심했다.

10년간 금융 기관 재직 중 다른 산업의 시각으로 농업관련 사업을 연구하고 농업이 '가치 있는 산업'이라는 것과 '농업의 발전 가능성'을

느끼게 되어 2004년에 샐러드볼을 설립했다. 이어 다나카 씨는 2005년 NPO 법인 농업학교를 설립하고 이사장으로 인재 육성에 힘쓰고 있다. 또한 신규 사업으로 농업 생산 법인 아그리비전(アグリビジョン)과 주식회사 효고넥스트팜(兵庫ネクストファーム)을 설립했다.

기업과의 제휴 및 첨단 기술의 도입을 통한 차세대형 시설 원예 실현을 목표로 하고 있으며 자신의 생산 체제를 구축해 세계의 '먹거리' 시장에서 경쟁할 수 있는 품질과 가격을 추구하고 있다.

3) 인재 육성 모델 -농업은 '인재' 만들기-

산이 많고 정리된 평지가 적은 지리적 조건과 더불어 조상 대대로의 토지를 지키겠다는 의식이 아직 높은 지역이 많이 남아 있는 일본의 문화적 여건으로 인해 일본의 농업은 타국에 비해 토지의 집적이 진행되지 않고 대규모 농업이 적다. 일본의 농업 생산자의 상당수가 조직화가 미흡하고, 노하우가 개인에게 귀속되는 이른바 속인적(属人的) 상태가 되었다. 이러한 상황이 농업 후계자 육성의 장벽이 되고 있다.

농업은 '인재' 만들기라고 다나카 씨는 얘기한다. 1,000명의 농사꾼을 육성하는 것이 아니라 한 사람의 진정한 농업 경영인을 양성하는 것이다. 인재를 키우는 것이 아니라, '인재를 키울 수 있는 사람을 키우는 것'이라는 다나카 씨의 생각은 일본의 농업이 다른 국내 산업에 비해 속인적 경영을 해오고 있다는 점, 조직화가 미흡한 것에 대한 강한 위기감의 표출이다.

물론 독농가(篤農家, 실천적인 농업기술·농업경영을 연구하고, 각지에서의 농업지도에 의해 선진적 농법의 보급에 공헌한 농업경영자·농민)라는 존재는 일본의 농업 기술의 향상에도 필요하다. 다만 품질과 가격의 수준향상에는 농업의 기업화가 필요하다고 생각한 다나카 씨에게 있어서 '인재 양성 모델'의 확립은 기업 활동에 있어 필수였다.

다나카 씨는 우수한 젊은이가 성장해 농업 경영인으로 독립하는 일이 인재 유출이라고 생각할 수도 있겠지만, 농업 경영자를 목표로 하여 진심으로 일하는 직장은 경영에도 현장에도 긍정적인 영향을 미치고 있다고 실감하고 있다. 그런 우수한 인재가 샐러드볼에 근무하면서 계속 일 할 수 있도록 조직의 매력을 높이고 싶다고 한다.

샐러드볼이 인재 육성에 힘쓰고 있는 것은 농업에 대한 사회적 요청에 부응하기 위함이다. 사회 환경의 일부인 농업은 다른 산업과 마찬가지로 사회적 요청에 부응해야 한다고 생각하는 것이다.

이전의 귀농열풍은 버블 붕괴의 반작용으로 자신의 삶을 되돌아보고, 시골 생활을 동경하는 맥락에서 생겨났다. 또 당시에는 일본의 식량자급률 향상과 유휴자산으로서의 휴경지 활용이라는 사회적 요청, 특히 생산 측면의 요청이 컸다.

그러나 현재 농업에 대한 사회적 요청은 생산에만 국한되지 않는다. 지역문화와 음식문화 계승, 지역고용 창출 등을 통한 지역진흥, 관광 자원으로서 지역의 매력 만들기에 기여하는 등 농업의 다면적 역할이 더욱 요구되고 있다.

샐러드볼에서는 신·농업인 박람회에 출전하기도 하며 농업으로 살아가겠다는 전국의 귀농 희망자를 받아들여 농업 활성화를 위해 농업 경영자로서의 독립을 지원하고 있다. 또 지역 금융기관과 함께 야마나시현에서 '아그리 비즈니스스쿨(アグリビジネススクール)'을 개설하여 현지 인재육성에도 기여하고 있다.

4) 생산 관리 모델의 확립을 통해 '일자리'의 질을 높인다

다나카 씨는 다른 산업에서도 배워야 한다는 자세를 생산현장에 반영하고 있다. 샐러드볼의 작업장에 들어간 사람은 마치 공장처럼 5S 및 표준화가 철저히 이뤄진 상황에 놀란다. 수확한 야채 포장 작업에서도 IE(산업 공학)에 따라 표준 시간을 설정하고 작업의 개선을 통해 초 단위로 작업시간을 줄이고 있다.

모든 작업도구는 하나 하나 보관장소가 정해져있고 한 눈에 어떤 도구가 어느 위치에 있는지 알수 있도록 도구의 실루엣이 그려져있다.

또한 가위 한 개라도 보관 장소가 실루엣으로 명확하게 지정되어있어 언제든지 사용할 수 있도록 되어있다. 이 철저한 생산 관리 모델의 구축에 의한 표준화야말로 샐러드볼의 강점 중 하나이다.

또한 현장에 권한을 위임하고 각 관리자가 자발적인 개선에 최선을 다하고 있다. 그리고 정기적인 회의에서 과제를 파악하고, 가설을 바탕으로 개선 활동에 임하고 있다. 또, 이러한 노하우는 현장작업자와도 공유하고 의견을 청취함으로써 현장전체의 문제로 당사자가 의식을 갖게 하고, 회사전체가 하나가 되어 '생산관리 모델' 확립에 나서고 있다.

이상과 같이, '인재육성 모델'과 '생산관리 모델'의 확립에 의해서, 샐러드볼은 고품질·고수량·안정생산을 실현하고 있다.

5) 유통 모델(푸드 밸류 체인)의 확립으로 판로를 확보

철저한 표준화에 의해 생산된 농작물을 실제로 소비자에게 전달하기 위한 유통에 대해서 살펴보자. 샐러드볼에서는 사회의 요청에 부응하기 위해 필요한 품목을 원하는 요구에 대응하여 제공하고 있다.

이전에는 제품은 만들면 만들수록 팔린다고 하는(프로덕트 아웃형) 발상이 있어, 보다 효율적으로 상품을 소비자에게 전달하는 것이 요구되고 있었다. 기업은 생산체제와 유통망(공급망)을 정비하여 대량의 상품을 시장에 공급하고 있었다.

결국, 사회가 물질적으로 풍요로워지고 소비자가 자신의 욕구를 바탕으로 선택을 하게 되면, 만들면 팔리던 시대는 끝나고, 소비자의 요구에 의거하는 (market-in형) 발상이 요구되게 되었다.

그러한 시기 속에서는, 하류(川下, 가와시모 산업: 소비자 단계에서 가장 가까운 곳의 유통, 전방산업) 소비자의 요구를 보다 빨리 정확하게 예측하고 상류(川上, 가와가미산업: 소비자단계에서 가장 먼 곳에 위치한, 후방산업)의 제조업체에 전달하는 것이 요구된다. 그리고 소비자의 의견을 수렴하여 욕구를 생산에 반영하는 구조 (디맨드 체인)가 정비되어 보다 빠르고 정확하게, 소비자의 요구가 제조업체로 전해지게 되었다.

그럼 현대에서는 어떤가? 소비자는 명확한 욕구를 갖지 못하고 있다. 더 정확하게 말하면, 애매한 요구인 듯한 것이 잠재의식에 있을 뿐, 자기 자신이 원하는 것을 강하게 의식하고 있지 않다는 것이다.

후방산업(상류)의 제조업체 등은 전방산업의 소비자에 대한 가치를 제안해, 공감을 얻음으로써 비로소 그 요구를 표면화할 수 있다. 이렇게 해보면 겨우 소비자가 원하는 것을 느끼게 되는 것이다.

이러한 시대에는 표면화 된 요구 사항을 수집하는 마켓인 형(market in) 발상만으로는 불충분하고, 가치를 제안하는 것을 포함하여 그 과정에서 소비자를 끌어 들여 요구를 형성해 나가는 프로젝트 아웃형의 발상이 요구되고있다. 그리고이를 위해 소비자에게 가치를 제공해 나갈 새로운 가치 사슬로 식품 분야에서는 식품가치사슬의 구축이 요구되고있다

[도표 1-1-1] 유통 모델 비교

프로덕트 아웃형	서플라이 체인(supply-chain)	공급측의 시점
마켓인 형	디맨드 체인(demand-chain)	수요측의 시점
프로젝트 아웃형	푸드밸류 체인	공급측으로부터 수요측으로의 가치 제안과 제안 프로세스로 연결

식품가치사슬은(푸드밸류체인)은 서플라이 체인(supply-chain)이나 디맨드 체인(demand-chain)과는 다르며, 그 구성요소가 특정 고정기업이나 제휴관계에 있는 것은 아니다.

식품가치사슬이란, 가치를 계속 제안하는 노력 그 자체이며, 반대로 말하면, 제안하는 가치마다 체인을 구성하는 요소는 유연하게 변화해 가는 것이 요구된다. 단지 채소를 파는 것뿐만 아니라, 현지의 거래처의 슈퍼에서 이벤트를 실시해 소비자에게 야채의 가치를 전하는 등, 샐러드볼에서는, 이 식품가치사실이라고 하는 대응에 의해, 소비자에게 가치 제안을 하고 있다.

6) 세계 표준모델과 글로벌 브랜드 확립

샐러드볼은 이러한 대처방식을 통해 확립한 인재육성 모델과 생산

관리모델, 유통모델을 총칭하여 '농업경영관리모델'이라고 부른다. 그리고 이 농업경영관리모델을 국내·해외로 수평 전개해, 생산 연계를 실현하고자 한다.

일본뿐만이 아니라, 해외로 진출함으로써 그 독자적인 경영 모델을 각지에서 전개하고, 세계의 다양한 요구에 대응하고, 또, 다양한 위기에 대응 할 수 있도록 국제적인 사업을 전개해 나가는 것이다. 목표는, 돌(Dole)이나 제스프리(Zespri)와 같은 다국적 브랜드다.

샐러드볼에서 현재는 연간 30개 품목을 생산하고 있었지만 마침내 주요 40개 품목을 생산하고 적절한 시점, 적절한 장소에서, 적절한 상품을, 적절한 가격으로, 적절한 수량을 제공하는 이른바 분야별 관리를 하겠다고 한다.

샐러드볼식 농업경영의 포인트

① "사람"(인재) 만들기
개인의 능력에 의존하는 농업이 아닌, 다른 산업과 마찬가지로 조직화하고, 산업으로서의 농업 경영을 수행할 수 있는 진정한 농업 경영자의 육성.

② "일자리"(직업)을 만들기
농업을 사회를 구성하는 한 요소로서 인식하고 사회적 요청에 부응하는 사업을 수행하는 것. 가치를 제안하는 노력을 지속적으로 수행함으로써 사회에 필요한 것을 만드는 것, 팔릴 수 있는 것을 만들어 가는 것.

③ "지역"(마을) 만들기
농업에는 '사람'과 '일자리'는 지역에 뿌리를 내리는 특성이 있다. "사람" 만들기에 의해서 키워낸 인재나 "일자리"를 만들고, 그곳에서 살아가는 것으로 "지역" 만들기가 이뤄진다.

7) 새로운 고용 모델과 새 지역산업모델의 확립

농업은 지역에 뿌리를 내리는 특성이 있다. 농업은 '사람' 만들기라고 할 수 있는 샐러드볼의 대응은 농업을 통해 일자리를 만들 수 있는 '인재'를 키우는 것이다. 이러한 '인재'에 의해서, 지역 환경에 대한 접근이 이뤄지고 '일자리'를 만든다. '일'을 하는 '사람'은 그 지역을 움직이고, 지역에서 살게 된다.

샐러드볼에서는 지역을 응원하고 싶은 사람이 실제로 그 지역에 들어가 지역 부흥에 임하는 지역 부흥 협력봉사단도 받아 들였다. 지역의 부흥을 원하는 욕망이 강한 사람에게, 샐러드볼의 노하우를 전달함으로써, 농업이 활성화되길 바란다고 다나카 씨는 말했다.

다나카 씨는 지방에서 도시 지역으로의 대규모 인력이동은 앞으로도 변하지 않을 것이라고 하며, 수많은 사회적 요청에 모두 응하는 것은 불가능하다고도 한다. 그러나 샐러드볼과 같은 꾸준한 노력으로 작은 흐름일 수 있지만, 확실히 '지역'에 '인재'가 육성되고, '일자리'가 생겨나, 지역이 활성화 되는 것은 아닐까.

2 기타산리쿠 세계 브랜드 프로젝트의 도전 [이와테]

1) 지진재해를 기회로 싹튼 마을로서의 일체감

이와테현(岩手県)의 최북단으로 아오모리현(青森県)의 접경에 위치한 이와테현 쿠노헤군(九戸郡)·히로노쵸(洋野町). 이와테현 북부로부터 아오모리현에 이르는 연안 지역을 '기타산리쿠(北三陸)'라고 부르고, 히로노쵸도 기타산리쿠에 속해 있다.

난류의 쿠로시오와 한류의 쿠릴 해류가 만나며 암벽이 많아 바닷물의 영양분이 풍부하여 국내에서 4%밖에 시장에 유통되지 않는 천연 미역이 서식하고 있다. 그 천연 미역을 먹이로 키우는 전복부터 성게, 멍게, 소라 등 다양한 해산물을 생산해 왔다.

시타우츠보 유키노리(下苧坪之典) 씨는 히로노쵸가 고향이다. 직장 생활을 한 뒤 귀향하여 2010년 5월에 30세로 기타산리쿠의 해산물 가공 및 도매를 하는 '주식회사 히로야(ひろの屋)'를 출범시켰다. 이듬해인 2011년 3월 사운을 걸고, 히로노쵸 성게를 사용한 조림을 판매하면서 서서히 궤도에 오르기 시작하고 있던 중, 3월 11일 동 일본 대

[단체명] 기타산리쿠 전세계 브랜드 프로젝트 실행위원회
[실행 위원장] 시타우츠보 유키노리(下苧坪之典)
[임원] 8명
[위치] 이와테현 구노헤군 히로노쵸 다네이찌 22-131-18
[TEL] 0194-65-2408
[사업내용] 어부, 수산 가공업, 행정, 대학 등이 연계하여 기타산리쿠의 해산물을 사용한 가공품 브랜드를 개발하고 수도권과 세계를 향해 전개한다.

어부가 잠수로 잡은 천연 전복

기타산리쿠 전세계브랜드 프로젝트
실행위원장 시타우츠보 씨

지진이 발생했다.

출하 직전의 성게 1,000개는 창고와 함께 쓰나미에 휩쓸렸고, 남은 것은 따로 보관 중이던 19개뿐이었다. 주위를 둘러보니 연안에 위치한 어시장 및 배, 항구의 모든 시설이 쓰나미에 쓸려가는 바람에 큰 피해를 입었다.

히로노쵸는 많은 지방의 시군구에서 볼 수 있듯이, 지진 재해 이전부터 인구 감소와 고령화, 어업의 일꾼 부족 등의 문제를 안고 있었다. 게다가 각 사업자들은 독자적인 사업을 하고 있었는데 마을로서의 일체감이 결여되어 있었다. 거기에, 재해로 인한 쓰나미 피해로 인해 더욱 피해는 커져갔다.

'지진 재해를 기회로 새로운 브랜드를 만들고 널리 알림으로써 모든 마을 주민들이 한 마음으로 자신감 있게 활동할 수 있도록 하고 싶다'는 시타우츠보 씨의 생각에 어업 관계자, 어업협동조합, 수산가공업자, 지자체 등이 동참하여 2013년에 기타산리쿠 세계 브랜드 프로젝트가 출범했다.

2) 대기업을 연계시키고, 외부로 향한 수산업

'기타산리쿠의 먹거리를 일본에, 그리고 세계로 보내는 프로젝트'라는 기치 아래, 풍부하고 품질이 높은 기타산리쿠의 바다와 산의 식재료를 접목해 특별감·프리미엄 느낌이 있는 브랜드를 개발한다.

새로운 6차 산업으로 고부가 가치 사업을 만들어냄으로써 지역의 부흥과 안정적인 수요 및 고용을 촉진해 현지에 환원한다는 것은 바로 지방 창생의 목적과 일치한다.

회원은 수산업체뿐 아니라 훈제를 만들 때에 사용되는 이와테현산 목재 칩을 만드는 회사 대표와 NHK연속 텔레비전 소설 '아마짱(あまちゃん)'에도 등장한 기타산리쿠에서 전통 있는 '남부 잠수부(南部もぐり)'를 계승하고 해저 30m의 어장에서 멍게를 채취하는 남부 다이버 등 다채로운 회원으로 구성되어 있다.

또, 도쿄의 대학이나 유통업자, 야마가타(山形) 알 케챠노(アル・ケッチャーノ)의 오쿠다마 사유키(奧田政行) 요리사도, 기타산리쿠의 훌륭한 식재료와 회원들의 열정에 동요하여 프로젝트의 범위는 확대되어 갔다.

부흥을 위한 것뿐만 아니라, 새로운 가치를 지역에서 만드는 노력에 대해 다음과 같은 대기업이나 단체가 많이 참여했고, 계획은 착실히 진행되었다.

(1) 기린 그룹(부흥 응원 기린 유대 프로젝트)

기린 그룹(キリングループ)은 동일본 대지진의 부흥 지원에 그룹 전체가 지속적으로 임할 수 있도록, 「유대 강화」를 테마로 「부흥응원 기린 유대 프로젝트」를 시작해 활동을 진행하고 있다. (https://

www.kirin.co.jp/csv/kizuna/)

수산업에 대한 지원 활동은 일본 재단과 함께 실시하고 있으며 브랜드 육성 지원, 6차 산업화를 위한 판로 확대 지원, 미래의 일꾼이 될 지도자 육성의 관점에서 기타산리쿠 세계 브랜드 프로젝트의 취지에 동참하고 2,000만 엔을 지원하기로 했다.

(2) 혁신 도호쿠(東北)

구글(Google)이 중심이 되어 인터넷을 통한 도호쿠의 비즈니스나 커뮤니티의 부흥을 목적으로 만들어진 클라우드 소싱·플랫폼이다. 도쿄의 중소기업진단사인 시오츠카 슌스케(塩塚俊介)와 쿠로카와(黒川敦)가 참가해, 기타산리쿠를 세계에 전하는 슬로건으로서 'Made in KITASANRIKU'를 브랜드 메시지로 정하고 웹사이트와 Facebook 페이지를 개설했다. 현지를 방문하지 않고, 화상 회의나 SNS를 이용해 실시했다.

(3) 동일본 먹거리 모임

동일본 음식의 부흥과 창조를 장기적으로 촉진함과 동시에 자연과 공존하며 풍부한 감성을 바탕으로 한 일본의 음식문화를 내세워, 세계에 자랑할 만한 브랜드로 확고히 자리매김하는 것을 목적으로 설립된 단체이다. 시타우츠보 씨는 '부흥의 영웅'으로 소개되었고, 더 나아가 실무자로서 음식 판촉·이벤트 활동에 참가하고 있다.

'지역의 사람이 주역'을 전제로, 행정기관과 기업, NPO와 커뮤니티, 대학, 개인과 모든 사람들이 연계해, 강점을 살리면서 하나로 대응하는 사례가 이러한 프로젝트 이외에도 특히 도호쿠부흥(東北復興)에서 많이 시행되고 있다.

3) 천연 전복 훈제 전복 장조림의 탄생

상품개발의 콘셉트는 '일상속에서의 특별감'.

기타산리쿠의 해산물을 주원료로 하고, 단순하지만 우수한 소재감과 프리미엄느낌을, 수도권의 여성을 중심으로 주말에 자택이나 친한 손님과 즐길수 있도록 하여, 음식으로 라이프스타일을 충실하게 즐길 수 있는 것을 의도로 하였다. 히로노쵸의 회원만으로는 수도권 소비자의 욕구를 알 수 없다. 이에 시타우츠보 씨는 어부가 잡은 천연물인 해산물(海產物)을 들고 정기적으로 상경해 도쿄의 대학, 유통업자, 요리사를 찾아갔다.

'맛 자체뿐만 아니라 소재 배경 스토리를 전하고 싶다' 도쿄에서의 협의는 타협하지 않는 것을 원칙으로 항상 열심히 논의가 이루어졌다.

'바다×산×공기'를 키워드로, 히로노쵸에서 잡은 해산물에 이와테현 밤나무의 간벌재(間伐材, 나무 중에 솎아낸)로 훈제를 하여, 히로노쵸

두툼한 천연전복을 건조시켜,
이와테산 밤나무로 훈제

완성된 천연전복 훈제 장조림 패키지

산의 붉은고추와 산초나무 등 향신료로 맛을 낸다. 게다가 제품 패키지에는, 현지의 바람·온도·습도 등의 분위기도 담았다.

프로젝트를 상징하는 이 상품은 천연 전복을 훈제한 장조림이다. 풍부한 해조류를 먹이로 삼아 자연의 거센 파도 속에서 자란 기타산리쿠의 천연 전복은 육질이 쫄깃하고 두툼하며, 육즙이 풍부하다.

이와테현산의 밤나무로 훈제로 해, 현지에서는 별미였지만 타 지역에는 알려지지 않았던 전복의 내장과 오일을 끓여 조림을 만들었다. 와인을 비롯한 술에도 잘 맞고, 파스타나 빵에 찍어먹어도 맛이 일품이다.

제1차, 제2차, 제3차 및 시식회를 시행하여 새롭게 '문어 냉훈제', '가리비냉훈제', '연어훈제' 등이 개발됐다. 기타산리쿠의 최고 품질의 해산물을 생물로 먹을 수 있는 시간은 제한적이기에 이를, 수도권이나 외국에 수출하려면 부가 가치를 높일 수 있는 가공 기술이 필요하다.

시타우츠보 씨는 우수한 식재료를 제공하는 생산자와 소비자를 잇는 가교로 활동하고 있다. 2014년 10월 15일~21일 도쿄의 이세탄백화점 신주쿠점의 훈제 전시회에서 시험 판매가 열렸다. 1팩에 3,024엔(세금 포함)에 판매된 '천연 전복 훈제 내장오일 조림'은 프로젝트 회원들이 지켜보는 가운데, 준비한 물량이 전량 매진되는 대성황을 이뤘다(50팩 한정).

4) 대만에 소개된 「MADE IN KITASANRIKU」

이세탄 신주쿠점에서 시험판매의 성공을 통해, 수도권 백화점의 물산전이나 푸드 쇼 등의 전시회에도 적극적으로 출전했다. 때를 같이 해, 브랜드 확산 계획 시작부터 목표로 했던 '기타산리쿠의 음식을 세계에 전한다'를 향해 본격적으로 움직였다.

홍콩 대만 하와이에서 시험 판매를 했는데, 그중에서도 대만 시장을 주목했다. 사실 대만은 동일본대지진이 일어나자 세계 각국 중 최다 기부금을 일본에 보냈는데, 그 액수는 200억 엔 이상이었다.

이에, 재해를 입은 사람들은 대만에 대한 감사나 보답을 하고 싶은 마음이 강했다. 또 햇빛에 건조한 '말린 전복'은 중국요리의 고급재료로서도 인기가 있어, 기타산리쿠의 천연 전복을 비롯한 해산물이 통할 것이라고 예상했다.

이미 시타우츠보 씨는 대만을 12차례 방문하고 현지의 수산 가공업자, 유통업자와의 연계를 강화하고 있다. 게다가 중소기업기반정비기구의 F/S(Feasibility Study) 지원 사업에 채택되면서 2015년 1월 본격적인 진출을 위한 현지 조사를 실시했다.

현지에서 기타산리쿠 브랜드 제품의 시식회는 호평을 얻었지만, 대만의 일반 가정은 대부분이 외식을 하기 때문에 부유층을 위한 답례품 개발이 필요하다고 느꼈다. F/S를 계속 추진하면서 2015년도는 대만 진출을 향한 시제품 개발과 판매를 목표로 움직이고 있다.

5) 브랜드 확립: 기타산리쿠팩토리

프로젝트 진행에 대해, 시타우츠보 씨의 의견을 들었다.

"이 프로젝트는 마라톤이라고 생각한다. 멤버가 하나의 공동목표를 향해 달리고 있다. 인력은 수도를 공급하는 급수소와 같다. 이노베이션(innovation)은 기타산리쿠뿐만 아니라, 외부의 인재도 있어야만 가능하다고 믿는다. 지금은 마라톤 8km 지점이라고 생각한다."

8km라고 하지만 세상으로부터는 꾸준한 평가를 받고 있다. 예로 시타우츠보 씨는 아사히신문(朝日新聞) 출판의 AERA(2015년 No.1호)에 실린 '일본을 돌파하는 100명'에 선정되었다. 프로테니스 니시코리 케이(錦織圭) 선수나 피겨스케이트 하뉴 유즈루(羽生結弦) 선수와 나란히 뽑혔다.

기타산리쿠팩토리

기타산리쿠의 음식을 일본에, 그리고 세계에 발신하는 새로운 브랜드 기타 산리쿠팩토리

또 좋은 징조로 신제품 '문어냉훈제품'은, 헤이세이(平成) 26년(2014년) 부흥 해산물 쇼 IWATE의 '이와테현 지사상'을 수상했다. 시상식에서 프로젝트의 새로운 브랜드가 발표되었다. 그 이름도 기타산리쿠 팩토리. 기타산리쿠 팩토리는 기타산리쿠의 바다·산의 식재료 맛을 기타산리쿠 지역인이 직접 만드는 제조 거점이다. 브랜드 이미지는 「바다×산×공기」를 접목하여 해외진출을 내다 본 참신한 결과로 나타났다.

기타산리쿠에는 세계에 통할 수 있는 자원으로 산과 바다가 있다. 기타산리쿠 팩토리의 고부가 가치 브랜드로 얻은 이익으로, 한층 더 연구 개발을 진행시켜 고품질인 상품을 제공한다.

"시간은 걸리겠지만 지역에 일자리 확대와 자부심을 되찾아 바람직한 순환을 할 수 있는 성공사례로 만들고 싶다"고 열정적으로 말한다.

6) 아직 끝나지 않은 도전

지진재해 발생 4년이 지난 뒤 도로나 시설, 교통 등 사회간접자본의 복구는 지속되어 왔다. 예를 들어, 해일로 큰 피해를 입은 미야기현

오나가와역(女川駅)의 개통(2015년 3월 21일)과 JR이시마키선(石巻線)의 전면 개통 등이다.

그러나 지진 이후에는 많은 시군구에서 인구 감소와 저출산, 고령화, 산업 쇠퇴가 가속화 되고 있다. 피해지는 일본의 축도이며, 언젠가는 일본이 마주쳐야할 과제가 수십 년 일찍 표면화되었다고도 한다. 그렇지만 기타산리쿠 세계 브랜드 프로젝트와 같이 새로운 산업·비지니스를 외부 인재와 네트워크를 이용하면서 탄생시켜 성공한 사례도 나오고 있다.

지도자와 경영자로부터 들은 인상 깊은 공통된 말은 "위기를 기회로, 기회는 변화 속에 있다"이다.

시타우츠보 씨는 최근 취재에서 이렇게 말했다. "'급성장하는 아시아를 보면서 일본이 경쟁에서 이기기 위해서는 지역 내에서 연계하고, 생산 지역에서 소비(지산지소)가 아닌 지역생산이 가능한 세계시장에서 경쟁력 있는 지방을 만들어 나가야 한다'는 위기감이 있다. 도심이나 지방 도시에 의존하는 것이 아니라 지방으로부터 국제적인 관점을 가져야 할지도 모른다."

2020년에는 도쿄 올림픽이 열리는데 많은 외국인 관광객이 일본을 방문한다.

계획추진모임회원의 꿈은 '기타산리쿠에서 새로운 음식 문화를 일본과 세계에 발신하고, 팬이 되어준 많은 외국인들이 기타산리쿠를 방문해 현지의 생산자와 교류하는 것'이다. 기타산리쿠에서 발신하는 지역창생을 앞으로도 계속 주목하고 싶다.

3 정주화 촉진책의 대처 사례 [시마네]

여기에서는, 인구 감소 문제에 선진적으로 대처해 전국으로부터 주목을 받고 있는 시마네현(島根県)의 정주화 촉진책 대응 사례에 대해 소개한다.

1) 인구의 자연 감소로 본격적인 대책이 시작되다

시마네현에서는 그 정책 과제의 중심에 항상 인구 문제가 있었지만 정주 대책의 특징적인 사건은 1990년부터 1992년까지 발생했다.

우선 1990년의 국세 조사에서 그동안 베이비붐에 따른 일시적인 인구 증가였던 것이 다시 인구 감소로 변화한 것, 그리고 1992년에 자연 감소(전입, 전출을 제외한 사망자 수에서 출생 수를 제외한 수)로 돌아선 것이다.

인구 감소의 원인은 수도권으로의 인구 유출과 고령화이며 시마네현에서는 오랜 시간에 걸쳐 집단 취업이나 대학 진학 등으로 청년층

[단체명] 시마네현
[인구] 696,070명(시마네현 추계 인구월보 2015년 1월 1일 시점)
[면적] 6,707.98㎢
[지사] 미조구치 젠베에
[현청 소재지] 시마네현 마츠에시덴쵸 1번지
[위치] 주고쿠(中国) 지방의 북부에 위치한다. 동쪽은 돗토리현(鳥取県), 서쪽은 야마구치현(山口県), 남쪽은 히로시마현(広島県)에 각각 접하고 북쪽은 동해를 바라보고 있음

인구가 도심부로 지속적인 유출이 있었다. 이것이 급격한 인구 유출과 고령화의 원인이 되었다.

1992년 당시 시마네현 지사는 같은 해 '인구 정착의 원년'으로 규정하고 정착화에 관계된 제반 시책을 전개했다. 그 중 하나가 같은 해 9월 고향 시마네 정주 재단을 설립, 현의 정착화 시책을 종합적으로 추진했다.

정주화 정책은 비슷한 문제를 가진 다른 지방자치단체에서도 시행되지만, 그 대부분은 시군구 수준에서 이루어지고 있다.

한편, 시마네현에서는 시마네 정주 재단 설립 후, 이 단체를 종합 창구로, 시군구 및 유관단체가 하나가 되어 각종 정책을 펼쳐왔다. 그 정책은 선진적 사례로서 많은 지방 자치단체로부터 주목을 받고 있으며, 최근에도 많은 지방 자치단체가 시마네현에서의 대처사례를 참고하고자 방문을 하고 있다.

2) 전국으로부터 주목을 끌었던 시마네현의 정주화 정책

시마네현의 정주화 정책은 주로 다음과 같은 것이다.

(1) 산업 체험 사업

현(県) 외의 거주자가 농림 어업·전통 공예 등의 산업체험을 할 경우 체류에 필요한 경비 일부를 조성하는 제도로써, 체험종료 후 대략 두 명중 한 명이 시마네현에 정착하는 등 시행 당초보다 일정한 성과에 관심이 쏠리고 현재에 이르기까지 성과가 나타나고 있다[도표 1-3-1].

[도표 1-3-1] 산업 체험 사업 실적(2015년 1월 말 현재)

●체험자수●

구분	2009 년도	2010 년도	2011 년도	2012 년도	2013 년도	2014 년도	계(명) (1996~2014년도)
인정자 인원	35	42	55	83	60	69	1,564
체험중 인원	-	-	-	-	7	59	66
종료자 인원	35	42	55	83	53	10	1,498
정착자인원	17	23	38	59	37	4	665
정착율(%)	49	55	69	71	70	※	44

※ 2014년도의 인정자가 정착자가 되는 것은 대부분 2015년도 중이므로 2014년도의 정착자 수는 적다.

●업종별 수용건수●

구분	2009년도	2010년도	2011년도	2012년도	2013년도	2014년도
농업	8	11	23	41	29	34
축산업	1	0	2	4	1	6
임업	5	4	2	2	1	2
어업	3	9	7	8	4	11
그 외	7	3	3	6	3	7
합계	24	27	37	61	38	60

출처: 시마네현 시마네형생활추진과 '시마네현 정주대책'

(2) 시마네 거주 체험 프로그램

시마네의 거주에 흥미·관심을 갖는 현 외 거주자를 대상으로 농업 체험과 농촌거주 체험, 버스 투어 등 단기 체험형 프로그램(2~3일 정도).

(3) 일자리 지원

현 외로부터 이주 희망자와 현 내 기업과의 중개역으로서 정주 재 단이 무료직업 소개를 하고 있다. 시마네현 UI턴 종합사이트인 '쿠

라시마네트(くらしまねっと)'에서 구직 등록을 하면 정기적인 정보제공과 취업상담, 소개서 발급 등의 중개를 받을 수 있다.

또 2014년도는 '쿠라시마네트' 내에 직업 소개+거주+생활정보·구인하는 인재 등을 정리한 '정착패키지'를 시읍면마다 정리하여 총 100개 계획을 게재했으며, 정착 희망자에게 편의성 높은 정보제공을 하고 있다.

이 중에서도, 산업체험사업은, 사업시작 초기부터 전국적으로 드물게 일정한 성과를 거두었으며, 또한 보조금 반환이 필요 없는 사업이었기 때문에 특히 눈길을 끌었다. 지원 금액은 당초 월 5만 엔으로 출발했지만, 현재 월 12만 엔까지 인상되었다.

[도표 1-3-2] 산업체험 후의 정주자의 형태

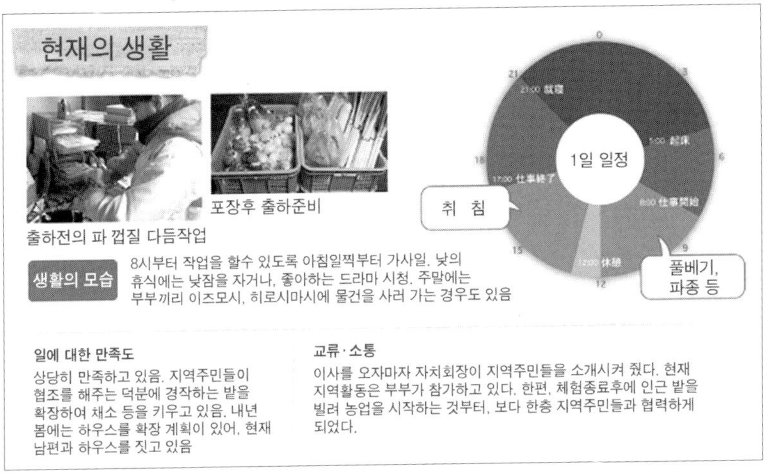

현재의 생활

출하전의 파 껍질 다듬작업

포장후 출하준비

생활의 모습
8시부터 작업을 할수 있도록 아침일찍부터 가사일. 낮의 휴식에는 낮잠을 자거나, 좋아하는 드라마 시청. 주말에는 부부끼리 이즈모시, 히로시마시에 물건을 사러 가는 경우도 있음

1일 일정

취 침

풀베기, 파종 등

일에 대한 만족도
상당히 만족하고 있음. 지역주민들이 협조를 해주는 덕분에 경작하는 밭을 확장하여 채소 등을 키우고 있음. 내년 봄에는 하우스를 확장 계획이 있어, 현재 남편과 하우스를 짓고 있음

교류·소통
이사를 오자마자 자치회장이 지역주민들을 소개시켜 줬다. 현재 지역활동은 부부가 참가하고 있다. 한편, 체험종료후에 인근 밭을 빌려 농업을 시작하는 것부터, 보다 한층 지역주민들과 협력하게 되었다.

출처: 시마네UI 턴 종합사이트 [쿠라시마네트]

약 1년간의 체험 기간을 거쳐 실제로 정착한 사람들의 체험기가 '쿠라시마네트'에서도 풍부한 사례와 함께 소개되고 있다. 업무관계나 개인의 희망 때문에 한번은 도시에 살았지만, 그 후 다양한 가치관을 찾아 시마네로 이주한 경위를 볼 수 있다[도표 1-3-2].

이러한 사례를 봐도 알 수 있지만, 이주를 하는데 중요한 점은, 어떻게 지역에 융화될 수 있는가이다. 이주 초기에 불안을 느끼더라도, 그 후 지역의 사람들의 지원 등으로 극복하는 것을 알 수 있다.

3) 선진적인 시책을 뒷받침한, 현·시군· 관계기관 등의 일체적 체제

다른 지방자치단체에서도 주목을 끄는 선진적 대처를 입안하고 실행할 수 있었던 요인은 여럿 있지만, 여기서는 주요한 것만 언급하겠다.

[도표 1-3-3] 세마네현의 정주화 지원체제

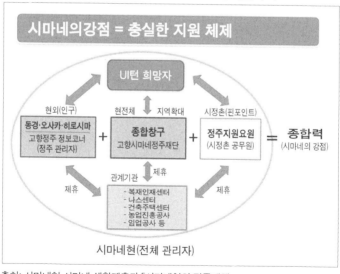

출처: 시마네현 시마네 생활제휴과 「시마네현의 정주대책」

우선은 시행 체제 요인을 볼 수 있다. [도표 1-3-3]처럼 현 고향 시마네 정주 재단·시읍면·관계 기관이 연계할 수 있는 체제가 마련되고 있다.

헤이세이(平成) 22년(2010년)부터, 도내 19시읍면에 시읍면 정착 지원요원들이 배치되고 있다. 정주 지원요원은 각 시읍면에 배치된 인원으로 관청 내 연계나 이주 희망자의 상담 대응 등을 책임지고 있다.

이 제도는 전국적으로도 드문 제도이며, 재단사업 등, 현 사업 구축에 있어서는 시군구의 대응을 참고하거나 시군구와 논의를 거듭하면서 구축하고 있다.

정착화 대책에 시마네현의 예산도 2014년도에 5억 엔 규모로 다른 현과 비교해 커지고 있다. 재단 기금운용 재원도 있지만 현 예산의 대부분은 현의 단독재원으로 전개하고 있다. 이런 일체적인 지원 체제 및 인구정주 대책을 중시한 체계적인 예산으로 기동성·유연성이 높은 사업의 입안, 실행을 가능하게 했다.

지금까지 언급한 인구정주화 정책은 일정한 성과를 거두고 있으며, 개별사업으로서 목표치를 달성하고 있다. 예를 들면, 무료직업소개사업에 의한 연간 정착자수 실적은 2015년 1월 말 시점에서 150명 등 계획치를 상회하는 성과를 보이고 있다.

또한 시군구의 지원에 따른 전체의 UI턴 수는 [도표 1-3-4] 처럼 연간 500명 이상을 확보하고 있다. 덧붙여 이 숫자 이외에도 직접적인 지원 이외에 개인의 연고 등에 의한 UI턴도 수많이 존재하는 것으로 예상되며 실제의 UI턴 수는 더 많을 것으로 추정된다. 향후, 보다 정확한 UI턴 인원수를 파악할 수 있는 조사 방법이 지속적으로 검토되고 있다.

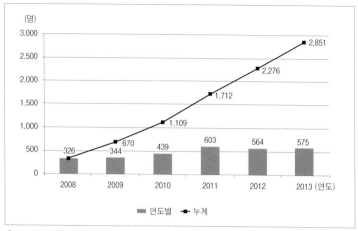

[도표 1-3-4] U턴의 현황(2007~2013년) (명)
U턴 인원의 추이(시정촌·지원 등에 의한 U턴 인원수)

출처: 시마네현 시마네 생활추진과 「시마네현의 정주대책」

4) 「마을·사람·일자리 창생법안」을 받아들이고 다음의 시책은?

2014년 11월 「마을·사람·일자리 창출 법안」이 제정되어 지금까지 이상으로 본격적인 정착화 정책이 가능하게 되는 것 외에도 시마네현은 이즈모타이샤(出雲大社, 시마네현 이즈모시에 있는 신사)의 조궁(造宮, 궁전·신궁을 지음), 구니마로와 노리코공주(千家国麿·典子さま, 2014년 5월, 평민출신과 결혼하여 공주 지위를 잃음)의 결혼식, 시마네현 출신의 니시코리 케이(錦織圭) 선수(테니스)의 활약 등으로 관심을 높이는 호재가 생겼다.

한편, 다른 지방 자치단체도 동일한 정책을 실시하고 있으며, 대도시권에서 지방으로의 U턴을 검토하고 있는 인재를 둘러싸고, 지방 자치체간의 획득 경쟁이 치열해지는 악재도 있다. 그런 환경에서 시마네현이 생각하는 시책은 다음과 같다(2015년도 예산안 및 2014년도 2월 추가 경정 예산안에서 발췌).

(1) U턴 종합 사이트 '쿠라시마네트'의 대규모 보완으로 구인 정보 발신 강화

헬로워크(ハローワーク)와 잡카페(ジョブカフェ)등 다른 직업소개 사이트가 각각 개별적으로 보유하고 있는 구인정보를 「쿠라시마네트」에 자동으로 입력하여 정보를 일원화하는 것과 더불어 구인업체와 응모자가 직접 연결되는 기능을 추가하는 등 편의성 향상을 꾀하고 있다. 또 업무에 관한 필요한 정보를 조사·분석한 뒤 정리하고 템플릿으로 제공함으로써 기업의 매력을 발산하는 기능을 강화한다.

(2) U턴자의 취업 체험(인턴십) 지원사업(3개월 이내)

IT기술자나 각종 시공관리기사, 간병복지사 등 인재확보가 과제이기에 지식·경험을 가진 직업을 대상으로 한 인턴제를 지원하는 제도이다. 해당 직종을 대상으로 인턴 기간 3개월 이내인 경우 지원금을 지급하고, 구체적인 금액 등에 대해서는 본고 집필시점에서는 아직 조정중이다.

최근 수도권을 중심으로 지방으로의 U턴을 희망하는 젊은이가 증가하고 있는 반면, U턴을 희망하지만, 이직기업의 실체가 보이지 않기 때문에 가족들을 대동하는 U턴을 결단할 수 없는 경우에 대응한다.

(3) 시마네형 일자리 창출 보조금(고용 창출 모델 확립)

시마네현의 시읍면을 대상으로, 고용을 창출하거나 인력이 부족한 분야인 경우 기존 구인으로 인력을 수용, 정착시키기 위한 구조를 만드는 신규·확충 사업에 대한 보조금이다. 다른 시 마을의 일자리 창출 모델이 될 수 있는 사업과 관련된 조사비와 코디네이터 등 전문 직원의 배치 및 활동비 등의 소프트 비용을 대상으로, 상한액 500만 엔을 보조하는 것이다(보조율 2/3). 이에, UI턴 수용에 필수 조건이 되는, 일터의 제공을 추진해 나간다.

(4) 산업 체험 사업 등 확충

이처럼 지금까지 시행되고 있는 정주화 정책의 실행 결과로부터 얻은 현장의 소리나 현상 인식을 바탕으로, 한층 앞서가는 정주화 정책이 검토되고 있으며, 국가에 의한 지방 창생 정책과 일체가 되어, 추가적인 효과를 창출할 것으로 기대된다.

5) 향후 정책 입안·실행의 기법으로 다음 두 가지가 주어진다.

(1) 정보발신

전국적인 이주 지원 경쟁이 시작되는 가운데, 시마네현을 이주 후보지로 선택하기 위해서 시마네현이 가진 매력과 정주 정보를 도시지역 사람들에게 얼마나 구체적으로 전달할 것인가가 핵심이다.

(2) 고용창출 및 일자리 만들기

창생 종합 전략의 기본 목표인 '지방에서 안정된 고용을 창출한다'에 기재된 '지방에서도 고용의 새로운 창출'과 '노동 시장의 질 향상'에 유의한 일자리 만들기를 실시해 갈 필요가 있다. 이를 위해, 이주자와 취업회사와의 연계 강화와 고용 창출 모델의 확립 등, 고용을 목표로 하는 대처를 강화한다.

이러한 점에 유의해 정주화 정책을 한층 더 진행시켜 나가기 위해서는 다음과 같은 전문가의 노하우가 필요할 것으로 보인다.

- 효과적, 효율적으로 정보전달을 행하기 위한 판촉기법
- 기존 자원을 조합하여 새로운 일을 만들어내는 조합하는 힘과 같은 기술을 가진 전문가로서 중소기업 진단사가 활약하는 것을 생각할 수 있다.

정부의 중점정책으로서 자리 매김 되고 있는 지역창생에 공헌할 기회가 없을지 앞으로도 주목하고 싶다.

4 지역 자원(자산·인간·돈)을 닦아 지역을 활기차게 [도쿠시마]

1) 과제 선진지(課題先進地, 국제적으로 선례가 없는 과제를 많이 안고, 해결, 극복해야하는 문제에 직면한 지역)의 기업 유치 활동

전국에서도 고령화율이 높은 도쿠시마현은 기업 유치 사업으로 '도쿠시마 새틀라이트오피스 프로젝트(とくしまサテライトオフィスプロジェクト)'를 내걸고 과소지역(過疎地域, 인구 의 현저한 감소에 따라 지역 사회의 활력이 저하되고, 생산 기능 및 생활 환경의 정비 등이 다른 지역에 비해 낮은 지역)과 IT를 접목시켜 생산 인구를 증가시키는 노력을 진행해왔다.

이 계획의 시행 배경에는 2011년에 발생한 동일본 대지진이 있다. 이 지진을 계기로 수도권 기업을 중심으로 사업 지속 대책의 일환으로 인터넷이나 컴퓨터 등 정보 통신 기술(ICT)을 활용한 장소·시간에 구애받지 않는 '재택근무', '모바일근무' 등이 검토되기 시작한 점에 주목한 것이다.

반면, 과소화로 인해 증가하는 빈집은 자연재해에 의한 붕괴, 수상한자의 침입, 경관이나 생활환경, 위생악화 등 지역 주민에게 피해를 끼치게 될 가능성이 증대되면서 빈집 대책이 요구되었다.

그래서 빈집이 되고 있는 마을 내의 오래된 민가를 싼값에 제공해 전국 1위의 IT인프라가 되는 대용량 고속 광대역 환경을 갖추게 함으로써 수도권 기업의 '새틀라이트오피스'로 유치하는 '취락 재생 모델'에 임하기 시작했다는 것이다.

2) 도쿠시마현 미나미쵸 현황

　미나미마쵸(美波町)는 토쿠시마현 내에서도 기업 유치의 강화를 선진적으로 힘써 온 마을이다. 이 미나미쵸에서 도심의 사무실의 별도 거점이 되는 새틀라이트 오피스의 유치활동인 '우미가메(ウミガメ) 오피스 프로젝트 in 미나미(美波)'가 시작된 것은 2012년부터이다.

　미나미쵸는 토쿠시마현의 남동부에 위치하고, 서핑을 즐길 수 있는 아카우미가메(바다거북)의 산란지로 국가 천연기념물로도 지정된 해안이나 상록조엽수의 아름다운 산, 계류어가 살고 있는 맑은 계곡에 둘러싸인 대자연이 남아있는 곳이다. 또한 시코쿠 88개소 23번 영소로 알려진 야쿠오지(薬王寺)가 자리 잡고 순례자 환대의 마음을 갖고 있으며, 어업, 농업, 순례, 관광 등이 발전, 번창해 온 지역이다.

　그러나 1970년에 약 1만 3,000명이던 주민은 2015년 1월 현재 약 7,100명으로 절반 가까이 줄었다. 또한 동네에 있던 2개의 고등학교

[도표 1-4-1] 미나미쵸의 구분별 인구와 고령화율의 추이

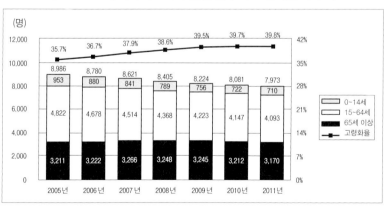

* 매년 10월 1일 현재 주민 기본 대장 인구 및 외국인 등록 인구
출처: 미나미쵸 노인 보건 복지 계획·간호 보험 사업 계획(2012년 3월)

폐교로 인해 청년층이 더 줄었고, 고령화율은 41%(2015년 1월 현재)가 넘는 과제선진 지역이다.

그 미나미쵸에서 생산 인구 증가라는 과제를 해결하기 위해 시작된 기업 유치 활동 '새틀라이트 오피스' 제1호로 진출했고, 미나미쵸 지역 활성화를 위해 창업하는 청년층이 나타났다.

3) 미나미쵸 출신의 IT기업 경영자가 현 지역을 활기차게 했다.

(1) 기업 이념은 사원의 창조성을 높이기 위한 것이다

디지털 콘텐츠의 정보 누설 방지 시스템의 개발을 다루는 '사이퍼 테크 주식회사(サイファー・テック株式会社)' 대표이사 요시다 모토하루(吉田基晴) 씨는 미나미쵸 출신으로 고교 졸업 후, 대학 진학을 위해 고향을 떠났다. 31세 때, 설립 멤버 중 한 명으로 도쿄 도내에서 창업하였고, 설립 2년 만에 사장으로 취임했다.

사업을 수행하기 위해서는 고객의 과제 해결이 필요하다. 그 과제 해결을 위해 가장 필요한 것은 고객이 무엇을 생각하고 무엇을 원

[기업명] 사이퍼테크 주식회사

[대표이사] 요시다 모토하루

[사업소(도쿄 본부)] 도쿄도 신쥬쿠구 카구라 자카 6-46로베루 카구라 자카 빌딩 9F

[TEL] 03-5206-5705

[FAX] 03-5206-5706

[본점·미나미 Lab] 도쿠시마현 가이후군 미나미쵸 에비스 에비스하마지타이 266

[URL] http://www.cyphertec.eo.jp/ 문의는 도쿄 본부

[기업명] 주식회사 아와에

[대표이사] 요시다 모토하루

[사업소] 도쿠시마현 가이후군 미나미쵸 히와 사우라 114

[URL] http://www.awae.co.jp/

[FaceBook] http://www.facebook.com/awae.co.jp

하는지 상상하고, 그것을 능가하는 것을 제공하는 창조력이다. 창조성을 극대화하기 위해서는 자연에 둘러싸인 직장 환경이 필요하며 대자연 속에서 어떻게 일하고 어떻게 살 것인가를 자신의 머리로 처음부터 생각해내야 하고, 그것을 스스로 디자인 할 때 가장 창의적일 수 있다.

사이퍼테크 사의 기업 이념

- 건강하고 우수한 인재의 육성
- 뛰어난 기술력을 배경으로 한 사회적 가치있는 제품과 서비스를 제공
- 장기적으로 기업의 사회적 책임을 완수 적절한 이익 창출을 통해 「직원」, 「파트너」, 「고객」, 「주주」, 「사회」 등, 우리에 관계 모든 사람들의 행복에 공헌하는 것을 기업의 존재 목적으로 한다.

그 실현을 위한 사이퍼테크는 직원을 가장 우선으로 한다. 왜냐하면 쾌적한 환경을 바탕으로 건강하고 풍요로운 마음과 의욕을 가진 사원에 의해 가치있는 생산물은 만들어지는 것이며, 그것을 통해서 고객을 비롯한 타인에 대한 이익환원이 가능하다고 믿기 때문이다.

그것을 체감하는 것이 중요하다고 요시다(吉田) 사장은 생각했다. 기업 이념 중에서도 인재육성을 하는 것을 최우선으로 하는 것에서 그 의지의 강함을 느낄 수 있다.

대자연 속에서 창조성을 키우기 위해서는, 일 뿐만이 아니라 취미

나 가정 등의 사적인 생활도 함께 충실하게 해야 한다고 요시다 사장은 생각하고 있고, 회사로서 '반X반IT'(X는 개인의 여러 가지 취미라는 의미)라는 일과 생활의 균형의 사고방식을 제창했다. 요시다 사장 본인도, 도내에서 일을 하면서, 개인적으로 농사를 짓고 있다.

'반X반IT'가 아닌, 반X를 우선적으로 강조하는 것을 보더라도 취미 등의 사생활을 즐기는 것이 창조력의 원천이며, 그것이 일을 하게 하는 원동력이라는 생각이 보인다.

물론, 요시다 사장 자신은 반은 취미, 반은 일이라는 의미가 아니고, 온 힘을 다해 놀고, 온 힘을 다해 업무든 어떤 일이든 양수겹장하는 진지한 자세로 임하고 있다. 한편 회사는 벤처기업으로 창업했지만 인력채용에 어려움이 있어 사업확대의 발목을 잡았다.

이 대책을 마련하는 한편, 요시다 사장은, 기업 이념인 '반X반IT'를 실현할 수 있는 장소, 즉 생활 거점, 취미를 즐기는 산, 바다, 계곡, 그리고, 직장이 가까이 있는 천혜의 지역을 찾고 있었는데, 그 때 머리에 떠오른 것이, 자신의 출신지인 도쿠시마현 미나미쵸였다.

(2) 미나미쵸에 진출, 지역활동에 적극적인 참여

도쿠시마현의 기업 유치 사업 '도쿠시마 새틀라이트 프로젝트'나 미나미쵸의 '우미가메 오피스 프로젝트 in미나미'의 존재를 알게 되었고, 요시다 사장이 원하는 자연이나 환경 등이 갖추어진 미나미쵸에서, 유휴 자산인 요양원 터에 새로 구축한 새틀라이트 오피스 '미나미 Lab'을 개설했다. 이는 미나미쵸의 프로젝트로 진출한 제1호가 되었다.

여기서 중요한 것은, 보조금이 있으니까 실험적으로 새틀라이트 오피스를 개설한다는 것이 아니고, 보조금의 유무에 관계없이, 회사가 요구하는 것이 미나미쵸에 있었기 때문에 개설했다는 것이다.

요시다 사장이 말한 대로, 전력을 다해 「반X반IT」라고 하는 삶을 영위하면서 행동하고 있다는 것을 알 수 있다.

[도표 1-4-2] 취미가 서핑인 미나미 Lab 사원의 하루 생활 사례

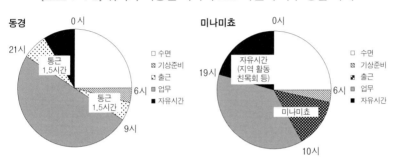

출처: 주식회사 아와에 미나미쵸 지역 활성화 프로젝트 (보도용 기초 자료) 2015년 2월

(3) 지역에 적응하면 적응할수록, 지역의 과제가 명백히

지역주민과의 교류가 깊어지면, 단 몇 명의 이주가 있어도 마을에 활력이 생긴다고 할 수 있을 정도로 지역 주민과 원만한 소통이 이뤄지지 시작한다.

지역과의 소통이 거의 없다고 일컬어지는 도시지역과는 달리 지방의 작은 커뮤니티 안에서는 자신의 힘을 조금 보태는 것만으로도 눈에 띄게 알기 쉽고 고령자를 비롯한 지역주민으로부터 감사를 받고 기뻐 할 수 있다.

미나미쵸 Lab 사원은 도시지역에서는 느낄 수 없었던 자신의 가치, 역할 등을 실감할 수 있어 지역 주민(지역), 미나미 Lab 사원(외지)이 교류하면, 서로 활기가 생기는 것을 알 수 있다.

한편으로, 지역에 동화되게 되면, 미나미쵸가 안고 있는 크고 작은 다양한 과제들이 보였다. 주변의 문제를 비롯하여 현지과제를 해결하기 위해서 생각하는 것이, 미나미 Lab 사원의 창의성 강화로 이어지고 있다.

(4) 지방을 활기차게 만들기 위한 지역 지원 사업 회사를 미나미쵸에 창업

요시다 사장은, 지역 주민도 미나미 Lab의 사원도 건강해지고 있는 것을 보는 가운데 사이퍼테크 회사로서, 기업의 사회적 책임(CSR)적인 일시적 자원봉사자로 지역 주민과 함께 활동하는 것이 아니라 수익 사업을 계속해 나가면서 지속적으로 기여해 나갈 수 없을까하는 지역 활성화에 대한 신념이 강해져 갔다.

다양한 인재의 공급원인 지방이 쇠퇴하면 도시지역과 국가도 활력을 잃는다. 그 공급원을 튼튼하게 해야 하지 않을까? 한편, 미나미쵸의 고령화율도 40%를 넘어 50%를 넘는 한계정착지가 되는 것은 시간문제이며 이걸 막으려면 어떻게 해야 할까? 그리고 지역을 활기차게 하기 위해서는 주민(지역)뿐 아니라 지역 진출자(외지), 자치 단체의 3자가 연계해 행동함으로써 시너지효과를 창출해 나갈 필요가 있기 때문이다.

사업의 힘으로 이 다양한 사회 문제를 해결하고 싶다. 즉, 과제 해결과 가치 창출을 동시에 실현하고 경제적 가치와 사회적 가치를 동시에 생각하게 되었다.

이것은, 마이클·E·포터가 제창하는 CSV(Creating Shared Value)나 '판매자가 좋고', '구매자가 좋고', '세상이 좋고'라고 하는 오미상인의 삼보요시(판매자와 구매자는 물론 그들이 속한 사회까지 모두 만족하는 거래)에 가까운 생각이다.

그 실현을 위해 사이퍼테크 사의 사업 가치와 지식을 충분히 활용하고, 요시다 사장 스스로가 할 수 있는 것을 생각해 요시다 사장의 개인 출자로 지역 지원 사업을 돌보는 '주식회사 AWAE'를 2013년 6월, 미나미쵸에 설립했다. 이것은 사이퍼테크 사의 주 사업 영역과 다른 것으로, 그 역할을 명확하게 하기 위함이다.

(5) 지역 자원(코드·인간·돈)을 활용하여 지역을 활기차게

기업의 경영자원이라고 하면 사람, 제품, 돈이라고 자주 얘기한다. 이와 마찬가지로, 주식회사 아와에는 지역 자원을, '문화자산(콘텐츠)', '지역커뮤니티(사람)', '지역산업(돈)'으로 구분해 각각 유지 보호·진흥하면서 계승해 나가기 위한 사업을 계획, 실행하고 있다.

● 문화자산보호승계사업(콘텐츠)

미나미쵸는 남해 트라프 지진이 예측되는 지역이다. 미나미 Lab 사원의 거주지로서 찾고 있던 동네 빈집에는 주민의 사진 등이 남아 있었다. 이에 동네를 가가호호 방문하여 옛 사진과 배경, 역사 등의 정보를 디지털 아카이브(archive)로 저장하기 시작했다.

그것이, 히스토리 포토 스톡 '고엔'이다. 이 것은 클라우드상의 서버에 저장되며, 지도와 GPS를 활용하고 관광 시 즐기거나 인터넷에서 열람하거나 지역사회 행사 등에서 활용

목욕탕을 개축한 지역교류 스페이스 하츠네유

되는 등 주민 서비스의 하나로 활용되어 전국의 지자체의 도입을 서두르고 있다.

● 지역 커뮤니티 보호·진흥사업(사람)

기업이 조직의 연령 구성, 능력을 생각하고, 균형 있게 채용활동을 벌여 조직의 최적화를 도모하는 것과 마찬가지로 마을의 인구도, 균형감이 있는 연령 구성이 중요해진다. 그래서 미나미Lab에서 쌓은 경험을 바탕으로 특히 적은 20대, 30대 인구 증가를 위해 특히 지역 사회에 힘을 쏟아 기업 유치와 창업을 지원하고 있다.

그중 하나가 히와사(日和佐) 지역 리노베이션이다. 그 첫 번째로 메이지 시대의 대중목욕탕을 개축하여 지역 교류 공간으로 개방했고, 업무 생활균형이 잡힌 새로운 근무환경을 바라는 도시 청년층을 끌어들이기 위해 각 업무 생활 체험 시설(공유사무실, 카페, 게스트하우스)을 중심으로 건물의 구성에서 거리의 형태, 그리고 도시의 양상에 파급시켜 도시 전체를 활성화시키는 시도를 하고 있다.

● 지역산업보호·진흥사업(돈)

지방뿐만 아니라 전국 어디서나 중소, 영세 기업이나 개인 사업주의 후계자 문제가 크다. 미나미쵸도 마찬가지로, 아이들에게는 농업, 어업을 계승하지 않고 도시지역으로 내보내고 있는 것이 현실이다.

그래서인지 그들이 이용하지 않는 밭과 어선을 무료로 사용해도 좋다고 하는 경우도 있다. 이대로는 현지에서의 일이 없어질 뿐이다. 어떡해서든지 차세대 아이들에게는 계승하고 싶어 하는 산업을 만들고 싶다.

그 생각에 안전하고 맛있는 가치 있는 상품이 적정한 가격에 유통하는 사회를 목표로, 지역 상품의 상표화, 1차산업 품목의 6차 산업화 지원 사업을 시작했다.

4) 기업 유치의 성공의 포인트

미나미쵸의 사례로부터, 기업 유치형 지방 창생의 포인트는, 다음과 같이 정리할 수 있다.

(1) 기업이 매력적으로 느끼는 인프라의 정비, 문화·풍토의 정보발신

광섬유에 의한 통신망, 마을 전역의 WIFI 정비, 개인적 충실감과 보람을 느끼는 환경 등, 그 지역이 기업이나 그 곳에서 일하는 사람들이 요구하는 것을 가지고 있어, 그 정보 발신을 적극적으로 실시하고 있는지 여부.

(2) 기업의 진출 목적이 명확한가?

보조금이 있기 때문에 그 지역을 선정한 것이 아니라, 진출 목적과 그 지역에서 제공하는 것이 일치하는지 여부.

(3) 외지에서 온 사람에 의한 지역에 대한 지속적인 기여

지역에 융화할 수 있도록, 적극적으로 현지의 활동에 참가, 협력하는 것은 물론, 자신이 가지고 있는 능력을 지역에 환원하는 구조가 있는가.

그리고, 이주 당초는 외지의 일을 현지에서 실시한다고 해도, 훗날

에는 현지에서 일을 만들어, 지역 주민의 고용 창출을 할 수 있게
될 것인가.

(4) 지역 주민의 환대심

외지에서 온 새로운 주민을 처음부터 따돌리는 것이 아니라, 따스
한 눈으로 오랫동안 지역 사회의 일원으로서 인정하고, 지역 주민
으로서 받아들이는 노력을 항상 하고 있는가?

(5) 활기찬 커뮤니티의 형성과 주위에 대한 감사

지역주민과 외지에서 온 사람이 처음부터 원활하게 소통을 제대
로 할 수 있다고는 할 수 없기 때문에 현재 있는 유휴자원을 포함
한 지역자원을 효과적으로 활용할 수 있도록, 주민들이 일상적으
로 방문해서 힘이 되는 공유 공간이 있어, 서로 감사하고 공헌하는
마음을 가지고 접하고 있는지?

도쿠시마현 미나미쵸의 사례를 참고하면 지방의 주역인 지역 주민
을 중심으로 기업 사원, 지방 자치 단체, 유휴 자산 등 한 개도 빠
짐없이 연계시키는 것이 중요한 것은 분명하다. 여기에 지역 창생
의 힌트가 숨겨져 있다.

5 세토내해의 과소화를 막는 섬비즈니스 모델 [가가와]

1) 쇠퇴하는 섬을 구하라

　가가와현(香川県) 다카마쓰시(高松市)의 앞바다에 위치한 메기지마(女木島)에서 생활·상업 환경을 창조하고 섬의 과소화에 제동을 거는 사업을 소개한다.

　인근 섬인 쇼도지마(小豆島)는 관광자원이 풍부하고 올리브, 장신구 등 지역 특산품을 내세워 지명도가 높아졌으며 젊은 층 이주도 흔히 볼 수 있다. 한편 메기지마는 다카마쓰시에서 배로 15분 거리이지만, 해가 갈수록 생활권으로서의 기능이 약해지고 있어 과소화, 고령화가 두드러진 섬이 되고 있다.

　메기지마를 혁신하기 위한 사업전개로 '바다의 집'이었던 건물을 2010년에 사들여 보수공사를 통해 별장으로 사용하던 건물을 숙박시설로 활용하고 있다. 숙박시설은 메기지마 해수욕장을 마주하고 있으며 해변의 툇마루에서 바라보는 모습은 그야말로 개인전용 해변이 된

이노우에 마사코씨

메기지마해안

다. 파도 소리, 섬 특유의 독특한 시간의 흐름이 지금까지 많은 방문객을 끌어들이고 있다.

이 사업은, 창업자의 열정으로 타카마츠의 해안을 따라 지금까지 기타하마아리(北浜アリ, 물품판매, 음식 등), 스미요시(住吉, 숙박소)를 구축해 왔다. 메기지마섬의 별장을 만들고 5년이 지났는데 그 사이에 2회 세토우치 국제 예술제가 열렸다. 그때에 일반객이 줄줄이 견학을 오기도 했지만 해외로부터의 인바운드를 포함해, '숙박을 원한다'는 문의가 끊이지 않고 있다.

그 목소리가, '숙소' 계획의 출발점이 되고 해변의 외딴집에서 살고 있는 듯한 분위기로 만들어 주는 숙소를 지향하고 있다.

현재, 사업을 중심으로 진행하고 있는 이노우에 마사코 씨는, 메기지마에 오테(석벽)에 매료되어 섬내의 민박(바다의 집)을 구입해 숙박 시설로 개장했다. 아울러, "섬 길 프로젝트"를 발족해, 세토내해 섬들의 인지도를 올리기 위해서 노력하고 있으며 숙박, 카페, 레스토랑, 가게의 기능을 갖출 예정이다. 메기지마 재생을 목표로 관광과 외부로부터의 이주 등 두 가지를 염두에 둔 비즈니스 모델을 구축했다.

이 사업의 강점은, 섬이라고 하는 장소와 독창성으로, 젊은이에게 이 곳에서 일하며 살고 싶게 하고 섬의 인구를 늘려, 상류(商的流通의 준말; 상품의 유통에서, 수주·발주·출하·재고 관리·판매 관리 등 거래 관계의 흐름)를 움직이는 것으로, 섬주민의 경제 환경도 활성화 할 수 있는 것이다. 쇠퇴 일로를 걷고 있던 낙도를 되살리는, 확실히 지방 창생의 일익을 담당한다.

한편, 약점은 섬 관광 산업이기 때문에 계절 노동적인 성격에 빠질 가능성이 높다는 것이다. 따라서 비용을 들여 정규직 고용형태 취할 수 없는 것이 현실이다.

컨스턴트(constant; 항상 일정한 것)에 수입이 있듯이 가을, 겨울철 구분 없이 꾸준하게 이루어 낼 수 있는 방법이 필요하며, 이를 위해서도 점(点, 섬만의 거점)에서 선(線, 다카마쓰와의 유동성), 선으로부터 면(세토내해 일원의 활성화)으로 가는 다음과 같은 발전적 대처가 필수적이다.

- 메기지마에서의 고용(조리인, 관리자)
- 인바운드(관광객, 이주자) 불러들이기
- 특산물의 개발(건조물, 땅콩 가공물 등)
- 섬 풍경 유지

그것을 위해 다음의 대책을 강구한다.

(1) 과소지에 거주자를 부른다

과소화되어 가는 섬의 현 상황을 억제할 필요가 있다. 섬사람들이 원하고 있는 것은 젊은이들의 이주이며, 일할 장소를 만듦으로써 이주자를 끌어들이는 것으로 이어진다.

(2) 관광객을 끌어들이다

세토내해 국립공원을 세계에 소개하고 팔기 위해서는, 섬에 관광객이 오는 구조를 만들어야 한다. 레저나 휴양지 같은 호화로운 관광이 아니라 예술과 자연환경보전, 사람과의 유대와 교제를 중요하게 여기고 꾸밈없는 살아 있는 섬의 삶을 접하게 하기 위함이다. 유람선으로 섬을 관람하고, 메기지마에서 숙박하고, 여유로운 시간을 맛보게 한다. 또, 세토우치 국제 예술제를 시작으로 늘어나고 있는 해외관광객을 끌어들이기 위해, 섬 생활에 필요한 요소(의식주, 통역 등)를 갖춰 간다.

⑶ 섬의 자원을 활용하고 섬 비즈니스로서 상류(상품유통 발주 등)를 만들다

'빈집의 활용', '물고기를 중심으로 한 특산물 활용', '풍경이라는 재산의 유지와 PR' - 이들은 이미 섬의 특성을 살린 비즈니스 모델이 되고 있다. 다카마쓰시에서 불과 15분이긴 하지만 이지적인 세계의 외딴 섬 생활을 만끽할 수 있다.

당 사업에서는, 다카마쓰의 기타하마아리(물품 판매, 음식, 외) 및 스미요시(住吉, 숙박)를 구축한 실적도 있어, 현재는, 메기지마 아파트를 소유해, 섬의 길 프로젝트 실현을 향한 카운트다운이 시작되었다. 세토우치 예술제의 얼굴로서의 역할이 커져 차기에는 문의가 더욱 쇄도할 것이다.

지역 내 산업을 창출한다는 의미에서는 노인들의 일자리도 발생하여 좋은 흐름을 구축할 수 있다. 매점, 건어물 제조, 카페, 식당 각각에 인력이 필요하며, 도민의 협조를 얻지 못하면 추진할 수 없다.

과제로는 실제 관리자를 섬 밖에서 모집해야 하는데 그 사람들이 각자 경영할 수 있고 월세 수입으로 운영하는 구조가 필요하다. 관동 긴키권(関東 近畿圏)에도 모집을 하여 경쟁을 통해 선발을 한다.

숙박계획

2) 숙박업소(도미토리)를 만들다

숙박업소는 저렴한 요금제로 운영하고 거실, 부엌을 공유하면서 식사를 제공하기도 한다. 바닥 면적은 180㎡정도이며, 개인실과 다인실을 마련하고, 넓은 거실과 식당에서는 숙박하는 고객끼리 소통이 가능하며 식사 제공도 한다.

또, 장기 체류자는 주방도 자유롭게 사용할 수 있다. 현실적으로 거의 설비가 갖추어져 있기 때문에, 지금이라도 당장 영업할 수 있는 상태다. 향후 전담 관리자와 요리사를 두고 기존 소유 건물(해변아파트) 이외에 섬의 빈집 1동을 추가로 빌려서 개조했다.

• 하루 숙박 손님 기존 시설(해변 아파트) 14명

신규 시설(가칭 해변 아파트Ⅱ)10명

- 음식시설은, 가칭 해변 아파트Ⅱ에서 영업
- 아침, 저녁에는 숙박고객에게 식사를 제공. 낮에는 현지 주민들의 점심 모임.

해변 아파트 Ⅱ에 대해서는 선착장 앞의 오테(석벽)를 교섭중이며, 확정 되는대로 신축을 계획하고 있다.

이렇게 되면 오테(석벽)에 둘러싸인 독특한 숙박시설로서 기억에 남는 숙박이 가능하다. 2개의 해변 아파트에서는 섬 외부에서 이주하여 근무할 수 있는 직원을 모집하고 있다.

3) 건어물공장과 상품 판매소 개점

메기지마에 유일하게 있던 음식점은 작년에 폐점했고 지금은 JA직영 점포가 있을 뿐이다. 생활권내에 편의점이나 슈퍼마켓은 없어 생활난민이 나오는 상황이다. 그래서 다음의 노력을 하고 있다.

① 완전히 신규로 하는 사업으로 건어물공장과 물건 판매소를 설립한다. 섬의 어업조합의 협력이 필요하지만 섬에서 잡힌 물고기는 소금을 뿌려 건어물로 판매한다. 건어물공장을 전담하는 관리자는 섬 주민을 채용하여 양성한다.
② 섬 주민의 특기를 살린 체험 행사를 만들어 섬에서 일자리를 만들고 섬의 활성화를 목표로 한다.
③ 특징 있는 테마를 살리고, 세토우치 국제 예술제에도 소구할 수 있도록, 인바운드를 포함한 관광객들이 방문할 수 있도록 한다.

4) 메기지마 재생을 목표로

메기지마 창생을 목표로 관광과 이주 양면을 고려하여 수행하는데 이 사업의 독창성이 있다. 섬이라는 장소와 독창성으로, 젊은이들이 메기지마에서 일하고 싶어 할 수 있도록 해야 한다.

한편, 섬 관광산업으로 인해 계절적인 노동기간에 한정되어 이주자 정착을 어렵게 만들고, 있다. 그래서 성수기(7월~9월)를 지나면, 다카마쓰 본토에서 다른 사업에 종사할 수 있는 방안이 필요하지만, 다음처럼 섬 내에서 사업을 꾸준하게 할 수 있는 연구도 필요하다.

① 숙박업소: 이 사업이 현재 갖고 있는 별장(해변 아파트)은 거의 그대로 쓸 수 있다. 기타하마쵸(北浜町)에 한 동을 임대하여, 마

오테(석벽) 재생맵

을 가옥 형태의 숙박소(北浜佳吉, 기타하마 스미요시)를 개업했다. (이 사업에서는, 료칸업 영업 허가증 취득 경험 있음).

② 음식점: 이 사업에서 기타하마에서 카페 나쟈(カフェナージャ)를 13년 운영한 경험이 있다.

③ 건어물 공장: 지금까지 버려졌던 잡어 등에 가치를 부여해서 판매한다. 섬의 양식업 조합과 상담 중이다.

④ 건축에 대한 지식과 디자인 능력이 있기 때문에 그 강점을 전면에 내세운 사업을 전개한다(본 사업은 2001년 기타하마아리(北浜ア リー)를 개발하고 있다. 도미토리(ドミトリー) 조사도 진행 중)

⑤ 이 계획을 수행함에 있어 메기지마 사람들과의 연계를 중시한다 (4년간 메기지마 해변 아파트에 이벤트, 트리하우스 제작 등을 통해서 이미 여러 사람들과 연계되어 있다).

5) 앞으로의 성장을 위해

세련된 감각의 간이 숙박 수요는 향후 발전가능성이 있다. 예술을 둘러싼 여행수요도 젊은 사람들과 외국인 사이에서 늘어난다. 가가와(香川)를 찾는 외국인 관광객이 부쩍 늘었다.

다만 숙박 형식은 도미토리로 숙박 가격은 3,500엔 정도를 예상하고 있다. 비용 부담 없이 숙박할 수 있고, 메기지마내의 음식점에서 점심을 먹고, 현지 토산품을 구입하더라도 저렴하게 살 수 있도록 가격을 책정하고 있다. 자취도 허용하는 등, 각 고객의 요구에 맞게 다양한 설정이 가능하다.

6) 판매·PR방법

(1) 숙박

목표는 외국인을 포함한 관광객. 젊은이를 중심으로 홈페이지, 자란(じゃらん, 일본 숙박예약 웹사이트)등에서 고객을 유치하여 도미토리 숙박 평균 3,500엔을 내세운다.

(2) 음식점

대상은 섬 주민과 여름에는 해수욕객, 낮에는 일반 관광객. 객단가 800엔 정도로 정하고 이용하기 쉽도록 한다. 홈페이지 및 섬의 포스터와 간판으로 PR한다.

(3) 건어물판매

일반 관광객에게는 음식점에서 판매한다. 일요일에는 다카마쓰 시내 마르쉐(マルシェ)에 입점해 양산하게 되면 인터넷 판매도 시도한다. 이번 분기에는 직원연수(기술습득)와 공장 설비 및 생선 구입에 대한 검토를 하고, 추후에 영업을 개시 할 예정이다.

7) 향후 사업 전개

2015년 4월 10일 숙박 시설을 운영하는 회사로서 '세토우치스테이(株式会社瀬戸内ステイ)'를 설립했다. '세토우치 스테이 기타하마 스미요시(瀬戸内ステイ北浜住吉)'의 홈페이지도 아울러 완성했으며 이미 태국 등 해외로부터의 고객을 유치한 바 있다. 곧, '메기지마 해변 아파트'가 추가될 예정이다.

향후의 사업 전개로서는, 기타하마아리의 속편으로서 메기지마와 타카마츠시오키(北浜住吉, 기타하마 스미요시)의 선을 구축하여, 기타하마아리의 물건판매와 판매확대를 구성해간다. 이것이 섬의 길 프로젝트이자 섬 창생을 관장하는 사업이다.

[도표 1-5-1] 섬의 길 계획의 개념도

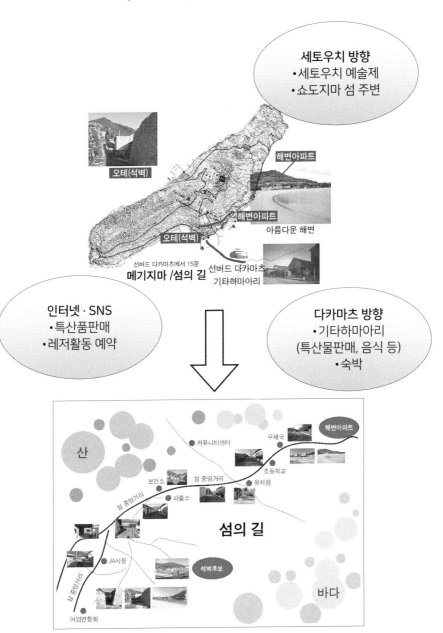

제2장

마을 · 사람 ·
일자리를
창조하는 상점가

1 「일본젠자이학회」창생으로 다시 태어난 이즈모타이샤 신몬도오리 [시마네]

1) 활기를 되찾은 이즈모타이샤의 오모테산도 「신몬도오리」

신몬도오리(神門通り)는 1915년 명명된 이즈모타이샤(出雲大社)의 오모테산도(表参道) 인근에 있어 여관이나 선물 가게가 즐비하고 크게 붐볐다.

그러나 1970년대 초반 본격적인 자동차 사회로 접어들어 이즈모타이샤 인근에 대규모 주차장이 생기면서 참배자의 동선이 대폭 변경되어 상가를 오가는 사람은 거의 없고 빈 점포만 눈에 띄는 거리가 되었다.

활기찬 거리(제공: 다나베 타츠야 씨)

2013년 「헤이세이의 대천궁(平成の大遷宮)」 행사가 시작되어, 이세신궁(伊勢神宮)과 동년천궁(同年遷宮)이었던 곳도 화제를 모아 시내·외에서 빈 가게, 빈터를 이용한 신규가게가 증가하고 기념품가게, 음식점등이 급증하여 신몬도오리는 갑자기 활기를 띠었다.

그 배경에는 한 명의 핵심인물과 민관(民官)의 노력이 있었던 것에 기인한다.

2) 핵심인물 다나베다츠야와 신몬도오리

다나베 타츠야(田遊達也, 57세) 씨는 이즈모(出雲) 시내의 호텔 경영자이자 이즈모 호텔 연락 협의회 회장, 이즈모 관광 협회 부회장의 요직을 역임하며 '음식'을 주제로 한 마을 부흥을 기획한 다양한 경력의 소유자이다.

2005년의 합병을 계기로 이즈모시에 마련된「21세기 이즈모타이샤 몬젠마치(門前町) 개발 조사 검토 회의」참가 요청을 받고 다나베 씨와 신몬도오리 상가의 대응이 시작되었다.

본인과의 인터뷰에서, 다나베 씨의 마을 부흥의 접근은 실제로 이치에 맞는 과정을 밟은 것으로 보인다.

(1) '마을' 발생 역사에 대한 인식

다나베 씨는 도시 역사를 연구하고 있다는 인상을 받았다. 과거 이즈모타이샤의 참배객들은 1912년 개통한 국철「타이샤선(大社線)」이나 사철「이치바타 전차(一畑電車)」를 이용했고, 두 개 노선의 역이 있던 신몬도오리는 활기를 띄었다. 여기에 참배객 동선의 중요성을 인식한 것이다.

타이샤선은 1990년에 폐선되었고, 이후 신몬도오리가 쇠퇴 일로를 걷게 된 것은 앞에서 얘기한 바와 같다.

(2) 현상 파악과 긍정적 사고

다나베 씨의 대처방안은 우선, 현황을 파악하는 것부터 시작했다. 당시 행정기관의 담당자로부터 "마을재생에 노력했지만, 백약이 무효다"는 이야기를 듣고, 어떤 일이 있었는지를 알아봤다.

특히, "어디에 빈 점포가 있었는지", "소유자는 누구였는가라는 것"은 개인정보문제 등이 있어, 행정적으로 정보 수집이 되지 않았던 것이다.

다음으로 현장작업이라고 할 수 있는 현장의 목소리에 귀를 기울였다. 특이한 것은, 세이타마리(勢溜, 이즈모타이샤의 정문 앞)에서, 신몬도오리의 통행량을 측정하거나 휴식 중인 관광버스 운전기사에게 얘기를 들어보았다는 점이다.

그곳에서 알게 된 것은 '인접 주차장에 정차해 40분에서 약 1시간의 체류를 하는 동안에 지명도가 있는 장소를 둘러보는 코스 설정은 관광회사(버스회사) 입장에서는 좋다'는 것이었고 신사참배만 하는 '바로가기 참배'는 현지 소비가 발생하지 않는다는 것을 재인식하게 되었다.

또한 세이타마리에서 오가는 사람을 봤을 때 '이 거리에 사람의 왕래가 이 정도로는…' 하는 상실감에 체념을 하는 것이 일반적이지만 다나베 씨는 어렸을 때 다니던 인적도 없는 산중의 약 12㎞의 통학로와 비교하면서 이 정도의 왕래객이 있는 것은 그나마 많은 편이라는 생각으로 가능성을 느꼈다고 한다. 어디까지나 긍정적이고 긍정적인 사고를 가질 수 있었던 것이 발전적 발상의 요인이었다.

이 현황 파악을 근거로 하여 타겟은 '구매력이 있는 여성'이라고 확실히 인식했다는 것이었다.

3) '젠자이모찌' 이야기 만들기

젠자이(단팥죽)는 이즈모지방의 '진자이떡'에 기인하고 있다. 이즈

모지방에서는 음력 10월에 전
국에서 신들이 모였으며, 이
때 이즈모에서는 '진자이제(神
在祭「かみありさい」'라고 하는
제사를 지내고 있다. 그 축제
에서 대접하던 것이 '진자이떡'
인데 이즈모사투리 'ずーずー
弁」'즌 자이(ずんざい)', 젠자

일본젠자이학회 이치고점
(제공: 다나베 타츠야 씨)

이(ぜんざい)로 되어 교토에 전해졌다고 한다.

'단팥죽'의 시작은 이즈모라고 하는 것이 에도초기의 문헌, 기온이
야기(祇園物語)와 바이손사이히츠(梅村載筆, 일본의 고전문학작품
명)에도 기록되어 있다. (http://www.1031-zenzai.com/history)

여기에 주목해, 신몬도오리에 매장을 출점하여 지역유지와 연대를
통해 마을활성화를 단번에 가속화해 나갔다.

(1) 마을 활성화의 핵심을 찾아서

우선은 정석대로 '핵심', 이른바 콘셉트가 되는 것을 '일본 최고, 혹
은 ○○의 발상지'라는 키워드로 찾기 시작했다.

오랜 역사와 전통 문화가 풍부한 이즈모 지방의 문헌 등을 2년에
걸쳐 연구해서 3개의 후보를 찾아냈다.

첫 번째는 스모의 신이라 불리던 노미노스쿠네(野見宿補) 제13대
이즈모쿠소우이(出雲国造)었다는 설에서 '스모'를 이용한 마을 부
흥이다.

두 번째는 '술'을 이용한 지역부흥이다. 이즈모시 히라타(平田)에는 사코신사(佐香神社), 일명 마츠오신사(松尾神社)가 있으며 이곳은 술의 발상지라고 알려져 있다.

세 번째는 가부키(歌舞伎)의 조상이라고 하는 '이즈모노오쿠니(出雲阿国)'를 이용한 지역부흥이다.

활동하기에는 모두 애매하고 적용하기 어려웠다고 회고하고 있지만, 현황파악을 마친 시점에서 대상을 '여성'으로 규정한 것은 정확한 판단으로 이어진 것은 아닐까?

(2) 우연이었던 단팥죽과의 만남

그러던 중, '단팥죽의 발상지는 이즈모'(기온이야기, 祇園物語)라고 적혀 있던 구호를 본 것이다. 이것을 본 순간, '이것이다'라고 직감했다고 한다. 항상 안테나를 펴고, 착안점을 갖고 있으면 정보가 모인다고 하지만, 문제의식을 가지고 있었기에, 무심코 넘어 갈 수 있는 기사에 관심이 생겼던 것일까?

곧바로 문헌의 신빙성을 찾기 위해서 「기온이야기」의 원본을 찾았지만 찾지는 못하고, 제대로 준비도 하지 못했지만, 단팥죽으로 마을 활성화를 실행에 옮겼다. 여기에는 사업화의 속도감을 알 수 있는데, 다나베 씨에 따르면 '3년에서 5년 이내에 행동에 옮기는 것'이 관건이라고 한다.

그러다 2007년 3월 시마네현립(島根県立) 고대역사박물관 개관을 위해 전국에서 모인 큐레이터(학예원)중 한 명이 어렵지 않게 도호쿠대학(東北大学) 도서관에서 「기온이야기」의 원본을 발견하게 된 '운'도 지니고 있었다.

그 해 2월 1일에 '단팥죽 발상지는 이즈모'를 콘셉트로 한 일본단팥

죽학회(日本ぜんざい学会)를 설립했다.

(3) 운용의 고집과 기교

처음부터 결정해야 할 사항은 명확히 하고 있었다. 시내의 노포 화과자점 사장의 협조를 얻어 이즈모 단팥죽의 조건으로 '팥은 이즈모 산의 다이나곤팥(大納言小豆), 떡은 홍백의 통떡(紅白の丸餅)을 사용'하는 것으로 정했다.

또, 이즈모 단팥죽의 보급을 목표로 하는데 있어서는 아무래도 이즈모학회의 조직 강화가 필수적인데 무작정 회원의 숫자만 늘리면 안된다는 판단에 학회원의 자격은 굳이 이즈모 단팥죽 사업에 관계되지 않은 사람이라는 원칙을 정해, 사업자는 해당 학회의 인증을 받는 인증점 제도를 실시했다. 이것은 공평성을 유지하기 위한 목적이다.

(4) 현지 음식으로 마을 부흥 단체 연락협의회(아이B리그) 참가

운용에서 정보 발신에 매우 공을 들이고 10월 31일을 "이즈모 단팥죽의 날"과 일본 기념일 협회에 신청, 또한 예전에 B-1그랑프리(B-1グランプリ, 지역활성화를 목표로 마을 부흥을 위한 지역음식 이벤트)로 유명해진 아이B리그(愛Bリーグ, 지역에서 사랑받고 있는 음식을 지역자원으로 하는 단체의 네트워크)에도 2008년 가입 신청서를 제출하여 이듬해 5월 총회에서 준회원으로 가입 인증되어 운영 노하우를 흡수한 것이다.

2010년 10월에 아쓰기대회(厚木大会)에 처음 출전했고 현재까지 5회 째 출전하고 있으며 제8회 토요카와 대회(豊川大会)에서는 7

위에 입상했다.

현재는 "이즈모젠자이학회"로 명칭이 변경되어 있지만, "神在餠=
젠자이모찌"에 의한 적극적인 정보를 발신하는 것이 신몬도오리
에 있어서는 킬러 컨텐츠가 된 것이다.

4) 마을 활성화의 동료와 보조

마을의 활성화는 '외부인, 얼간이, 청소년'이라는 말이 성공 비결이
라고 들은 지 오래다. 이번 사례의 경우 각각을 적용할 수 없지만. 다
나베 씨 혼자 힘이 아니라 우연히도 유사한 시기에 뜻을 같이한 사람
들이 있었다.

시마네현에서 챌린지숍의 모집이 있어 NPO법인을 출범하고 빈 점
포를 이용해 무료 휴게소를 개점하려던 S씨와 요코하마에서 I턴(귀촌,
부모의 출신이 시마네현)하여 경단 가게를 오픈하려던 T씨였다.

2007년 '신몬도오리 번성클럽'을 3명으로 결성해 당초 다나베 씨가
현황 파악을 하지 못했던 빈 집, 빈 점포 소유자에 대한 조사를 벌여,
임대 의사를 확인했다.

현지의 S씨, 한 때 도쿄에서 '시마네의 지명도가 낮다는 것을 느끼
고, 어떻게든 할 수 없을까'라는 열정을 가진 T씨, 그리고, 다나베 씨
가 택건(宅建, 택지건물 매매, 교환, 임대 등을 주업으로 하는 부동산
거래전문가)이라고 하는 전문 자격을 가진 것도 적지 않게 기여한 것
으로 볼 수 있다.

천궁(遷宮, 신령을 옮기는 의식)이 가까워지자 '이즈모타이샤 근처

에 좋은 물건이 없느냐'는 문의가 상공회, 은행, 또 직접 다나베 씨에게 잇달았는데, 거기서 양자 간의 소개에 그치지 않고, 같이 참석을 한 것도 주효했다.

사업으로는 안내지도 제작 및 워크숍 참가 등을 자원봉사로 하며 활동 모습은 와판[2]으로 발행하고, 회원은 물론이고 지역 신몬도오리의 사람들과 정보를 공유하기 위해 지역과의 소통을 중요하게 여기는 것도 중요한 시각이다.

2008년 7월에는 상인, 거주자, 서포터 등 11명으로, 공식적인 "신몬도오리 되살리기 번영회 "를 만들었다.

여기서 고수한 것은 회원제를 하지 않았다는 점이다. 안내지도 작성에 관해서도, "회비를 납부하면 게재를 하지만, 회비를 미납하면 게재하지 않는다"는 방식에서는, 「관광객에게 필요한 지도가 될까」라는 의문에 회비를 없앤 것이다.

여기서 중요한 것은 회의 기본 방침으로 "한 사람이라도 더 많은 관광객이 오면 좋겠다"는 고객 눈높이에 맞춰 의사결정을 내린 것이다.

5) 민간 선행, 행정 지원

시마네현 이즈모시(出雲市), 관련 단체 및 주민이 일체가 되어, 2009년부터 이즈모타이샤에 걸맞은 품격과 활력 있는 거리의 재생을 위한 노력이 시작되었다. 이는 '시마네현 홈페이지 신몬도오리 거리

---

2) 에도시대에 찰흙에 글씨나 그림 등을 새겨, 기와처럼 구운 것을 판으로 하여 인쇄한 속보 기사판. (→よみうり)

만들기[3]에 소개되고 있다.

신몬도오리의 거리 활성화는, 미래에 걸쳐 지역과 관광객으로부터 사랑받는 거리가 되는 것을 목표로 하여, 워크숍 등을 통해 주민과 협동으로 검토를 하고 거리의 이용방법, 연도경관, 석첩포장[4] 및 조명디자인을 고려하고 있다.

동시에 지역 이즈모 상공회 등이 중심이 되어, 현안이기도 한 체류시간 연장을 위해 '이즈모타이샤 옆의 외측 주차장에서 진입로를 지나지 않고 본관에 참배 하는 관광객을 정문(세이타마리)으로 들어오도록 권장하는 팜플렛 작성', '이즈모타이샤 주변 관광명소 안내', '무료주차장', '이즈모 시내 주유소안내' 등을 실시하여 새로운 동선 구축을 위한 소프트웨어 사업에 착수했다.

[도표 2-1-1] 신몬도오리의 활동내역

	이즈모타이샤에 관련된 주요 활동	타나베 씨들의 활동	현·시에 의한 시설정비
2005년	헤이세이 대합병	21세기 이즈모타이샤의 개발조사검토회의	
2006년			
2007년	이즈모타이샤 고대박물관 개관	젠자이학회 설립, 제1호 출점	
2008년	이즈모타이샤본전 천좌제	신몬도오리 부활회 설립	
2009년			신몬도오리 정비에 관한 주민 앙케이트 조사
2010년		B1그랑프리 출전	길 만들기 워크숍 신몬도오리 교통사회 실험

---

3) http://www.pref.shimane.lg.jp/infra/toshi/keikaku/shimane/jyuuminsanka/sinmondoorinomitidukuri.html)

4) 납작한 돌로 포장

2011년		신몬도오리 이야기 모임 결성	전선류 지중화 공사에 착수 신몬도오리 PR관 개관 디자인 워크숍
2012년	신화보존회 개최		『신몬도오리 환대』특구의 인정 석등 공사 잠정 완료 관광안내소 '신몬도오리 환대 스테이션' 오픈
2013년	이즈모타이샤 본전 천좌제	신몬도오리 환대협동조합 설립	디자인 조명 초점등
2014년		협동조합 활동 시작	신몬도오리 완성 기념식

　2009년 5월에는 신몬도오리 주변에 '신몬도오리 교통광장'이라는, 평소 주차장으로 사용할 수 있는 공간이 정비되면서 보행자를 확연히 증가시켰다.

　아울러, 되살리기 모임에서 '신몬도오리 케이욘아사이치(軽四朝市)'의 이벤트를 실시하고 있어, 거리시설정비사업, 콘텐츠 보강 사업을 일체적으로 실시해, 민간과 행정이 원활하게 연계하고 있다.

6) 성공의 비결과 향후 과제

　신몬도오리의 부활에는, 이즈모타이샤의 천궁을 계기로 민간과 행정기관이 잘 맞물려 나아간 것이 성공요인이다. 본고 집필시에는 69개 매장이 출점(出店)하는 상가가 형성되어 있다. 마을걷기지도는 이즈모 관광협회 홈페이지(www.izumo-kanko.gr.jp)에서 다운로드가 가능하다.

　거기에 전체계획 및 실행을 정리하는 "도시계획 관리자(City Manager)"의 존재는 없지만 행정기간과 연계한 다나베 씨의 존재는, 틀림없이 그 역할을 했던 것이 아닐까.

다나베 씨의 마을 활성화의 접근, 킬러 컨텐츠가 된 '진자이모찌=단팥죽떡'의 스토리 만들기와 정보 발신은 크게 참고해야 한다.

천궁을 치른 이즈모타이샤 주변은 비교되는 관광지의 수준 등급이 올라가고 관광객들로부터 교토(京都) 등의 일류 관광지와 비교된다는 위기감을 절실하게 느끼고 있다는 것이다.

'신몬도오리 되살리기 모임'은 무보수로 시작했지만, 2013년 11월에 '신몬도오리 응대협동조합(神門通りおもてなし協同組合)'을 설립하여 한 단계 발전을 이뤘다.

'~다움'을 추구하는 과제로 삼고, 연수회나 대기업 완구업체와의 이벤트 기획 등 새로운 발상의 대처가 시작되고 있다.

관광지에서는 저녁이 되면 일찍 가게 문을 닫는 광경을 볼 수 있지만, 앞으로는 현지에서 집객이나 매장과 거주를 함께 할 수 있는 가게가 열쇠가 되어, 신몬도오리는 압축도시(컴팩트시티)의 역할을 맡아가는 것이 아닐까?

같은 이즈모 시내에 사는 사람으로서, 새로운 진화와 정보 발신을 바란다.

2 국가보조사업과 자체연구회를 통해 창생을 도모하는 마키다이구루마 상점가 [니가타]

지방 상가 활성화를 외친지 오래다. 국가나 지방자치단체도 매년 시책을 강구하고 있지만, 지속적으로 활성화에 도전하고 있는 상가는 적은 게 아닐까?

2009년에 지역 상가 활성화 법이 시행되고 더욱 상가가 활성화 하려면 활성화되는 개인 매장, 즉 번창하는 매장을 늘리는 것이 필요하다는 점에서 국가 보조사업으로 개별 전문경영연수사업이 추진됐다.

여기에 소개되는 '마키다이구루마상점가(まき鯛車商店街)'는 2011년도와 2012년도에 개점(개인매장)경영 연구사업을 수강하고, 2013년도에 사후 관리를 실시, 12개 점포가 연수를 수강했다. 2014년도는 '연구회(勉強会, 워크숍)'를 자체적으로 개최하고 수강점포 상호간의 연구로 번창하는 점포의 증가를 도모하고 있다.

1) 젊은상점경영인의 등장에 의한 활성화의 시작

에치고국(越後の国), 현재는 니가타시(新潟市) 니시칸구마키(西蒲区巻) 지구 중심 상점 지구에는 11개의 상가가 있었다. 이 중심 상가도 거품이 빠지면서 쇠락하기 시작했다. 그런 가운데 상가의 젊은 상인과 일부 유지들을 중심으로 '매장과 거리에 활기를 되찾자'라는 목소리가 나오기 시작했다.

상점가 스티커

이를 계기로 '마키지구(卷地区)'의 상가를 하나로 통합하고 활성화를 도모하자는 계획이 나왔다. 그리고 마키지구에 오래 전부터 내려오는 향토 완구인 '마키다이구루마(鯛車)'를 새로운 상가의 공통 브랜드로 하고, 2000년 5월, 지금까지 뿔뿔이 흩어졌던 상가의 호칭을 '마키다이구루마상점가'라고 통일시켰다.

2) 번성점 만들기를 목표로 '개점경영 연수사업' 수강

기존의 상가 활동은 보조금에 의한 모객이벤트가 많았다. 행사는 일시적인 집객은 가능하지만 상가 활성화로는 좀처럼 연계되지 않는다. 상가 활성화를 위해서는, 개별 상점이 수준을 높여 서로 협력하고, 고객이 선호하는 상점(번성점)을 만드는 것이 필요하다는 점에서 앞서 언급했듯이 2011년도부터 3년간 12곳의 번성 점포 조성을 목표로 개점 경영 연수 사업을 수강했다.

3년차에는 야마자키 공업이라는 미장이(미장공)가 참여했다. 미장이는 대기하는 업무가 많아서 이쪽에서 제안할 수 있는 관련 상품을 늘리고 싶다. 그 첫걸음으로 피코가든(ピコガーデン: 벽면에 식물조경을 판매하는 곳)을 취급하고 기다리기만 하는 것이 아니라, 적극적으로 공세 전략도 세우고 싶다고 하는 것이 수강의 목적이다.

이와 같이, 수강 업소는 각각 구체적으로는 다른 목적으로 수강했다고 생각하

형형색색의 상점 카드

지만, 고객으로부터 지지를 받는 번성업소를 지향한다는 점에서는 공통된 목표가 있었다고 생각한다.

개인별 경영연수사업은 국가 보조 사업이며 중소기업 관계 4개 단체의 출자로 설립된 주식회사 전국상가지원센터(株式会社全国商店街支援センタ)에서 시행하고 있다.

이 사업의 특징은 전체 교육과 임점[5] 연수를 조합한 연수이며, 4개월간 상가 전문 강사가 개점을 지도하는 독특한 내용이다.

전체 연수는 최초의 오리엔테이션과 마지막 개점의 발표회이다. 임점연수(臨店研修, 점포를 방문하여 자문해주는 것)는 참가업소별로 강사의 지도를 통해 개선 목표를 설정해 PDCA(Plan, Do, Check, Action)를 매월 돌리고, 마지막으로 개선 성과를 발표하는 프로그램이다.

매월, 임점연수 종료 후에 참가업소 회의를 개최하고, 참가업소에서 그날 강사가 지도한 것을 상호 발표, 질의응답을 실시하고 있다. 이를 통해 참가업소 전 매장에 정보공유를 도모할 수 있다.

마키타이구루마(まき鯛車商店街) 상가에서는 참가한 상점의 전부가 매우 열정적이고, 참가업소 회의도 12개 점포가 참석하여 상공회에서 열심히 토의하고 있다. 또 임점연수 기사는 매월 '권역상공회소식지'에 게재되어 회원들에게 정보가 전달된다. 이와 같이, 회원의 열의와 상공회의 지원이 번성점포를 한층 더 발전된 모습으로 이어지고 있다.

마키다이구루마 상가의 좋은 점은, 연수 종료 후에도 수강점이 중심이 되어 새로운 개선으로 도전하고 있다는 점이다. 수강업소는 업

---

5) 본부에서 파견된 슈퍼바이저가 지도하는 사업

소끼리 통일 된 디자인의 숍카드(shop card, 명함)를 만들어 각점에 비치하고 상호간의 매장을 고객에 소개하고 있다. 이것은, 고객에게 번성점간의 모객 및 판촉과 동시에, 개인상점 간 연계의 첫걸음이 되기도 한다.

3) 수강상점의 매장 만들기에 대한 도전

다음은 수강업소 각각의 구체적인 매장 조성에 대해 알아본다.

(1) 화장품을 중심으로 종합화를 목표로, '니이다야'

넓은 점포 내에 화장품을 중심으로 부인복·속옷, 가방, 수예·재봉용품이 진열되어 있고, 니이다야(にいだや) 갤러리도 만들어 주부를 대상으로 관련 부문을 확대하여 종합화를 지향하고 있다.

점포의 구성을 변경하여 매장 안쪽까지 둘러보게 하도록 개선하면서 고객의 회유성이 증가했다. '뭐든지 있는 가게', '세세한 것은 니이다야에 가면 있다'는 말이 나올 정도이다. 이것은 주요 품목인 화장품

종합화를 꾀하는 니이다야

의 내실화 및 관련 부문 확대를 통해 고객에게 강하게 어필하고 있다는 증거다.

앞으로의 계획은, 고령화 시대를 맞이해 전화 주문과 배달, 고객과의 연동, 니가타현(新潟県)의 특산인 카메다 옷감(亀田織)을 사용

한 오리지널 가방 등을 구상하고 있다

(2) 화장품을 특화해 고객확보를 도모하는 '마스야'

화장품에 특화해, 고객이 쾌적한 시간을 보낼 수 있는 비일상적 공
간을 조성했다. 길거리에서 몇 계단을 올라가면 여유로운 통로로
인해 매장 안쪽까지 볼 수
있어 매장 안으로 자연스럽
게 발길을 유도한다.

전문화를 도모하는 마스야

'피부상태의 관리', '피부 문
제의 신속한 대응'과, 연간
구입금액에 따른 철저한 고
객관리로 고객을 확보하고,
재방문을 촉진시켜 방문고
객의 감소를 방지하고 있다. 앞으로의 계획으로는 고객의 사용 품
목을 자료화하고 1인 판매량수를 증가시켜, 객단가의 증가를 도모
하고자 한다.

앞에서 얘기한 '니이다야'는, 화장품을 중심으로 한 관련부문의 확
대를 도모하는 비전문적, 폭넓은 종합화를 지향하고, '마스야(マス
ヤ)'의 경우는, 화장품에 특화한 전문화된 것을 추구한다.

(3) 아이부터 마니아까지 즐길 수 있는 '하시모토(はしもと) 완구점'

외형은 주거지역에 흔히 있는 완구점이지만 한 발짝 안에 들어서
면 다른 세상이 펼쳐진다. 가게의 절반은 어린이용 완구, 나머지
절반은 마니아용 캐릭터 매장이다.

캐릭터들도 대부분이 한정판 캐릭터이고, 마니아 전용이 많기 때

문에 인터넷을 통해 전국판매를 도모하고 있다. 인터넷 쇼핑몰에서 주목할 만한 것은 클릭이 아니라 전화주문만 받는 점이다. 그 이유는 수량이 한정된 캐릭터 등은 마니아들이 몰리면서, 전매 목적으로 구입하는 고객도

각종 캐릭터와 하시모토점장

많다. 인터넷 클릭이 아닌 전화주문을 받으면, 전매 목적의 손님은 배제할 수 있고 진정 원하는 고객에게 판매할 수 있기 때문이다. 전화로 응대하고 판매한 고객은 반드시 재구매를 하는 고정손님이 된다. 이런 방식으로, 전국에 많은 고정고객을 육성하고 있다.

(4) 타점과 제휴를 모색하는 '요시노야 상점(野屋商店)'

일반 문구부터 사무실용품까지 취급하는 종합 문구점이다. 니가타(新潟) 백화점에서 동일한 만년필이 팔리고 있는데 당점에서는 팔리지 않을 리가 없다며 만년필 진열장을 세로 통로 변에서 통로 쪽으로 변경하고 진열장 앞 통로를 넓게 확보했다. 그 결과, 고객의 구매행동이 바뀌어 만년필의 판매에 성공했다. 게다가 플로리스트 카와무라 하나점(川村花店)과 제휴해 정통의

위치변경으로 판매에 성공한
요시노야 상점 내의 만년필 매장

크리스마스 꽃(화환)을 전시했는데, 크리스마스 화환뿐만이 아니라, 관련 상품으로서 진열한 소품의 선물 용품도 팔렸다. 최근에는 도매상과 제휴한 코너를 설치해, 매장에 A형 간판을 설치하여 매장 내 유도를 독려하고 있다.

(5) 술과 지역 특산품을 협업에 새로운 욕구를 개척하는 '오카지마 주점 (岡島酒店)'

양조장을 연상케 하는 중후한 매장 만들기, 다른 매장과의 협업에 의한 선물세트 개발 등, 고객욕구에 맞는 새로운 시장 개척에 도전하고 있다.

손님과의 접객, 설문 등으로 사은품으로 술 뿐만 아니라 술과 식료품 세트에 대한 욕구를 감지했다. 이에 따라 '마키다이구루마상가의 맛있는 술(현지 양조장의 협력으로 발매한 상점가 한정 판매)'과 '말린 무(干し大根からし巻, 옛 마키마치를 대표하는 특산 식품)'를 세트로 하여 판매했다.

자기 가게 외에 수강점포에도 안내책자를 두고 홍보를 했다. 결과는 당초 계획에는 미치지 못했지만, 다음에는 내용물을 재검토하여 다시 도전할 예정이다.

그 밖에도 연 1회 음악과 술을 즐기는 모임인 '아카홋베모임(あかほっぺの会)'을 개최하고 또, 이동 판매도 실시해 고정고객의 육성에 힘쓰고 있다.

선물세트 팜플렛

(좌) 원조 카리나 / (우) 만시츠 매장내 진열된 카리나

(6) 상가의 핵심점포 '슈퍼 요로즈야'

마키타이구루마 상가의 핵심점포적 존재이며 신선식품부터 가공
식품·잡화까지 소비자가 가장 가까운 곳에서 살 수 있는 것이라면
무엇이든 갖춘 지역밀착형 슈퍼마켓이다.

지역권에서 1960년대부터 1990년대에 인기를 묘사한 라면 타카
노(タカノ)의 인기메뉴 '카리나(カリーナ, 야키소바에 미트소스를
뿌린 요리)'를 부활시켜 상점가 활성화에 접목하려는 노력이 '돌아
온 카리나'이다.

2011년부터 시작된 이 활동은 현재 13개 점포(음식점, 정육점 등)
가 참여했다. 이 운동의 책임자는 요로즈야(만물상)의 사장인 다
나베(田辺) 다카요시 씨다. 물론, 요로즈야(スーパー萬屋) 가게
안에서도 판매하고 있다. 매장에 따라 다양한 종류의 카리나(춘
권, 햄버거 등)가 있는 것도 매력중의 하나다. 카리나가 부활하고
4년이 경과 후 언론 취재, 타 지역 방문자 증가로 이어져 '돌아온
카리나'가 정착했다. 다나베 사장은 이제부터 쌀로 만든 면을 사용
하여 새로운 메뉴를 개발하고 싶다고 했다.

4) 자율학습회의 실시에 의해 다른 가게와의 상생을 도모

앞에서 언급했듯이 번성점포 끼리 소개하면, 고객이 번성점포를 공유하고 번성점이 늘어나면 고객추천이 늘어나 상가는 활성화 되지 않을까? 우선 점포끼리의 네트워크 증가를 목표로, 2014년도에는 번성점포끼리의 협력점 증가를 위한 '매

토론회는 착실하게 추진하고 있다.

장과 거리를 활기차게 하는 워크숍'이라는 자체연구회가 결성되었다.

7월부터 3월까지 격월로 5회, 점포 폐점 후의 19시 30분부터 22시까지 상공회 회의실에서 실시됐다. 참석자는 12곳 매장뿐만 아니라 상공회 회원이면 누구나 참가할 수 있다.

연구회에서는 2~3개 점포부터 개선 사례의 실시 현황, 결과의 '좋은 점', '개선점' 등을 발표하여 질의응답을 통해 정보의 공유를 도모했고 자기 매장에서의 응용을 생각하는 기회가 되었다.

제1차 워크숍은 2014년 7월 15일에 개최되었다. 그 내용을 「권역상공회 소식」의 기사를 인용해 소개했다.

7월 15일 워크숍에 20명이 참가하여 개최되었다. 우선 하시모토 완구점의 상가 사례로서 지난달 주식회사 전국 상가 지원 센터의 자문업체로 동행한 미야자키현(宮崎県) 노지리쵸(野尻町)와 나가사키시(長崎市)의 상점가에 대한 발표가 있었다.

이번 발표에는 오카지마(岡島酒店) 주점과 일본 요리 갓포도반(割烹渡溢)의 발표가 있었다.

오카지마 주점은 다른 점포와 제휴하여 술과 지역의 특산물을 세트로 한 사은품을 만들어, 다른 가게와 연계해갔다. 또, 이동판매나 술모임도 실시하고 있다.

와타나베(渡沿) 씨는 재작년 연수 수강 이후 자신이나 자기매장의 그동안의 사고방식과 방침을 재검토할 수 있어 기본을 소중히 해야 한다는 것을 깨달았다.

특히 "정말 내 매장이 100%의 힘, 최선을 다해 장사를 하고 있는가"라는 질문은 인상적이었으며 대부분의 의견이 자기 매장을 돌아보는데 참고가 되었다.

참가한 다른 가게에서는, "참가업소 여러분이 열심히 하고 있는 것을 느끼고, 자신도 감화되었다. 다른 매장의 사람들과 알게 된 것도 좋았고, 자기 가게를 인지하게 된 것도 좋았다"고 한다.

이처럼 연구회는 수강업소 상호간의 추가 발전을 촉구하며 다른 업소에도 꾸준히 영향력을 미치고 있다.

5) 마키다이구루마 상가의 성공 요인

2011년에 개점 경영 연수 사업을 수강한지 4년이 지났고 2015년 4월이 되면 5년째를 맞이한다. 마키다이구루마상가 활성화는 아직 초기 단계이지만, 꾸준히 전진하고 있다. 그 성공 요인은 다음과 같이 정리할 수 있다.

① 젊은 경영자의 등장과 연구회의 양호한 화합의 배경
② 수강업소 전원이 매우 열정적이며 개선 의욕에 불타고 있는 것
③ 상점 경영자들 스스로 생각하고 PDCA를 활용하는 습관이 정착
  된 것
④ 수강점 상호가 제휴에 의해 상호 상승효과에 도전한 것
⑤ 상공회가 뒤에서 음으로 지원을 해준 것

앞으로, 마키다이구루마 상점가가 번성점포 만들기에 도전하고, 고객으로부터 지지를 받는 매장 조성을 통해 활성화에 힘쓰기를 기대한다.

마지막으로, 이 책의 집필에 관해 바쁜 와중에 협력해 주신 마키다이구루마상점가의 여러분, 보이지 않은 곳에서 상가 활동을 지지해 주신 지역상공회 여러분께 감사의 마음을 전한다.

3 인적없는 도로에 나타난 정기상점가 [이바라키]

1) 인적이 드문 역전 거리에 2개월에 1번 나타나는 상가

미토시(水戸市)에서 코리야마시(郡山市)로 향하는 JR스이군선(水郡線)에 미토역(水戸駅)에서 6번째 역으로 스가야역(上菅谷駅)이 있다. 20~25년 전까지는 역 앞 상점가에 많은 사람이 오가고 있었다.

하지만 근처에 우회도로가 생겨 고객의 동선이 바뀌자 상가는 급속히 쇠퇴하기 시작했다. 지역 주민의 이동수단은 버스와 전철에서 자가용으로 바뀌었고 역 이용객은 학생들만 있었다. 그러나 학생들을 자가용으로 태워다주는 경우가 늘자 역까지 걸어가는 일은 거의 사라졌다.

사람이 다니지 않는 역 앞 도로는 구획정리로 건물이 철거되고, 직선도로만 있을 뿐이다.

최근 몇 년 동안 이 역 앞 거리를 따라 두 달에 한 번 씩, 떠들썩한 가설 상점가 카미스가(カミスガ)가 나타난다. 약 350m의 보행자 천국에 100~130개의 가설 상점이 생긴다. 시내뿐만 아니라 주변 시, 읍, 면에서 사람들이 모여든다. 고객층도 초중고생, 가족, 젊은 커플, 중장년부부 등 폭넓다.

2) 사람들이 모이는 매력적인 가게와 이벤트

인파들은 상가 가설 매장을 둘러보며 쇼핑을 즐긴다. 다양한 음식점과 잡화점은 물론, 네일살롱과 아로마테라피, 사진관의 서비스점 등, 재미있는 매장이 줄을 잇는다. 게다가 태양광패널 판매점과 보험 대리점, 사회보험 노무사, 행정 서사 등, 통상적인 행사에는 출점하지 않는 점포도 있다. 다양한 매장이 카미스가의 매력 중 하나다.

이러한 매력이 있는 가설 점포뿐만 아니라, 다양한 이벤트가 잇달아 개최된다.

[도표 2-3-1]은 한예다. 매번 새로운 기획이 만들어진다.

[도표 2-3-1] 카미스가 행사 사례

카미스가 모리 트럭 무대 라이브	트럭 무대에서 고등학생 밴드부터 삼촌 밴드, 현지 아이돌 등 다양한 그룹이 라이브를 진행한다.
카미스가-RPG	모험을 하면서 포인트를 사용하여 동전을 모은다. 동전은 카미스가 오리지널 카드로 대체한다.
스포츠귀신	그랜드 구역에서 팀으로 나뉘어 술래잡기를 한다. 경우에 따라서는 스포츠 구슬 넣기, 스포츠 짱바라 등이 된다.
카미스가 만담	젊은 만담가와 학생 만담가가 모여 만담 겨루기를 개최한다.
카미스가 결혼	방문자의 결혼을 카미스가에 모인 사람들이 축하를 한다. 결혼 서약을 담당하는 주례는 카미스가야 역의 역장이 맡는다.
카미스가 화폐 웃음스타 탄생!	메이저를 목표로 노력하는 젊은 예능인을 초청해 경연무대를 개최한다.
고잣뻬 프로레슬링	이바라키 프로레슬링 단체인 프로레슬링 쇼. '고잣뻬(ごじゃっぺ)'란 이바라키 사투리로 대충대충, 어리석은 바보라는 의미
원숭이명인 in 카미스가	원숭이 돌리기 군단 전두의 명인이 카미스가에 찾아와 원숭이 돌리기 재주를 선보이다.
카미스가 실험	어른도 아이도 즐길 수 있다, 타카요 선생님의 신기하고 즐거운 과학실험

가설 상가와 행사내용을 안내하는 '행사장 지도'도 만든다. 매회 구역(zoning)이 변화해, 방문자의 흥미를 유도하고 있다. 회를 거듭할수록 카미스가의 방문자수는 증가해 현재는 하루에 3만 명을 넘어서고 있다.

평일 역전거리 　　　　　　　　카미스가 개장시 역전거리
(제공: 카미스카 프로젝트)

3) 카미스가(상점가)와 일반 상점가 이벤트의 차이(차별화)

　카미스가(カミスガ)는 일종의 행사라고 볼 수 있지만, 카미스가의 주
최자인 일반 사단법인 카미스가 프로젝트(이하, '카미스가 프로젝트')
뿐만 아니라, 출점자도 방문객도 모두 카미스가를 상점가로 부른다.

그랜드광장의 모습(제공: 카미스가 프로젝트)

　카미스가를 탄생시킨 원조인 기쿠치 이사장은 상가는 암시장에서
진화했는데, 카미스가도 상점가로 진화했다고 단언한다.

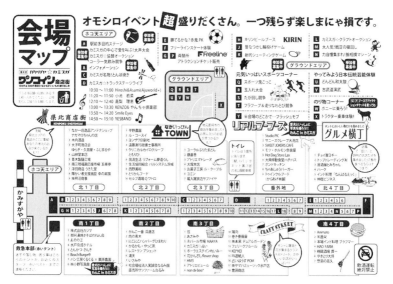

회장지도(제공: 카미스가 프로젝트)

그 노력을 통해 「내각 관방 장관상(内閣官房長官賞)」 등 다양한 상을 수상했다. 카미스가와 일반상가 이벤트와의 차이점은 다음과 같다.

(1) 목적은 '상점거리'를 만드는 것

일반적인 상점가 이벤트는 상가 이외의 장소에서 고객에게 소구하여 점포 혹은 상가로 집객을 유도하지만 카미스가는 행사 개최 장소를 상점거리로 만드는 것을 목적으로 하고 있다.

(2) 기획자의 강력한 지도력

상가 행사를 주도하는 것은 상가진흥조합이나 상공회의소·상공회 등이지만, 어느 단체든지 형평성을 중시해, '매력이 부족한 점포는 배제'하는 등 강력한 통제력을 발휘할 수 없다.

카미스가 프로젝트는 성장할 수 있는 매력적인 상가를 만드는 것을 가장 중요시하기에 모두가 정한 규칙을 위반하는 상점이나 의지가 없는 상점은 가차 없이 배제한다.

(3) 매력 있는 점포

카미스가에 입점하기 위해서는 '입점 기준'만 만족하면 가능하다. '입점 기준'은 [도표 2-3-2]와 같다. 그러나 입점했을 때에 너무 집객을 유지 하지 못하는 점포는, 다음 번 입점이 허용되지 않는다. 이것을 반복하여 매력 있는 상점가가 완성된다.

[도표 2-3-2] 카미스가의 출점 기준

a. 실제로 영업을 하고 있고, 카미스가 프로젝트가 타당하다고 인정한 점포
b. 창업희망자가 나오는 점포
c. 누군가 추천을 받아 카미스가 프로젝트에서 출점을 촉구한 점포

(4) 매력 있는 임대자 믹스

일반적인 상가 이벤트에서는, 입점자의 평등을 기하기 위해, 출점 장소를 추첨 등으로 정하기 때문에, 임대자 믹스로서의 매력은 떨

항상 이동 판매차가 참가   척추교정 매장
(제공: 카미스가 프로젝트)

어진다. 카미스가에서는 카미스가 프로젝트를 구역화하기 때문에 매력적인 임대자 믹스와 이벤트 회장 배치가 실현된다.

(5) 매력 있는 상품·서비스

상가의 일반적 판매형태로서는 절임가게에서 고로케를 팔거나 철물점이 야키도리(焼き鳥)를 판매한다. 하지만 카미스가에서는 자체판매 또는 판매 예정인 상품이나 서비스만 제공한다.

전문가가 내세울 수 있는 매력적인 상품을 제공한다. 기쿠치(菊池)씨는 카미스가를, '엄선된 상품을 판매하는 전문상점가'라고 설명한다.

창업 희망자도 창업을 구상중인 상품이나 서비스로 출점한다. 지혜를 짜낸 다양한 상품이 된다.

(6) 넓은 범위에서 출점자를 모집

상가에서는 지역 상점가에 입점한 점포만 출점하지만, 카미스가에는 도내의 다양한 지역에서 의욕 있는 점포가 모여든다. 이에 따라 도내에서 명성 있는 가게가 출점하는 상가로 실현되고 있다.

4) NPO보다 자유로운 일반 사단 법인

카미스가의 첫 시작은 2011년 10월이었다. 이후 8월을 제외한 2개월에 1회(2월, 4월, 6월, 10월, 12월) 상가를 개최하고 있다. 카미스가 프로젝트를 시작할 때에는 법인격을 갖지 않는 임의 단체였으나 2013년에 일반 사단법인이 됐다.

마을 만들기 단체는 비영리성이나 공공성을 중시해 NPO의 형태를 취하는 경우가 많다. 그러나 기쿠치 씨는 여러 가지 일을 해야 한다는 생각에 자유롭게 활동할 수 있는 일반 사단법인을 선택했다.

5) 동기부여가 높은 카미스가의 운영진

구성원은 학생·주부·직장인·자영업자 등 다양하다. 카미스가의 분위기가 고조되는 것은 회원이 진심으로 즐기고 있기 때문이다. 기쿠치 씨는 회원들에게 손님을 즐겁게 하자고 제안하고 있다.

기획은 제안한 사람이 책임자를 맡아 실행한다. 말만 앞서고 행동하지 않는 사람은 불평할 수 없다. 구성원은 항상 기획회의에 참석하는 것이 아니라, 무언가 하고 싶어지면 기획회의에 참가한다.

학생의 기획은 성인이 지원하고, 스스로 생각하고 발표하는 기획의 실현에 노력을 아끼지 않는다. 열심히 활동한다. 모두가 긍정적으로 될 수 있는 구조이다.

6) 사라지는 역전 상가와 마을 만들기에 대한 의욕

키쿠치씨에게, 카미스가를 시작한 경위를 물었다. 그는 스이군선 주변의 히타치 오타시(常陸太田市) 출신으로 어릴 때부터 카미스가야역(上菅谷駅)을 이용할 기회가 많았기 때문에 주변의 번화한 분위기를 알고 있었다. 그 번화한 상점가가 해를 거듭할수록 쇠퇴하는 것을 매우 안타깝게 여겼다.

어느 더운 여름날, 고교생이 역 벤치에 앉아 있는 것을 보았다. 그 고교생은 석양 아래에서 전철이 오는 것을 기다리고 있었다. '생기발랄한 고교생이 무엇을 하고 있을까'라고 생각했다.

예전에는 상점가의 찻집, 책방, 탁구장, 과자점, 게임장 등에서 놀수 있었지만 지금은 역을 나와도 아무것도 없으니 벤치에 앉아 기다릴 수밖에 없다는 것을 깨달았다. 그는 이때 처음으로 '여기에 번화한 지역을 만들고 싶다'고 생각했다.

7) 부흥이 아닌 신흥

그 후 몇 년이 지나 그가 행동에 옮긴 것은 2011년 3월 11일 동일본 대지진이 일어난 직후다. 이동카페를 운영하던 그는 먼저 이재민에게 밥을 제공하기 시작했다. 어느 정도 충격에서 벗어난 5월에는, 이재민을 위한 모금을 하였다.

그리고 5월 26일 망연자실한 지역 사람들이 기운을 낼 수 있도록 페이스북에서 카미스가를 읍소했다. 요청에 대한 반응이 빨라 1주일 만에 70~80명이 모였다.

하지만 활동을 시작하려고 했을 때 카미스가에는 부흥할 상점가는 없었고, 다른 사람들을 위해 기꺼이 할 일이 아무것도 없다는 것을 깨달았다. 그는, 상점가의 '부흥'이 아니고, 새롭게 거리를 만드는 '신흥 (新興)'을 제창했다. 여기서부터 종래의 마을 만들기의 개념에서 벗어나, 새로운 마을 만들기가 시작된 것이다.

8) 경쟁에 떨어진 후 높아진 동기부여

활동 자금을 얻기 위해, 이바라키 현 주최의 통칭 '상가 활성화 공모전'(상금 100~150만 엔)에 '카미스가'를 주제로 응모했다.

일반적인 상가 활성화와는 전혀 다른 전략으로 우승가능성이 회자

되었지만, 결과는 낙선이었다. 활성화해야 할 상점가가 존재하지 않는 것이 약점으로 작용했다. 결국 경연대회에 낙선하여 지원 자금을 확보할 방법이 사라진 것이다.

그러나 돈이 없어도 본인들이 할 수 있는 것부터 해보자며 협력자들의 동기부여는 예전보다 높아졌다.

출점과 관계 기업이나 개인으로부터의 수령한 협찬금만 자금으로 하고 스스로 할 수 있는 것은 모두 자기 부담으로 하여, 자신들의 손으로 직접 마을 만들기가 시작되었다. 기쿠치 씨는 "경쟁에서 떨어졌기 때문에, 한층 더 동기부여가 됐다"며 낙선을 긍정적으로 평가했다.

9) 지역상공회의 강력한 협력

지역 나카시(那珂市) 상공회도, 적극적으로 협력해 주었다. 회장과 사무국장이 "의미 있는 일이라면, 꼭 했으면 한다"고 하며 지역의 행정기관에도 필요한 것을 말하고 자유롭게 해달라고 요구했다. 또한, 매회 임시화장실의 설치·제공, 상공회 회원으로의 출점 상인 모집 안내 등의 협조도 받을 수 있으며, 때로는 카미스가와 공동개최로 '원코인시(ワンコイン市, 동전 한 개로 살 수 있는 저렴한 시장)'가 개최되었다.

상공회 이외에도 지역의 기업이나 주민, 학교 등의 적극적인 지원이 늘어, 시간이 지날수록 협력자의 수도 늘었다.

10) 카미스가에서 태어난 영화

카미스가 프로젝트가 수행하는 활동은 카미스가뿐 아니라 '도리노

이치(酉の市, 유랑시장)'나 '역전 가든 (駅前ガーデニング)' 등 다양하지만, 그 중에서도 주목받는 것이 '카미스가 필름 크리에이트'이다. "많은 사람들에게 이바라키(茨城)의 매력, 영상·영화의 매력을 느꼈으면"하고 시작했다.

스이군센 삼부작
(제공: 카미스가 프로젝트)

스이군선(水郡線) 주변을 스토리로 만든 스이군센 삼부작 『달려라(走れ)』, 『시가노고코로(シガノココロ)』, 『그대에게 (そなたへ)』나 이바라키 각지의 다리를 둘러싼 『아카이하시, 토리노미치(あかいはし、とりのみち)』 등의 영화를 차례차례 발표하였다. 모든 출연자, 영화제작 스태프가 "자신들의 영화를 만들고 싶다"는 꿈을 가진 도내의 자원봉사자다.

그 지역의 아름다운 풍경과 상점가가 화면 가득히 펼쳐지고, 연기하고 있는 사람이 자주 보이던 가게의 주인, 시청 및 상공회의 직원 등 친숙한 사람이므로, 영화를 보는 동안에 무심코 자신도 그 일행이 된 것 같은 착각에 빠진다. 연기자, 제작자, 관람객이 영화에서 하나가 되어 카미스가 노력은 더욱 매력을 더하고 있다.

11) 카미스가에서 배우는 '사람이 모이는 상점가'를 만드는 방법

전국에서 나날이 시행하고 있는 있는 상가 활성화는, 지역사람들의 마음에 "거리에 모이는 것이 즐겁다"라는 감각을 되찾는 데 성공하고 있는 것일까. 카미스가에는 기획하는 사람, 지원하는 사람, 방문자로 모이는 사람 모두가 설레는 즐거움을 기대하고 모여든다.

나는 최근 '집객 마케팅'을 주장하고 있다. 전단지 등에 가격으로 소구하여 고객을 모이게 하면, 양질의 고객보다는 가격에 민감한 고객만 모이게 된다. 다양한 판촉활동의 결과에서도 '집객한 고객은 필요 없는 고객'이라는 결론이 된다.

경영자의 매력이나 동료와 교류하는 재미 등, 구매하는 것 이외의 "모이는 재미"를 어떻게 제공하는가가 앞으로의 마케팅의 중요한 과제가 될 것으로 생각한다. 상점가도 마찬가지여서 가격소구나 정기적으로 계절에 맞는 이벤트 등을 기획해 사람들을 모으더라도 모이는 손님은 만들지 못한다.

그래서 상가 인근 공터 등에 하나의 상점가를 조성하기 위해, 카미스가와 같은 이벤트를 개최하면 어떨까. 그리고 카미스가처럼 고객을 즐겁게 하는 것을 즐기는 데 최대한 힘을 쏟는다. 상가에서 하루 놀 수 있는 즐거움을 제공할 수 있고, 아이가 있는 가족이나 젊은 연인, 중장년층 부부 등이 '즐겁다', '다시 오자'라고 생각하면 고객의 입소문 및 SNS 소문은 곧바로 확산된다.

자원봉사자들도 모인다. 상점가의 개인매장도 카미스가 입점자처럼 전문성이 높고 재미있는 가게가 되기를 목표로 하면, 재방문을 기대할 수 있고, 그 곳에 번성하는 거리가 생길 수 있다.

이런 활성화 방안은 '어렵다', '비현실적'으로 부정될 수도 있다. 그러나 카미스가는 이를 실현하고 있다. 상점가 활성화에 노력하는 사람들이 그 가능성을 믿고, 새로운 마을 만들기에 나서기를 기대하고 있다.

4 있는 그대로의 개성을 살린 마치구와(상점가)의 활성화 [오키나와]

1) 주민의 왕성한 활동이 거리의 전후 부흥을 뒷받침

오키나와 현 나하의 중심 시가지를 통칭 '마치구와(マチグワー, 牧志市場, 마키시시장)'라고 부른다. 그 마치구와는 계획적으로 정비 발전해 온 것은 아니다. 현재의 발전을 이해하기 위해서는 그 역사를 되돌아 볼 필요가 있다.

왕조시대에 현 나하시(那覇市)는 상업도시와 항구도시로서의 번영

나하시 중심 시가지

을 누렸던 '나하'[6]와 오키나와의 왕도인 슈리(首里)로 독특한 발전과 문화를 형성해왔다.

이후 제2차세계대전 때 '나하'의 대부분이 소실되었고, 종전 후에는 군사기지가 되었다. 그중에서, 가장 먼저 해방된 츠보야(壺屋) 지구를 중심으로 도공 등이 다시 돌아와서 시가지가 형성되었다. 그리고 그 주변인 현재의 카이미나미(開南, 대로 주변)에 자연 발생적으로 암시장이 생긴 것이다.

물자 부족을 보충하기 위해 그 암시장에 나하시 및 인근 시읍면에서 구매객들이 모여들어, 번창한 모습을 보여 온 것이다. 또한 당시 논과 습지대였던 현재의 국제 거리가 개방되면서 고도 성장기와도 더불어 눈부신 부흥 발전을 이뤄 국제 거리는 "기적의 1마일"이라고 불리게 되었다.

2) 국내 관광의 메카로 발전한 마치구와

마치구와의 핵심을 이루고 있는 것이 다이이치마키시공설시장(第一牧志公設市場) 주변으로 그 지역의 독특한 분위기에 끌려 최근 관광객이 늘고 있다.

그때까지는 지역 생활물자를 판매하는 도매상이나 소매점이 주를 이뤘지만, 1972년 본토 복귀를 계기로 일본 내에서 유일한 아열대의 자연과 독특한 문화에 이끌려 오키나와 관광객이 늘어났다. 게다가 복귀 특별 조치로 관세가 국내의 다른 부현(府県, 우리나라의 시도)에 비해 우대되고, 수입 주류 등 기념품의 구입이 증가해 국제대로나

---

6) 현재의 나하시 해변부의 니시마치(西町), 히가시마치(東町), 와카사(若狭), 이즈미자키(泉崎) 부근.

주변의 상점가도 혜택을 본 것이다.

그 뒤 1975년 해양박람회를 계기로 국내 항공사나 여행사 등에 의한 오키나와 관광캠페인이 주효했고 관광객은 점차적으로 늘어나게 되었다.

그러나 버블 붕괴를 계기로 관광객이 줄면서 여행 스타일도 달라졌다. 그때부터 오키나와 관광 및 마치구와를 찾는 여행자의 수요도 바뀌었다.

3) 마치구와의 중심, 다이이치마키시공설시장의 성장

원래 다이이치마키시공설시장 일대는 논을 중심으로 한 습지대였기 때문에 비가 많이 내리면 홍수가 났고 위생적으로나 하천관리상도 문제가 되었다. 그러나 일대의 소매점은 암시장에서 계속 장사를 하고 있었는데 대부분이 영세 규모로 경제적으로 취약하고 조직적인 대처도 어려웠다.

그래서 나하시는 공적 관리를 할 수 있는 공설시장의 필요성을 느끼고 1950년 미군 관리용지 약 9,800㎡를 임대계약을 하여, 이듬해 다이이치마키시공설시장을 개설했다. 이후, 공설시장 주변은 '도민·시민의 부엌'으로서 전후 오키나와를 지탱해왔

현재의 다이이치마키시공설시장 주변
(중앙에 시장 본대로,
오른쪽이 다이이치마키시공설시장이 보인다.)

지만, 현(県)내·외 대형자본의 GMS(general merchandise store, 종합 소매점)나 슈퍼마켓 진출의 여파로 서서히 손님이 감소하게 된다.

다이이치마키시공설시장도 점포수는 감소 추세에 있지만 오키나와의 다양한 희귀 식재료를 구입할 수 있고 공설 시장 2층의 식당가에서는 오키나와의 가정 요리를 먹거나 1층에서 구입한 식자재를 조리해서 취식할 수 있는 등의 차별화로 안내책자 등에 소개되면서 관광객 방문이 늘게 되었다. 현재는 나하시를 대표하는 관광명소로 인기를 얻고 있다.

현재 다이이치마키시공설시장에는 120여개 점포가 입점해있고, 나아가 공설 시장 주변까지 합치면 700여개 점포가 고객으로 붐비는 마치구와를 형성하고 있다. 다이이치마키시공설시장 뿐 아니라 주변의 3~5평 정도의 작은 점포가 처마를 나란히 하며, 마치구와 전체로서 독특한 활기를 자아내고 있다.

4) 화려하지는 않지만 개성적인 마치구와만의 활동

다이이치마키시공설시장에 들어서 있는 상점은 그 땅에서 장사를 하던 상공인이 많아 창업부터 수십 년이 지난 지금은 2대째, 3대째가 이어받아 경영하는 사례도 많다.

다이이치마키시공설시장은 식재료가 신선한 것은 물론이지만 오래된 가게 점주들이 많아 모두 개성적이고 인간적 매력을 갖고 있다. 현재는, 슈퍼마켓이나 편의점등에서, 셀프서비스로 간편하게 구입을 하는 방식이 일반적이지만, 상인과 소통 하면서 식자재에 대한 지식이나 조리 방법을 배우거나, 방언으로 '이찌부'이라고 하는 덤이나 할인을 해 주는 가게 등이 있어, 다른 곳에서 경험하지 못하는 것을 경험

우리즌요코마치(제공: 나하시장 진흥회)

할 수 있는 재미도 있다.

시장에서는 매달 18일 전후에 '시장의 날'을 지정, 다양한 행사를 벌이고 있다. 예를 들면, 생선가게에서는 참치 해체쇼나 예능무대 등의 이벤트를 비롯하여 각 점포에서도 '시장의 날'에만 할인을 실시하고 있다. 원래 다이이치마키시공설시장 1층 정육점에서 열던 행사였지만, 지금은 시장 전체를 상징하는 행사가 되고 있다.

이 밖에 선라이즈(サンライズ) 거리를 중심으로 매달 둘째 주 일요일에 가게 앞 거리를 따라 '호로호로시장(ホロホロ市)'을 개최하며, 수제품의 판매와 거리 공연 등의 행사가 열리기도 한다.

나하시의 중심 시가지에는, 수많은 상점가나 친목회 등의 단체가 존재하며, 그 상부 조직인 나하시 중심 상가 연합회(이하, '연합회')가 각각 자주적인 활동을 실시하고 있지만 활발하게 활동하지는 않고 있다.

그래서 연합회 내에서 의욕 있는 상인들이 모여 전체의 인지도를 넓히고 이미지 제고를 목적으로 열심히 정비를 하고 마치구와 전체적으로 활동 내용에 구애받지 않고 할 수 있는 것부터 해보자는 방침으로, 2012년 일반 사단 법인인 시장진흥회(이하 '진흥회')를 출범시켰다. 진흥회는 '마을활성화'(스스로의 지혜와 노력으로 할 수 있는 분수에 맞는 자체활동)를 수행하고, '마을 만들기'(예산이 드는 시설 등의 정비 사업)는, 각 상가조합 등 단체나 나하시 등의 행정기관이 맡아 분담하고 있다.

5) 마치구와를 알릴 수 있는 '지역 캐릭터'를 만들고 싶다

캐릭터 만들기를 구상 한 것은 2008년이다. 연합회의 S씨가 '나하의 마치구와를 소구할 수 있는 캐릭터가 없을까'라고 생각한 것이 계기였다. 당시만 해도 지금처럼 지역캐릭터의 붐이 있던 것은 아니었다.

지역 캐릭터 「다치빈군」(좌)과 「유시빈짱」(우)
(제공: 나하시장 진흥회)

축성(성을 쌓음) 400년을 맞이한 히코네성(시가현 히코네시)의 기념이벤트의 이미지 캐릭터로 등장한 '히코냥'의 존재를 알고 있었지만, 흔히 있는 지역 마스코트로 알려져 있을 뿐이었다.

이 '지역 마스코트'가 '해당지역의 캐릭터'로서 각광을 받게 된 것은 2010년의 헤이죠쿄(平城京遷) 천도 1300년(나라현)을 홍보하기 위해서 센토군"이 화제의 된 2008년 말부터 2009년까지이다.

S씨는 그 무렵 이미 '지역 캐릭터'를 시장진흥의 기폭제로서 사용하고 싶다고 생각하고 있었다. 다만, 어떤 캐릭터를 만들어 내면 좋을지 콘셉트조차 몰랐다. 고민 끝에 지역 공헌과 시장의 활성화가 목적이긴 하지만, 우선 아이들이 좋아할 만한 캐릭터를 기초로 연합회에서 기획을 제안하여 추진했다.

"현지역의 무엇인가를 사용하자"라고 모두가 여러 가지 지혜를 짜냈지만, 적당한 소재를 찾지 못했다. 원래 오키나와는 전국적으로 꽤 큰 관광지다. 모 과자 메이커의 스파이더맨을 비롯하여, 고어만 등 관광객에게 알기 쉬운 오키나와의 '물건'은 이미 상품화되어있었다.

벽에 부딪혔지만, 나하의 대표
적인 공예품인 츠보야의 도자기
가 현지 캐릭터의 소재가 될 수
있는 것을 발견했다.

그 야치문으로 만든 '유시빈(ゆ
し瓶)'과 '다치빈(だち瓶)'이 적격
이라고 생각했다.[7] 오키나와다움을

유시빈(ゆし瓶)과 다치빈(だち瓶)

충분히 어필할 수 있고, '주둥이'을 이용해 폭죽을 터뜨리거나 과자를
건넬 수 있다. 어린이가 기뻐하는 연기도 할 수 있다며 차근차근 아이
디어가 생겨난 것이다.

아이디어가 더욱 구체화되었고 어린이들을 깜짝 놀래주기 위해서
는 우선 큰 모양으로 만들기로 했다. 완성된 캐릭터는 언뜻 보면 '마스
코트' 같지 않을 정도로 크고, 겉보기에는 엉성한 듯한 느낌이지만 가
까이서 보면 전혀 엉성하지 않다.

게다가 인형의 무게는 20kg이상이다. 이렇게 해서, '일본에서 제일
무거운 캐릭터'가 만들어졌다(그 후, 매스컴에도, 일본에서 가장 무거
운 캐릭터로서 소개되었다).

"지역 마스코트 캐릭터는 겉보기에 느슨한 게 아니에요. 이 아이들
('유시빈'과 '다치빈군')은, 근처의 지역 마스코트 캐릭터로 안 되는 것
도 되게 할 수 있어요. 과자를 입으로부터 날릴 수 있거나, 폭죽을 터
뜨리거나 즐거운 것을 자유롭게 생각해 여러 가지를 해야만, 진정 지

---

7) 도기기, 도기. 유시빈(ゆし瓶)은 '가병(嘉瓶)'이라고 기록될 수 재난에 사용하는 술병. 다치빈(だち
瓶)은 '포병(抱瓶)'이라고 기록하는 휴대용의 술병이다.

역 마스코트 캐릭터라고 생각합니다"라고 S씨는 말하고 있었다.

6) 늘어나는 해외 관광객들을 끌어들이기 위해

최근 대형 크루즈선이 나하시에 기항을 하거나 LCC(저비용항공사)의 나하공항 취항 등으로, 홍콩이나 대만, 그 외 동남아시아 각국에서, 또한 중국인의 비자 요건 완화[8]로 오키나와를 찾는 관광객이 늘면서 나하 시내 마치구와 방문이 증가했다.

이에 따라 모바일 와이파이 단말기와 인터넷 접속이 가능한 태블릿 단말기를 사용하여 인터넷상의 다양한 관광정보 콘텐츠를 어디서나 볼 수 있는 환경을 갖춰 마치구와의 매력을 소개하거나 태블릿 단말기의 텔레비전 전화 기능을 이용한 다국어 통역 서비스를 통해 기념품 매장 등에서 외국인과의 대화를 지원하는 서비스 등의 실증실험을 시작했다. 이것이 대중화되면 보다 소통이 촉진되어 마치구와의 매력을 한층 더 전달할 수 있게 될 것이다.

7) 마치구와의 상품을 전국과 해외로

마치구와에는 소규모의 가게들이 많고, 개인점포에서 인터넷 통신판매 등을 만들기에는 기술적인 한계나 구색을 갖추는데 어려움이 있었다. 이에 상점 대신 진흥회가 2013년 3월에 '나하 시장 공식 통신판매 사이트'를 개설했다.

---

8) 1차 방일 때에 오키나와 현(沖縄県) 또는 동북(東北) 3개 현(県) 중에서 1박 이상 하는 개인 관광객이 소정의 요건을 충족한 경우에 발급되는 유효 기간 3년 1회 체류 기간 30일 이내의 비자

마키구와의 통신판매 웹사이트(제공: 나하시장 진흥회)

여기서는 마치구와에서 유통되는 상품의 대부분을 구입할 수 있는 '인터넷 나하시장'이며, 마치구와의 상품과 존재를 국내와 해외로 확산시키고, 한 번 더 마치구와를 방문하여, 마치구와 매장의 상품을 구입하고 싶다는 고객에게 구입 수단을 제공하는 것이다.

8) 마치구와의 매장을 모두 모일 수 있는 장소에

다이이치마키시공설시장이 된 '파라솔거리' 한 쪽에 소설 등 약 1,000여 권의 책을 진열하여 '사람과 마치구와를 잇는 모두의 서점'이 2015년 1월 5일에 오픈했다. 점포 뒤 부엌문 쪽, 약 3칸짜리 공간을 진흥회 관계자, 집주인, 주변 가게 주인 등의 협력을 얻어 공사를 하여 책꽂이로 만들었다.

시민 모두의 서점(제공: 나하시장 진흥회)

전면에는 테이블이나 벤치가 갖추어져 있어 독서는 물론이지만, 쇼핑 도중에 잠깐 휴식하고 있는 고객을 볼 수 있다. 다 읽은 책 1권을 이곳에 가져 오면 책장에서 찾은 책 1권과 자유롭게 교환할 수 있는 것이 서점의 규칙이다.

향후에는 선반에 진열된 책을 인터넷 사이트에 소개하거나 반입요청을 하거나 주변 테이블과 의자를 이용해 그림책을 읽어주기나 그림연극(紙芝居) 등에 자유롭게 활용해 주기를 원하고 있다.

9) 있는 그대로를 무리하지 않고 보여주기(Facebook 나하시장 진흥회)

진흥회의 주요 노력은 비용을 들이지 않고 있는 그대로의 마치구와의 장점을 발굴하고 이를 전파하는 것이 사명이다. 그래서 진흥회에서는 2013년부터 페이스북(Facebook)을 활용하여 마치구와의 재미와 일상생활을 알려왔다.

마치구와의 점주나 주인을 대신하여, 진흥회 관계자들이 마치구와의 음식점이나 상점, 이벤트 소개, 또 평소 쉽게 지나칠 수 있는 길거리 풍경 등을 부지런히 페이스북을 통해 알리고 있다.

이를 본 손님이나 관광객이 마치구와의 새로운 매력을 발견하고 평소라면 지나치는 골목까지 빠짐없이 둘러보는 효과도 나타나고 있다. 이 페이스북을 보고 관광객이나 현(県) 외로부터 이주를 생각하고 있는 사람들의 문의도 증가하고 있으며, 최근에는 매스컴의 주목을 받아 취재 및 문의도 증가하고 있다고 한다.

나하 진흥회에 페이스북 페이지(제공: 나하시장 진흥회)

10) 시설에 의존하지 않는 상가 활성화에 임한다

나하시의 중심 시가지는, 모두의 지도와 같이 국제거리(国際通り), 평화거리(平和通り), 다이이치마키시공설시장 등, 많은 상가가 모여 있다. 각 구역에는 업종별 도매상이 집적해 고유의 발전을 이뤄왔다. 유통구조의 변화와 교외 대규모 점포의 등장으로 한때는 쇠퇴했지만 고령자를 중심으로 한 현지인에게 사랑을 받는 동시에, 최근 몇 년간 관광객을 중심으로 특장점이 다시 부각되며 활성화 되고 있다.

마치구와가 현재 현지인과 관광객들에게 평가받는 것은 유행이나 현대적인 요구에 적극적으로 적응해왔기 때문이 아니다. 오히려 쇼와(昭和) 시대부터 같은 형태를 계속 지켜온 결과, 아시아와 옛 일본을 방불케 하는 독특한 분위기가 남아 있어, 그것이 현대의 젊은이들과 관광객들에게 사랑받고 있는 것이다. 즉, 현대적인 재개발(기능적이고 정교한)은 마치구와와 어울리지 않으며, 특징을 없애는 것이다.

진흥회는 재정이 소요되는 시설 개발 등이 아니라, 어느 쪽이든 분수에 맞는 자신들만의 적당한 노력을 지향하며, 획일적인 도시 재개발이 아닌 개별 지역(상가나 거리)의 특색과 자주성을 존중하고, 있는 그대로의 상점가의 매력을 재발견하기 위한 작은 노력을 계속하고 있다.

진흥회의 S씨는 "돈을 들여 새롭게 시설을 만드는 것이 아니라, 현재 있는 시설(공공 시설이나 빈 점포 등)을 활용할 수 있도록 뒷받침해주거나 규칙이 정해진다면 충분히 스스로 해나갈 수 있다"고 말했다.

하지만 마키시공설시장 건물도 노후해 곧 교체 사업이 시작된다. 행정당국과 진흥회는 그 마치구와의 장점을 보전하며 재구축 하는 것과 건축공사기간 중 기존 점포를 어디로 옮길지에 대한 대응에 고심하고 있다.

5 집객을 모색하는 이즈모시 중심 상점가 [시마네]

1) 상가 활성화는 집객으로부터

지역창생으로서는 작은 도전이긴 하지만 상점가의 젊은 후계자들이 힘을 합쳐 상가 활성화 대책을 다양하게 검토한 결과, 자신들만의 특징 있는 '상가 안내책자'를 작성해 거리지역 정보를 발신하여 집객을 하고자 하는 이야기다.

시마네현(島根県) 이즈모시(出雲市) 중심 상가는 점포 수 140개를 가진 상가 진흥 조합, 협동조합의 5개 단체를 합친 임의단체이다. 전국적으로 유명한 관광지인 이즈모타이샤(出雲大社) 부근에 위치하며 주변의4개의 대형 쇼핑 센터에 둘러싸여 있고 역사는 있지만 장기적으로 쇠퇴일로에 있는 상가이다.

(1) 활성화에 나선 상점가 후계자들

이 이즈모시 중심 상가를 과거처럼 활성화하기 위해 5명의 젊은 후계자들이 나섰다. 현지 쿠라모토(蔵元, 술, 간장, 된장, 식초의

나카마치 상점가

혼마치 상점가

양조장을 말하며, 이를 가리키는 총칭), 노포 일본식 과자점, 패션 의류 가게, 도장가게, 자연 식품점에서 여성 후계자를 포함한 2대, 3대째의 젊은 후계자들이 모였다. 이 젊은 후계자들의 활동은 시마네현 지역상업 인재육성 사업의 이즈모시 중심 상가 조직과는 별개이다.

(2) 후계자들의 인식

후계자들은 생각했다.

"왜 우리 상가는 쇠퇴해졌을까? 이대로 쇠퇴해도 될까?"

모두가 가지고 있던 위기감이다. 그렇다면 구체적으로 어떻게 하면 상점가가 활성화될 것인가. 전국의 상점가가 갖고 있는 공통의 과제이기도 하다. 우선, 단순하게 생각해낸 것이, 다수가 집객이 된다면 활기가 생겨, 활성화를 달성할 수 있다는 생각이었다.

후계자들도 당연히 그렇게 생각했다.

"사람이 모이면 판매기회가 증가하고 구매확률도 높아진다. 그리고 개인상점도 번창한다." 거리가 활기차게 부활하면 공동체 기능도 강화되고 모두가 행복해진다는 구상이었다.

2) 상가활성화를 위한 이벤트

집객에 대한 아이디어로 생각해 낸 것이 이벤트 개최였다. 그래서 후계자들은 과거부터 현재 개최되고 있는 이벤트에 대해 개최 효과 등을 조사했다. 현재, 이즈모시(出雲市) 주요행사는 [도표 2-5-1]에 있는 것처럼 행사가 개최되고 있다.

이 행사 개최를 이즈모시의 상가 관계자나 상점대표들은 어떻게 보

[도표 2-5-1] 이즈모시의 이벤트 목록

이즈모시 중심상가 주최 이벤트

실시시간	행사명	행사내용	참가자
3월 하순	이즈모 봄의 병아리순례, 중심상점가	병아리행진, 인형전, 감주대접, 이즈모노점, 병아리 판매 등	약 1,000명
7월 27일	이즈모 여름 칠석마츠리, 중심상점가	지역영웅쇼, 밴드공연, 자동차세일, 유카타 콘테스트 등	약 1,000명
10월 12일 ~13일	희망페스타 이즈모	춤, 밴드공연, 민요·대고공연, 빙고대회 등	약 40,000명
12월 하순 ~1월 중순	이즈모겨울 일루미네이션, 중심상가	일루미네이션, 된장국대접, 지역영웅쇼 등	약 100명

자치협회 주최 이벤트

실시시간	행사명	행사내용	참가자
8월 15일	다카세강의 유람	시내 중앙을 흐르는 다카세강에서, 추석유람	약 2,000인
8월 10일 ~15일	다카세강 불꽃놀이	다카세강에서 불꽃놀이	

이즈모시 주최 스포츠 이벤트

실시시간	행사명	행사내용	참가자
2월	이즈모 마라톤 대회		약 3,000명
10월	히토바타야꾸시 마라톤대회		약 2,000명
8월	스임란	미니트라이애슬론(자전거제외)	약 350명
8월	전국고교생축구 이즈모컵 - 18	전국에서 16개팀 참가	

이즈모시 주최 이벤트

실시시간	행사명	행사내용	참가자
8월 10일 ~11일	이즈모신화마츠리	본거리(10일), 5,000명 참가, 불꽃대회(11일) 100,000명 참가	좌측 표기
10월 25일 ~27일	이즈모전국소바마츠리		약 20,000명
10월 8일	이즈모역 전통	〈주최: (공익재단) 일본학생육상경기연합〉	발표없음

이즈모상공회의소청년부 주최 이벤트

실시시간	행사명	행사내용	참가자
평성24년 11월23일 (금)	제1회 연결CON in 이즈모	거리콘(남성: 344명·여성: 348명, 일본술 이벤트: 300명)	692명
평성25년 11월24일 (일)	제2회 연결CON in 이즈모	거리콘(남성: 333명·여성: 340명)	678명

고 있는지 의문이 생겨, 몇몇 앙케이트 조사 결과의 자료를 통해, 실태를 살펴보게 되었다.

① 2007년 이즈모시청이 실시한 「중심 시가지 상가 관계자 설문조사」에 의하면, '상가가 갖고 있는 과제와 문제점에 대해'라는 항목에서 '행사가 적다'는 응답은 뒤에서 2번째로 중요도가 낮았다.

② 2009년 이즈모 상공 회의소가 실시한 「중심 시가지 활성화 대책 조사」에 따른 '중심 시가지 활성화 효과 평가'에서 '행사 등에 의한 고객유치'에 대해서는 전혀 효과가 없다는 답변이 앞에서 2번째였다. 아마도 상점가에서는 이벤트 개최보다 공실점포 대책, 주차장 부족, 핵심 점포 부재 등의 해결이 더 큰 과제인 듯 같다.

③ 2013년의 각 매장 경영자에게 조사한 해당점포의 행사 유치·매출증가 효과에 대해서는 '효과 없음'이 과반수인 66%, '효과 있음'이 22%였다.

④ 이 조사에 따르면 행사의 일반적 효과에 대해서는 일시적 효과 60%, 지속 효과는 16%였다. 또, 일부의 점주들로부터는 이벤트에 부정적인 의견이 나왔다.

어느 쪽이든 부정적 견해였다.

이런 조사에서는 이벤트의 효과가 의문시 되지만, 행사를 개최하면 인근 주변에서는 다수의 사람이 몰리는 것도 사실이며 2013년 '드림 페스타'에서는 도쿄디즈니리조트의 퍼레이드가 개최되어 4만 명의 인파가 모였다.

이처럼 행사를 개최해 즐거워하는 것도 상가의 역할이며 무엇보다 현지 고객과의 접촉이 중요하다는 의견도 있었다.

지금까지, 일반적으로 개최하고 있던 이벤트지만, 검토한 결과 행사는 ①번화함을 창출하는 효과가 있다 ②각 가게의 매출 증가 등 경제적 효과는 부족하다 ③고객이나 지역 주민과의 접촉하는 효과는 있다고 정리되었다.

　　최종적으로는 이벤트의 번성을 창출하는 효과는 크지만, 상점가활성화를 위해, 지금 이상 신규 이벤트 개최를 이즈모시 중심 상가에 제안하는 것은 어려울 것이라는 결론이 나왔다.

3) 상가의 현황과 과제

　　그러면 상가 활성화를 위해서는 어떻게 해야 할지 생각하기 전에 자신들이 가진 자원이나 강점, 혹은 문제점 등 현황을 정리해보면 어떻겠느냐는 제안이 이뤄졌고, 조사와 검토를 한 결과 다음과 같이 정리되었다.

(1) 이즈모시로의 구매력 유입을 상점가로 끌어들이지 못했다.

　　시마네현(島根県) 상공회 연합회가 실시한 2013년도 "시마네현 상권실태 조사"에 의하면, 이즈모시의 현지 구매율은 92.5%로, 전회 대비 0.1%포인트 증가하고 있어 근교 시읍면에서의 구매력이 유입되고 있다.

　　현지 구매를 점포 형태별 구성비로 보면, 대형점이 60%로 전회대비 6.6%포인트 증가하고 있는 반면 중심 상가는 0.8%로, 전회대비 0.4포인트 밖에 증가하지 않고 있다. 근교에서 유입된 구매력이 대형 쇼핑센터로 유입되고 있는 가능성이 높다.

(2) 고객이 원하는 상가의 가치를 제공하지 못하고 있다

이즈모시 중심에 있는 이마이치쵸(今市町)는 1451년경부터 매달 7일과 10일 '시장(市)'이 열리는 시장도시로서 발전해 왔다.

이즈모시는 국철 이즈모 이마이치역(出雲今市駅)의 개설과 방적업의 집적(集積)으로 인해 상업도시로서 번성하며 산인(山陰)지역의 일대 상업 거점으로 자리매김했으며 상가도 지속적인 발전을 해왔다.

그 때, 나카야마마(中山間) 지역 등 근교 주민은, 이마이치 상가에 가면, "만남과 교류, 특별한 것, 예쁜 것, 맛있는 것, 재미있는 것" 등 무엇이든 손에 넣을 수 있다고 생각해 멋을 부리고 상점가로 외출을 했다.

지금은 시대의 변화와 함께 이러한 풍경도 전혀 볼 수 없게 되었지만, 이때 고객들이 기대했던 가치도 지금 상점가에서는 찾아보기 힘든 게 아닐까? 이때 고객이 요구한 근본적이고 보편적인 상점가의 가치를 현대적으로 재검토함으로써 상가 활성화의 열쇠로 만들 수는 없을까

(3) 마그넷포인트(고객유치공간)을 활용

상점가나 주변에는 평소 간과하고 있지만 고객을 자석처럼 끌어당기는 마그넷포인트가 있다. 이즈모시 중심상가로 말하면, 야쿠모(八雲) 신사와 경내 공원, 다카세(高瀬) 강의 휴게 장소와 사계절의 경관, 다이쇼(大正)시대 건축의 병원, 마을의 한가운데에 있는 양조장, 뒷골목의 복고풍 분위기의 오래된 간판이나 스트리트퍼니

처, 다카세강의 사랑을 연결해주는 인형 등이다.[9]

점포는 납폐전문점, 노포 국수가게, 현지의 역사를 잘 아는 골동품 가게, 이야기 좋아하는(수다쟁이) 할머니가 있는 잡화점, 뭐든지 보물로 만들어 버리는 고물상, 혼자 사는 노파와 이야기할 수 있는 과일 가게, 점심에도 예약하지 않으면 들어갈 수 없는 인기 카페 식당 등이 있다.

이들을 하나의 상가 자원으로 활용하고 그다지 상점가를 찾지 않는 사람들에게 편하게 상점가를 즐기게 하여 새로운 방문객을 증가시킬 수 없을까.

(4) 역전을 통과하는 관광객을 상가로 유입 시킬 수 없을까?

이즈모시의 중심에서 8km정도 떨어진 곳에 연간 350만 명의 참배객을 자랑하는 전국적으로도 유명한 이즈모타이샤(出雲大社)가 있다. 여기에 오는 관광객의 대부분은, JR이즈모시(出雲市)역에서 버스로 갈아타고 이즈모타이샤로 향한다.

역전 거리 상점가

오기쵸 상점가

9) https://search.yahoo.co.jp/image/search?rkf=2&ei=UTF-8&gdr=1&p=%E7%B8%81%E7%B5%90
%E3%81%B3%E6%B5%81%E3%81%97%E9%9B%9B

그 수는 연간 약 45만 명 정도로 추산된다. 통과만 하는 관광객을 역 앞에서 상가로 유도할 수는 없을까?

4) 상가 정보 발신, 안내책자의 작성

우리는 고객이 상점가에 대해 더 많이 알 수 있도록 상가에 대한 정보를 전달해야 하며 무엇보다도 우리 자신이 좀 더 상점가에 대해 알아야 한다는 의견이 나와 모두가 논의했다.

그 결과, 고객에게 정보를 발신하고, 행사 등으로 모인 사람들을 상가로 유도하는 수단이 되고, 자신들이 상가에 대한 이해를 높일 수도 있도록 '상가안내책자'를 만들자는 결론이 나왔다. 즉시, 소규모 인원으로 '책자 편집 위원회'가 편성돼 검토가 시작되었다.

(1) 어떤 가이드북을 제작할까?

쇼핑센터 배치도 같은 것이 아니라 상점가의 따뜻함과 분위기가 전해져 이를 보고 상점가에 가고 싶은 생각이 들 수 있도록 만들자는 의견을 모았다. 상가에는 대형쇼핑센터에 없는 품목이 많이 있다.

예를 들어 강의 흐름이나 바람의 산들거림, 사계절의 이동 같은 아름다운 자연, 오랜 역사를 느끼게 하는 분위기, 기획된 점포 구성이 아닌 점포 연단(店舗連担, 도시계획에 있어 건축물이 연결되어 있는)의 자연스러움, 오랜 세월 스며든 상인의 영혼 등이다.

상점가에는 쇼핑센터가 강력한 경쟁자이기 때문에 경쟁의식이 강하다. 안내책자를 만들고, 쇼핑센터에 뒤지지 않기 위해 열심히 하는 모습을 보이려고 후계자들은 전원이 동의를 했다.

(2) 대상을 누구로 할 것인가?

안내책자를 만들기로 하여 그럼 누구를 목표 고객으로 할 것인가에 대해 활발한 논의가 거듭되었다.

① 고령자

이즈모상공회의소가 2012년에 실시한 「중심 시가지의 통행량조사」에 의하면, 주 상가 내에는 40세에서 60세의 남성이나 60세 이상 여성의 통행량이 많았다. 또한 2009년에 실시한 「중심 시가지 활성화 대책조사」에 따르면, 매장의 고객층으로 노령 여성, 중년 여성이 각 과반을 차지하고 있다. 그럼, 고령자(특히 여성)가 대상목표이냐고 하면 상가 고객의 약 80%가 고정 고객이므로 신규고객이 흡수가 되면 그 대상이 줄게 되어 고령자는 목표 고객으로서 다소 약하다고 여겨졌다.

② 관광객

이즈모시역 앞에서 2013년에 실시한 통과 관광객(여성 70%)에 대한 설문 조사에 따르면 이 통과 관광객 중 상가를 방문한 사람은 20%, '방문하지 않은 계층'이 80%이다.
관광객을 목표고객으로 하고 싶지만, 관광객이라면 관광안내 책자에 싣는 것이 더 효과적이라는 생각에서 이번에는 제외되었다.

③ 지역 여성

상권 내 여성 비율은 높고 특히 30대 후반부터 40대 초반의 여성 구성비는 60대에 필적한다. 이즈모시에는 여러 대학 캠퍼스 등이 있어, 비교적 젊은 여성도 눈에 띈다.

무엇보다 이들은 평소 쇼핑센터를 이용하다 보니 상가에는 자주 가지 않는다. 상점가로서는 미개척 대상이다.

2013년 '거리 콘서트(街コン) 연결 in 이즈모(お結びコンin出雲)'의 행사에 맞춰 실시한 쇼핑 동향 조사(20~30대)에 따르면 평소 쇼핑센터에서 쇼핑을 하는 사람이 72%에 이르고 상가에서 구매를 하는 경우는 불과 6%로 나타났다. 쇼핑센터의 고객을 상가로 끌어들이려면 이 30대 여성이 목표 대상이 되어야 한다.

(3) 지면 구성은 어떻게 할 것인가?

지면을 어떻게 구성할지 생각하기 전에, 고객의 입장에서 상가를 둘러보는 '상점가내 매장 시찰 투어'가 제안되어 2개조로 나뉘어 실행했다. 자신의 가게 이야기를 남으로부터 듣고, 상당히 놀란 후계자도 있었다.

이 조사 결과를 토대로 잡지 면은 스토리의 구성으로 실제로 쇼핑센터에서만 구매를 하고, 상가에는 발길을 돌린 적이 없는 30대의 육아 중인 엄마를 상가거주자가 안내하고 유사하게 거리 걷기를 체험하게 함으로서 상가의 장점, 즐길거리, 매력 등을 느끼는 취향

중앙거리 상점가의 옛모습과(좌) 현재(우)

안내책자(상점가 책자)의 개요

- **제목**: 이마시 날씨(今市びより) (총 14쪽)
- **발행 부수**: 5,000부 정도
- **목적**: 신규방문객을 늘리는 것으로, 상가의 사람 통행을 늘리는
- **타깃**: 평소 상가를 이용하지 않는 사람, 상가가 생활권인 사람, 육아 중인 여성(특히 30대), SNS이용자(상가의 정보 발신을 기대하기 때문에)
- **작성 전략**: 중심 상가의 가치를 향상시키기, 편집 작업에 30대 여성을 참여시켜, 시내 주민을 끌어들이는, 점포정보를 게재한다, 신사(神社) 등의 역사도 더하는, 신규방문객의 눈높이에 맞춘 점포 정보나 주차장 정보를 포함시키는, 마그넷 포인트·뷰포인트도 게재하는 점심식사 카페 정보도 싣는다.
- **배포장소**: 상가 각 점포, 이벤트 회장, 역, 시청, 상공회의소, 기타 공공 기관 등

으로 만들기로 결정했다. 잡지면 작성에 있어서는 이즈모시 시청 여직원 등의 의견도 참고하여 퇴고에 퇴고를 거듭해, 마침내 발간

하게 되었다.

가이드북의 완성에 있어서 젊은 후계자의 면면은 감회가 새롭다.

이번 안내책자의 제작은 단순히 성과물이 완성된 것보다 작성한 젊은 상가 후계자들이 1년 이상의 쏟아 부은 노력과 협력의 정신을 칭찬받아야 한다. 제작의 길은 결코 평탄하지 않았고, 의견 대립등도 빈발했지만, 청탁병탄으로 해결했다.

상가 활성화란 이런 상가를 사랑하는 젊은 후계자들의 내적인 힘의 발로가 아닐까.

제3장

마을 · 사람 ·
일자리를 창조하는
네트워크

1 구전 지역 웹사이트에서 지역밀착정보를 발신 [도치기]

1) 설립 65년, 인쇄업에서 인터넷 서비스업으로 확대

도치기현(栃木県) 우츠노미야시(宇都宮市)의 야마젠 커뮤니케이션즈(ヤマゼンコミュニケイションズ) 주식회사(대표이사: 야마모토 세이치로, 山本征一郎)는 인터파크에 본사를 둔 자본금 3,000만 엔, 종업원 76명의 중소기업이다.

2012년에 이전한 본사는 청결하고 매우 밝은 곳이다. 올해 설립 65년을 맞는 이 회사는 설립 당시(1950년), 활판 인쇄를 운영하는 직원 5명의 작은 기업이었다.

이후는 인쇄 회사로서 적극적인 설비 투자를 하고 성장을 계속하며 지역의 다양한 수요에 부응하는 지역에서 없어서는 안 되는 기업으로 성장했다.

그러나 성숙 시장인 인쇄업계에 있어 기존 사업만으로는 계속 성장하기 어렵다고 판단하여 인쇄업만을 고집하지 않고 인쇄업을 통해 축적한 노하우를 바탕으로 이벤트 기획 등 인쇄업+α의 사업을 모색해 나가는데, 그 계획 중 하나가 2000년에 설립한 구전 지역정보 사이트 '도치 나비(栃ナビ)'이다.

사업을 시작한 전무이사 야마모토 켄이치(山本堅嗣宜) 씨는 당시에는 인쇄업에서 충분한 수익을 내고 있어 신사업에 대한 사내 반응이 그다지 좋지 않아 사업 시작부터 5년 정도는 사내 이해를 얻느라 절치부심했다고 말한다.

2000년으로 말하면 현재만큼 인터넷이 생활의 일부가 되지 않았던 시절이다. 청소년 시절부터 PC에 능숙했고, 미국에서 인터넷 비즈니스를 접한 경험이 있었기에 선견지명이 있었던 것이다.

"도치기의 Yahoo!가 되자"를 슬로건으로, 지역의 일이라면 뭐든지 알 수 있는 미디어를 갖고 싶고, 텔레비전, 신문·라디오와는 다른 일을 하고 싶었던 그는 늘 바라는 모습을 마음에 그리며 진행해 왔다.

사업이 흑자가 된 것은 시작 5년차, 조회 수도 2배 정도 증가했다. 직원의 교체도 경험하면서, '도치 나비!'는 그 후 회사의 핵심이 된다.

인터넷 비즈니스에 뛰어들면서 '도치 나비!'뿐만 아니라 다른 사업이나 사내 관리 시스템 구축 등 전사적인 IT관리에 대한 노력 등이 긍정적으로 평가를 받아 2013년에는 '중소기업 IT경영 대상 2013'에서 우수상을 수상했다.

또한, 공장규모는 축소됐지만, 인쇄업에도 최신예설비를 도입해 회사의 기본이념인 '우리는 항상 속도감을 중시하면서 우리만 할 수 있는 것을 만들어 우리만 할 수 있는 것을 하겠다'는 신념으로 보다 품질 높은 서비스를 계속 제공하고 있다.

2) 도치기를 더욱 좋아하게 된 사이트 '도치 나비!'

'도치 나비!'(http://www.tochinavi.net)는 우쓰노미야시(宇都宮市)를 중심으로 도치기현의 가게·스팟 13,325건, 이벤트416건, 입소문 463,654건(2019년 8월 현재)을 게재하고 있다. 도치기(栃木)에 관련되는 모든 사람이 '도치기'를 더 좋아하게 되고 싶다는 메시지를 보내고 있다.

인구 약 200만 명의 도치기현에서 월간 페이지 뷰는 1,730만 건, 월간 이용자 수는 40만 명으로 상당한 규모이다. 지역에 밀착한 유용한 정보

구전지역 정보 웹사이트 「도치 나비!」

를 제공하는 것은 사용자의 90%가 현 거주지인 것으로 알 수 있다.

'도치 나비!'에서는 투고된 입소문을 그대로 게재하고 있는 것은 아니다. 직원들이 반드시 취재를 가서 게재 승낙을 얻고 있다. 현장을 찾아 실제로 보고, 맛보고, 발품을 파는 것이 정보의 신뢰성을 향상시키고 있다. 가게 소개에만 그치지 않고 구인정보도 게재해 지역 일자리 창출에도 기여하고 있다.

인터넷뿐만 아니라, 인쇄매체인 '신문 도치 나비!'도 발행하고 있어, 인터넷과는 다른 접근법으로, 지역의 매력을 계속 전하고 있다.

'신문 도치 나비!'는 발행 부수 80,000부, 주요 역 등 2,500여 곳에서 무료 배포되고 있으며 우쓰노미야에서의 인지도는 매우 높다. 계절감을 느끼게 하는 특집을 꾸미고, 월 1회 발행하고 있지만, 모집하자마자 10개월분의 매장이 정해질 정도로 인기다. 물론, 인터넷의 '도치 나비!'와도 연동한 기획을 실시하고 있어 상승효과를 발휘하고 있다.

또한 '도치 나비!'와 연계한 행사도 개최했으며, 2014년 3월, 당사 부지 내에서 개최한 팡마르쉐(パンマルシェ)는 약 7,000여 명이 모였다. 현지 기업과 소비자를 잇는 행사로 양측으로부터 호평을 받았으며, 2015년에도 개최하기로 했다.

2014년 팡마르쉐에 진열된 빵

2014년 가을, 우쓰노미야 토부(東武)에서 개최한 마르쉐에서는 4시간에 3,000명을 유치하여 근래에 보기 드문 성황을 이뤘다. 지역이 건강해져 가는 것이 '도치 나비!' 사업의 활력의 원천이 되고 있다.

'도치 나비!'는 계열사의 관련 회사에서 축적해 온 노하우를 제공하고 다른 지방 구전 웹사이트 출범 지원도 하고 있다. 지역기업과 소비자를 잇는 '구전 나비'로, 10개의 지방 구전 웹사이트가 지역 활성화에 기여하고 있다. 인터넷·신문·이벤트·다른 지방을 연결시켜 '도치 나비!' 사업은 확대를 계속하고 있다.

3) 인프라가 되고 싶다

야마모토(山本)씨는 '전기, 가스, 수도, 도치나비!'라고 할 수 있을 정도로 생활에 밀착한 정보를 제공함으로써 지

2014년 팡마르쉐의 모습

역민에게 2014년 팡마르쉐 모습보다 더 편리함과 풍요를 느낄 수 있는 '인프라가 되고 싶다'고 말한다. '도치 나비!' 사업은, 현재 당사의 매출의 절반을 차지하는 중심 사업이다.

시작 15년 만에 크게 성장했지만 처음부터 순조로운 것은 아니었다. 앞에서 야마모토 씨가 얘기했듯이 사업이 궤도에 오르기 전까지, 사내에서의 반응은 결코 좋지 않았다.

인쇄업을 주로 해 온 직원들은 자신의 일이 없어지는 것은 아닌지, 자신들의 고생이 잘 모르는 일에 쓰일 것이라는 불안도 있었다고 한다. 직원의 퇴직도 있고 15년간 절반이 바뀌었다. 고통도 동반했지만, 결과적으로 새로운 동력이 추가되어 비즈니스 확대로 이어졌다.

2013년에는 '청소년 응원 기업'으로 인증돼 지역 인기 기업 중 하나가 되었다. 2014년 신입채용에서는 3명의 채용에 600명이나 응모를 했다. 중소기업에서는 신입채용이 어렵다고 하는데, 회사의 새로운 일에 대한 적극적인 대응자세와 지역 밀착이 평가된 결과일 것이다.

앞으로의 시대는 인터넷이 필수일 것으로 확신하고 있던 야마모토 씨는 결과를 내고 사내에서 인정받으려고 '도치 나비게이션!'의 인지도를 높이기 위한 지혜를 짜냈다. 인지도를 높여 매장 게시물 수를 늘리고 현지 소비자의 참여의식이 높아지면 반드시 성공할 것이라는 신념이 있었다.

인지도를 높이기 위해 도내의 매체에 광고를 냈지만, 가장 효과가 있었던 것은 도치기현 내를 다니는 회사차량을 활용한 것이다. 눈길을 끄는 화려한 노란색 차체에 '도치 나비!'의 캐릭터인 '토토짱(トトちゃん)'을 장식했다. 사랑스러운 토토짱과 밝은 노란 색은 타깃 고객층인 20~40대 여성이 좋아할만한 디자인이다.

이 노란색 차가 항상 도내를 주행하면서 토토와 '도치 나비게이션!'

회사차량, 직원들과 토토짱

이 사람들의 기억에 새겨진다. 이때까지 회사 차량이 조금씩 변화하여 현재는 25대가 매일 '도치 나비!'의 인지도 향상에 기여하고 있다.

IT 활용 능력이 향상되면서 인터넷을 중심으로 한 정보 인프라는 전기, 가스, 수도 등의 라이프라인(life line: 생활·생명을 유지하기 위한 전기·수도·통신 등의 시설)과 비슷하게 중요시 될 것이고, 그런 상황에서 도내의 정보원으로서 활용도가 늘어나고 있는 '도치 나비!'가 인프라로서의 존재감을 더 해가는 것은 틀림없다.

야마모토 씨의 생각과 그에 부응하는 직원의 힘이 있다면, 그리 멀지 않은 미래에 현실이 될 것이다.

4) 지속적으로 발전하는 '도치 나비!'

순조롭게 참여하는 매장과 회원을 늘리고 있는 '도치 나비!'지만, 새로운 성장을 기대하고 있다. 2015년 겨울에는 인터페이스의 갱신, 편의성 향상, 정보 집약을 목적으로 대대적인 리뉴얼을 예정하고 있다.

축적된 회원 데이터, 점포 자료 등 빅데이터를 활용해, 지역을 위해 할 수 있는 일이 아직 남아 있다고, 야마모토 씨는 미래의 전망을 얘기한다.

도쿄올림픽 때 일본을 찾는 외국인 관광객을 현(県) 내 관광명소로 유치하기 위해 '도치 나비게이션!'의 매장 데이터를 활용하고, 지방자치단체와 협업해 닛코(日光)·아시카가(足利), 마시코(益子)등 인기지역 활성화도 검토 중이다.

도치기현 내에는 관광 명소가 있지만, 숙박지로는 유명한 온천이 있는 군마현(群馬県)을 선택하는 관광객도 많기 때문에, 지역을 연계한 기획과 도치기현 내의 숙박시설 활성화 등이 과제가 된다. 물론 각국 언어에 대응하기 위해 인재확보도 필요하다. 기획은 급속도로 진행되고 있다.

또 현재는 사용자의 대부분이 20~40대 여성이지만, 앞으로는 중·장년층 전용 콘텐츠를 충실하게 만들어 나가고자 한다.

이를 위해 웹사이트 인터페이스를 중·장년층 대상으로 개편하는 계획도 진행 중이다. 병원과 건강에 관한 내용으로써 우선은 현재의 이용자가 가족 간병이라는 문제에 봉착 했을 때, '도치 나비!'로 해결하기를 기대한다.

이를 위해서는 이용자에게 더 큰 안정감을 줄 필요가 있다. 지역주민에게 유용한 정보를 제공해 온 회사이기 때문에 축적된 신뢰가 이를 가능하

도치 나비, 사업플로어

게 한다.

 '도치 나비!'에 종사하는 직원들은 대부분 여성으로 회사는 늘 밝고 화기애애하다. 전일제 근무가 필수가 아니기 때문에 여성, 특히 주부의 적극적인 활용을 추진하고 있다. 결과를 낼 수 있는 우수한 인재라면, 단기계약직으로 고용을 하고, 육아나 간병을 병행하면서 근무할 수 있는 환경을 제공하고 있다.

 '구전커뮤니케이션 나비'의 파트너도 보강해 나갈 예정이다. 현재 10개의 협력 웹사이트가 있는데 2015년에는 12개로 늘어날 것으로 예상되며, 조만간 20개~25개의 파트너 웹사이트와 연계하여 지역 밀착의 정보를 더해, 국가적인 브랜드로 북해도에서 오키나와까지 같은 광고를 게재할 뿐 아니라, 현지에 맞는 광고를 구상하고 있다. 축적된 노하우로 협력 웹사이트를 지원하고, 각지와 연계하여 현지를 활성화하고 지역에 기여하고 있다.

 '도치 나비!'를 핵심으로 신사업을 전개하는 아이디어는 여기서 끝나지 않는다. 그리고 그 바탕에 있는 것은, 지역을 건강하게 하고자 하는 확고한 신념이다. 젊은 에너지와 도치기에 대한 사랑이 넘치고, 아직 성장해야 할 우리가 더욱더 지역을 활기차게 만들고 발전하기를 기대해본다.

2 새벽 경매와 이시카와의 새벽에 잡은 어획물의 어상연계 [이시카와]

1) 새벽 어획물, 새벽 경매

몹시 추운 1월 어느 날 아침, 9시가 되자 기운찬 경매 구호가 메아리 쳤다. 가나자와시(金沢市) 중앙 도매 시장의 수산물 시장의 통칭 '새 벽 경매'다.

겨울방어, 고등어, 털게, 낙지 등이 줄을 잇는다. 통통하게 살이 오 르고 기름진 방어는 한겨울이 제철이다. 새벽에 잡힌 수백 마리의 겨 울방어가 그날 아침, 경매에 오른다. 아침에 어획한 겨울방어 중 가장 큰 것은 13kg 이상이고, 등은 파랗고 배는 하얗게 빛난다. 털게도, 수 족관에 들어 있는 낙지도 아직 살아 움직이고 있다.

가나자와시 중앙 도매 시장에서는 새벽 오전 3시 반부터 시작되는

가나자와시 중앙도매 시장의 「새벽 경매」

통상의 경매(이하, '새벽 경매')와 해가 뜨고 오전 8시 반(12~3월은 9시)부터 시작되는 두 번째 경매(이하, '오전경매')가 있다. 새벽 경매에는 전날 저녁 이전에 잡힌 어획물이 전국에서 모여든다. 반면 오전 경매는 이시카와현(石川県)에서 그날 새벽에 잡은 어획물만이 대상이다.

새벽 경매에는 정치망 어업으로 잡힌 어패류가 주를 이루고, 소형 선박에서 선망으로 잡은 생선이 입하한다. 전갱이와 고등어는 사계절 내내 잘 잡힌다.

봄에는 정어리, 삼치, 학꽁치가 많고, 여름에는 전갱이, 삼치, 가을에는 방어새끼(쓰바스, ツバス), 은어, 오징어, 겨울은 방어, 낙지, 문어, 대구가 제철을 맞는다. 사시사철 새벽에 잡은 어패류로 새벽 경매는 연중 북새통을 이룬다.

2) 어업인의 곤경

새벽 경매를 위한 정치망 잡이나 소형 선박의 선망잡이는 새벽 전인 오전 3시부터 5시경에 열린다. 정치망 어장은 그물을 앞바다에 고정하여 걸어 놓고 그물에 들어간 어패류를 잡는다.

이시카와현의 우치우라(內浦; 도야마만 쪽)는 급격한 경사인 해역으로 방어 등의 회유어가 해안 가까이 찾아오는데, 이시카와현은 전국적으로도 정치망 어장이 번성하고 크고 작은, 130여 통의 정치망(定置網)이 있다.

또, 연안에서 실시하는 소형선 선망 어업은 새벽의 어둠 속에서도 고기잡이가 가능하다. 바다가 거칠어 고기잡이를 할 수 없는 경우를 제외하면, 경매가 있는 날에는 웬만한 날씨에도, 새벽부터 고기잡이가 이뤄지는 어려운 노동환경이다. 그렇지만 전국적으로 어민들의 소득은 적고 이시카와현도 예외는 아니다.

「헤이세이(平成) 25년도(2013년) 수산 백서」(수산청)에 따르면 연안 어선 가구 평균 어로 소득은 2012년에 약 204만 엔으로 2006년 2007년과 비교해도 감소하고 있는 것으로 나타나 어획고 감소와 생선 가격 하락 등으로 어로소득이 줄고 있다.

[도표 3-2-1] 연안 어업 가구의 어선 경영 현황 추이

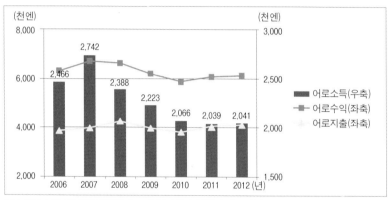

㈜ 농림수산성 「어업경영현황보고」에 근거한 수산청이 자료 작성
1. 2010년, 2011년조사는 이와테현, 미야기현 등 후쿠시카현의 경영체를 제외한 결과임
1. 2012년 조사는 후쿠시마현의 경영체를 제외한 결과임. 정보수집등에 의해 파악한 이와테현 및 미야기현의 재해어업경영체의 경영재발 비율을 이용해 규모를 산출하여 집계했다.
(출처: 수산청 「평성25년도수산백서」 (그래프는 필자작성)

따라서 어업을 시작하는 젊은이들은 줄어들고 있고, 고령화가 진행되고 있다. 「어업 센서스」(농림수산성)에 따르면 2003년에는 약 23만 8,400명이던 어업 취업자 수는 2013년에는 약 18만 1,000명으로 감소했고, 게다가 65세 이상 고령자가 3분의 1이상을 차지한다.

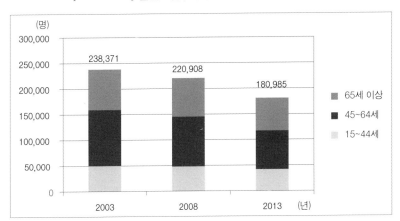

출처: 어업수산성 「어업센세스」 (그래프는 필자 작성)

3) 어업과 상업의 연계로써 '새벽 경매'의 시작

수산물은 다단계로 유통이 되고 있다. 도매시장에는 어획물을 집하하여 구분하거나 선별하는 기능을 가진 산지시장과 각 산지에서 출하된 수산물을 집하하여 판매하는 소비자 시장이 있다.

이시카와현 어업협동조합(이하, 'JF이시카와')은 가나자와항 근처에 산지시장(가나자와 종합시장)을 갖고 있다. 이들의 고민은 산지시장의 경매에 참가하는 중개업자가 적고, 생선가격이 폭락하기 쉽다는 것이다. 가나자와시 중앙 도매 시장과 가나자와 항구 인근의 산지 시장의 거리는 자동차로 10분 정도 떨어져 있지만, 중개인이 발길을 옮기기는 부담이 크다.

"어업인들에게는 조금이라도 생선가격이 오르도록 하고 싶다."

JF이시카와의 조합장과 소비자 시장의 가나자와시 중앙 도매 시장에서 수산물 시장을 운영하는 이시카와 중앙 수산물주식회사(이하, '이시카와 중앙어시') 사장들끼리 상담이 이뤄졌다.

"수산업자가 고기잡이를 통해 출하하기 때문에 이시카와중앙어시가 운영되고 있다. 어민이 고령화되고 줄고 있다는 것에 위기감을 느꼈다. 젊은 층이 어부라는 직업에 관심을 갖는다 하더라도, 수입이 적으면 종사하는 사람이 거의 없다."

어민들의 수입을 조금이라도 늘리기 위해서라도 가나자와시 중앙도매시장에서 새벽 경매를 하자는 특단의 조치가 있었다. 이렇게 최고경영자끼리의 회의에서, 새벽 경매를 가나자와항 인근의 산지 시장에서 가나자와시 중앙 도매 시장으로 이전하기로 합의했다. 하지만 아직도 넘어야 할 산이 있었다.

도매시장의 경매는 '매수권(買参権, 경매에 참여할 권리)'을 갖고 있어야 가능했다. 가나자와 시 중앙도매시장과 산지시장 매수권을 모두 갖고 있는 중개업자도 있고, 산지시장 매수권만 갖고 있는 중개업자도 있었다. 산지시장의 새벽 경매를 가나자와시 중앙도매시장으로 옮기기 위해서는 산지시장의 '매수권'을 갖고 있지 않은 중개업자에게도 가나자와시 중앙도매시장의 '매수권'을 부여할 필요가 있었다. 따라서 가나자와시(金沢市) 중앙도매시장의 개설자인 가나자와시의 허가를 받아야 했다.

또 일단 '매수권'이 인정되면, 새벽 경매 뿐만이 아니라 야간경매에도 참가할 수 있다. 권리를 확대하는 중개업자가 있다는 것은 다른 중개업체에겐 경쟁자가 늘어나는 것을 의미한다. 가나자와항에서 탈락한 수산물을 가나자와시 중앙 도매 시장에 반입해 판매하는 중개업체도 존재했다. 이 중개업체는 수익기회가 줄어든다. 이에 이주업체는 새벽 경매의 이전을 이해시킬 필요가 있었다.

새벽 경매의 이전은 유통경로의 단축으로 이어져 소비자에게도 이점이 있다. 한때 새벽에 잡힌 어패류는 산지 시장의 새벽 경매에서 낙찰을 받아 그 다음날, 산지 시장에서 자동차로 약 10분의 가나자와시 중앙 도매 시장의 야간경매를 거치게 되었다.

그래서 새벽 전에 생선을 어획 한다 해도, 소비자에게 어패류가 도착하는 것은 빨라도 그 다음날이 된다.
산지시장에서 가나자와시 중앙도매시장으로 옮기면 아침에 잡은 싱싱한 어패류를 당일에 소비자가 먹을 수 있다.

[기업명] 이시카와 중앙 어시 주식회사 (石川中央魚市株式会社)
[대표이사] 요코마치 히로카즈 (橫町博一)
[창업] 1966년
[자본금] 1억 5,400만엔
[직원] 74명
[소재지] 가나자와시 사이넨(西念) 4-7-1 가나자와시 중앙 도매 시장 내
[TEL] 076-223-1382
[URL] http://www.ishikawa-uoichi.co.jp
[사업내용] 중앙도매시장에서의 수산물 도매업(취급품목: 선어 및 활어, 냉동어, 염건어(塩干魚, 소금에 절여 말린고기), 기타 수산물 전반, 냉장창고업

(2014년 3월 말 현재)

[단체명] 이시카와현 어업협동조합
[대표이사조합장] 오가와 사카에 (小川 栄)
[설립] 2006년(27개 어업 조합 합병)
[출자금] 42억 2,043만엔
[조합원] 정규조합 3,156명, 준조합 5,539명
[직원] 211명
[소재지] 가나자와시 키타 야스에 3-1-38 이시카와현 수협 중앙회 2층
[TEL] 076-234-881 5
[URL] http://www.ikgyoren.jf-net.ne.jp
[사업내용] 조합원의 어획물 등의 판매·보관,어업용 연유·자재 등의 안정
공급, 어업경영 기반강화, 공제 인수, 수수업무

(2014년 3월 말 현재)

생산자인 어업인의 수입향상을 도모할 뿐 아니라, 소비자에게도 도움이 되는 유통 경로의 단축화는 시대의 흐름이며, 또 다른 산지와의 경쟁에서 이기기 위해서라도 새벽 경매를 가나자와시 중앙 도매 시장으로 옮겨야 한다고 가나자와시를 설득해 중개업자에게 이해를 구했다.

이로써 2008년 4월 1일부터 어부들의 조합인 'JF이시카와'와 수산물 시장을 운영하는 '이시카와 중앙어시'가 전국적으로 보기 드문 어부와 상업의 제휴로 가나자와시 중앙 도매 시장에서 '새벽 경매'를 시작했다.

JF이시카와 조합원이 새벽에 잡은 어획물을 집하하고 가나자와시 중앙도매시장으로 운반한다. 새벽 경매에 참여하는 중개업체를 위해 사전에 인터넷상에 입하하는 수산물 목록이 올라간다. 시장에서는, 경매에 팔기 쉽도록 어패류 등이 진열된다.

가나자와이 중앙도매시장 새벽경매, 겨울방어가 나란히 있다

예를 들어 겨울방어하면, 큼지막한 것은 1마리 내지는 2마리, 중간 크기는 5마리 등 경매 단위로 정리한다. 경매를 하는 것은 이시카와 중앙어시, 기세등등한 구호 소리로 순식간에 경매에 낙찰된다.

4) '이시카와 새벽어획물'의 자급자족 브랜드

'새벽 경매'에서 낙찰된 수산물은, 이시카와현 뿐만이 아니라, 관서권(関西圏), 중경권(中京圏), 수도권(首都圏)의 소비지역으로 운반된다. 하지만 그 날 새벽 이시카와현(石川県)에서 잡힌 신선한 어획물이기에 가능하다면 이시카와 현민(県民)이 먹었으면 한다.

대형 소비지역은 산지간의 경쟁이 치열하다. 점유율을 높여도 다시 제자리로 돌아올지도 모른다. 그러나 이시카와현에서의 소비를 늘리면, 시장을 확대 할 수 있다. 이시카와현의 소비를 늘리기 위해, 새벽 경매 수산물의 브랜드화를 검토하게 되었다.

업계 관계자에게 있어 새벽 경매는 그 날 새벽에 잡은 것이라는 것

출처: 「이시카와의 새벽 어획물」 홈페이지

이 상식이다. 그런데, 일반소비자에게 '새벽 경매의 생선은 신선해요'라고 해도 알아주지 않을 수도 있다.

어떻게 해야 할지 고민하다가 '이시카와의 새벽에 잡은 어획물'로 상표화하기로 결정하고 '이시카와 새벽어획물'은 '이시카와현에서 새벽에 잡은 것'이라는 의미를 부여해 상표를 만들었다.

아침에 잡힌 것이 그날 중 확실하게 소비자에게 전달되는 것은 이시카와현에서만 이므로 '이시카와의 아침에 잡은 것'은 이시카와 현에서 판매·제공되며 한정의 지역생산지 상표다. 또한 어린이에게도 친숙해지기 위해 '아사도레몬(朝とれもん, 아침에 잡은 것)'이란 캐릭터도 만들게 되었다.

'이시카와의 새벽 어획물'을 취급하는 이시카와현 내의 음식점, 생선판매점, 슈퍼 등을 모집해, 판매 협력점·제공 음식점에서 '이시카와의 새벽 어획물'의 POP나 포스터를 게시하고 있다. 당일 새벽에 잡은 어패류 팩에만 붙이는 '이시카와 새벽 어획물(石川の朝とれもん)' 스티커도 준비했다.

2015년 2월 말 현재 판매 협력점 및 제공 음식점은 86곳이 있으며 그 내역은 슈퍼 등 대형 판매점이 68개점, 활어 소매점 9곳, 음식점 9 곳이다. 어업인 조합의 JF이시카와, 도매 이시카와 중앙 어시장, 그리고 소매점이나 음식점과 '이시카와 새벽어획물'은 3단계의 어상 연계로 되어 있다.

소비자에 익숙한 전쟁이, 정어리, 고등어 등은 이시카와현뿐만 아니라 전국어장이 다수 있어서 대형 소비지역을 대상으로 해도 가격하락이 발생하기 쉽다. '이시카와 새벽 어획물(石川の朝とれもん)'을 브랜드화하여, 이시카와현의 생선 소비를 늘림으로써 가격이 하락하지 않고, 적정한 가격에 거래되기 시작했다.

또 '이시카와 새벽 어획물'의 브랜드화는 자급자족적인 친환경 노력으로 인정받아 '이시카와 친환경 디자인상 2012특별상 금상', 'Eco Japan Cup 2012 환경 비즈니스 벤처 오픈 부문 JP지역 상생 비즈니스상', '2013년 굿 디자인 상', '저탄소 컵 2015기획 심사 위원 특별상' 등 수많은 상을 수상했다.

이런 수상내역도, 이시카와현의 많은 사람들이 '이시카와 새벽어획물'을 알리는데 큰 도움이 되고 있다.

시장을 이전하기 전에는, 가나자와 항 근처의 산지 시장(가나자와 종합 시장)의 새벽 경매 취급 규모는 2억 엔 정도였지만, 가나자와시 중앙 도매 시장(이시카와중앙어시)으로 이전한 2008년에는 6억 엔으로 약 3배 가까이 매출이 증가했다.

'이시카와 새벽 어획물'의 브랜드화 노력으로 생선 값이 폭락하지 않고 적정 가격으로 안정되자 더 입하가 늘면서 2010년도는 7억 엔에 도달했고 2011년도 이후 11억 엔을 넘고 있다.

5) '이시카와의 새벽어획물' 겨울 방어를 점심에 먹는 행복

'이시카와의 새벽어획물'의 제공 음식점의 하나인 '초밥식당 오오시키(大敷)'에서 초밥을 먹었다. 겨울 방어·능성어·전갱이·오징어의 4종류로 '이시카와의 새벽어획물' 뿐이다.

아카목(アカモク; 해초의 종류)으로 버무린 스노모노(酢の物; 해초와 야채, 식초를 넣어 버무린 일본 요리)도 오늘 새벽 경매에서 구입한 것이라고 한다. 겨울 방어는 혀 위에서 살살 녹을 정도로 기름기가 올랐고 쫀득한 육질에 느끼함이 전혀 없다. 오징어는 채 썰기를 한다. 이렇게 하면 단맛이 늘어난다고 한다. 어쩌면 이렇게 화려할까?

'초밥식당 오오시키'는 가나자와시 중앙 도매 시장 바로 근처에 있다. 그래서 가게 주인은 반드시 새벽 경매에 직접 가서 눈으로 확인하고 구매한다.

점주에게 '이시카와의 새벽어획물'에 대해 물었다.

"이시카와현 내에서 새벽에 잡은 신선한 생선을 많은 고객이 드셨으면 한다. 어패류는 맛의 깊이가 있다. 갓 잡은 생선은 시간이 지나면 맛이 변하게 된다. 신선함만이 최선의 기준은 아니지만, 당일 아침

[점명] 초밥 오오시키
[점주] 카네다 요오지
[소재지] 카나자와시 사이넨 3-5-24
[TEL] 076-261-0041
[URL] http://sushi-ooshik1.com
[영업 시간] 11:30~14:00(L.O.13:45)17:00~22:30(L.O.22:00)

에 갓 잡은 생선의 맛은 각별하다. 꼭 그것을 맛보셨으면 한다."

다만 고민 중의 하나는 '새벽에 잡은 것'만을 내세우면, 나머지는 오래된 것이 아닐까 하는 오해를 받을 수 있다는 것이다. 예를 들어, 대게나 새우는 먼 바다로 나가서 잡기에 배가 저녁에 돌아온다. 그러니까, 그날 안으로 시장에 입하 할 수 없다는 것이다.

다른 하나는 새벽 경매가 매일 있는 것이 아니라는 것이다. 토요일은 새벽 경매가 없고, 또 그 이외에서도 일 년에 몇 번 정도, 풍랑이 심하거나 조업을 하지 않는 경우 새벽 경매가 없는 경우가 있다.

2015년 3월 14일 호쿠리쿠 신칸센(陸新幹線)이 개통되면서 도쿄에서 약 2시간 반이면 가나자와에 도착한다. 이시카와 중앙 어시장과 JF 이시카와는 이시카와 현을 방문하는 많은 관광객들도 '이시카와의 새벽 어획물'을 먹을 수 있도록 권하고자, 다양한 기획을 하고 있다. '이시카와의 새벽 어획물'의 제공 음식점을 한층 더 늘리기 위한 시도를 적극 추진하고 싶다. 그리고, 지자체의 관광과 또는 여행사와 제휴를 통해 '새벽 경매 견학' → '새벽 먹거리 제공 음식점' → '새벽 먹거리 판매 협력점'이라는 여행상품을 만들어갈 예정이다.

'이시카와의 새벽 어획물'은 반드시 매일 있는 것은 아니다. 그 불합리함을 관광객에게 어떻게 이해시킬지가 어려운 과제이다. 그러나 이시카와현을 찾았기에 맛 볼 수 있는, '이시카와 새벽 어획물'을 꼭 경험했으면 한다. 관광객에게 어필할 수 있는 새로운 무대에 도전이 시작되고 있다.

3 CSA(지역지원형농업)을 지향하는 「도호쿠 먹거리통신」[이와테]

1) 생산자의 이야기와 자랑거리를 맛볼 수 있는 「도호쿠 먹거리통신」

2014년 12월 27일 아침, 기다리고 기다리던 「도호쿠 먹거리통신(東北食べる通信)」 2014년 12월 호가 택배로 도착했다. 택배 내용물에는 잡지 이외, 아오모리현 사이무라(佐井村)의 어부들이 잡은 문어 240g이 냉동되어 들어 있다.

「동호쿠먹거리통신」 2014년 12월호와 문어

'어촌에 피는 삶의 등화'라는 제목으로, 사이무라 어민에게 '숨 쉬는 생활'(어촌 가부키, 밥과 된장국을 외치며 먹는 비제 '고모리' 등), '지역사회의 위기'(후계자 부족, 지역공동체 축소), '마을 존속을 위한 노

[단체명] 특정 비영리 활동 (NPO) 법인 동북 개간

[대표자] 다카하시 히로유키

[설립] 2013년 5월 29일

[본부] 이와테현 하나마키시 후지사와 마치 446-2

[주요 사업] "도호쿠 먹거리통신"의 발행, CSA(지역 지원형 농업)의 제공, 이벤트 투어 기획, 운영 등

[실적] 제2기(2013년 12월~2014년 11월) 경상 이익 약 7,122만 엔

력'(어업의 협동화, 외부지역와의 연계)이, 창업자 다카하시 히로유키(高橋博之)씨에 의한 열정적인 필치로 쓰여 있다.

특집의 마지막에는 "인간이라고 하는 최고의 자원을 잃어가고 있는 사이무라에 있어서 외부지역과 얼마나 지속적인 관계를 유지하는 것에 장래가 달려 있다. 그리고 그 미래는 우리 소비자의 식탁에도 직결된다"며 독자인 소비자에게, 사이무라의 문제를 자신의 일로 생각하도록 하는 얘기도 잊지 않는다.

페이지를 넘기면 나카야마 하루나씨(NPO 법인 푸드 디자이너스 네트워크)에 의한 미즈다코를 이용한 레시피(아카시 구이, 라구 파스타, 무와 미즈다코 조림, 미즈다코의 카르파초)가 3페이지에 걸쳐 소개된다.

다음 페이지는 지역 문어의 '도우구'(내장)의 먹는 법 소개, 불가사의 생물 문어 생태의 일러스트 소개, 사이무라에 남는 북전선(에도 시대, 이지와 에도, 오사카를 맺은 회선)의 발자취 소개와 이어진다.

최종 페이지에서는 '도호쿠 먹거리 커뮤니케이션 플레이백'이라는 제목으로 하세가와 준이치(후쿠시마현 아이즈 와카마쓰시 농가) 씨가 키워서 2013년 11월호와 함께 배달한 멸종 직전의 토종 '국화호박'의 종자가 독자로부터 하세가와 씨에게로 돌아와 하세가와 씨가 멀리 스페인 밭에 뿌

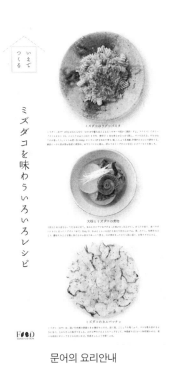

문어의 요리안내

려 수확되고, 그 종류가 다시 확산하는, 종의 확산의 모습이 그려졌다.

이처럼 「도호쿠 먹거리통신」은 매달 보내는 음식의 매력뿐만 아니라 심층 기사와 시각적 요소를 담은 잡지 구성으로 독자를 사로잡았다. 이는 바로 새로운 식단의 이상적인 디자인을 인정받아 2014년도 굿디자인 금상을 수상한 바 있다.

2) 생산자와 소비자를 직접 연결한다

창업자 다카하시 히로유키 씨는 하나마키시 출신으로 대학진학을 계기로 상경했지만 사회나 삶을 주체적으로 살기위해 30세 귀향하여, 8년간 이와테현(岩手県) 의회 의원을 지냈다.

그 후, 이와테현 지사 선거에 출마했지만 2등으로 낙선해, 자신의 모습을 돌아보고 있던 참에 도호쿠의 생산자와 교류하는 가운데, 대량소비 사회를 바꾸기 위해서는 소비자가 생산하는 방향으로 전환하는 것이 중요하다고 생각했다. 이것이 계기가 되어 "음식"을 매개로 생산자와 소비자를 잇는 음식정보지 「도호쿠 먹거리통신(東北食べる通信)」을 창간해, 정치가에서 사업가로 전환하게 되었다.

집필에 즈음해, 하나마키시(花巻市)에 있는 NPO 법인 도호쿠 개간(東北開墾 이하, '도호쿠 개간')의 본부에, 사무국의 아베 마사유키(阿部正幸) 씨가 방문했다. 아베 씨는 2011년 1월부터 이와테현 오츠치쵸(大槌町)에서 NPO법인 카타리바(カタリバ, 대표이사 이마무라 쿠미(今村久美, 이후 동북 개간의 이사에 취임) 씨가 운영하는 협업 스쿨 오오츠린가쿠샤(大槌臨学舎)의 직원이던 다카하시 히로보우(高橋博之) 씨와 알게 됐다.

'도호쿠 개간'은 현재 총 20명 정도로 사업을 관장하고 있지만, 전담하는 인원은 다카하시 씨와 아베 씨의 2명뿐이다. 다카하시 씨 이외의 4명의 이사 중 오오츠카 타이조(大塚泰造) 씨와 혼마 유우키(本間勇輝) 씨는 벤처 창업 경험자이며 경영, 프로모션, 마케팅 등의 조언을 하고 있다.

3) 「도호쿠 먹거리통신」은 이렇게 되어 있다

특색 있는 음식이 필요한 경우에는 냉동 포장을 하고, 시각적 요소와 기사도 충실한 정보지와 함께 보내는 것은 꽤 어렵지 않을까? 아베 씨에 의하면, 우선 힘든 것은, 생산자를 선택하는 것이다.

생산자를 선택하는 기준은 자신들의 환경을 바꿀 수 있는 의사가 있는지 여부다. 잡지에서 소개한 후 생산자의 인연으로 공동체를 넓혔으면 하는 마음에 가업을 자력으로 어떻게든 해보려는 열정적인 사람, 자부심을 갖고 마을에 살고 있는 사람, 정보를 발신하고 싶은 사람 등을 성품 위주로 선택하고 있다.

선택을 할 때는, 다카하시 씨가 직접 만나 직감이 오면 실행에 옮긴다. 다카하시 씨로부터 결정 의사가 전달되면 1,500명의 독자 수만의 식재료를 공급할 수 있는 수용력이 있는지에 대한 교섭을 아베 씨가 한다. 가능하면 포장 자재나 설계 협의를 하고 발송을 위한 조건을 조정한다.

이와 함께 월초에 다카하시 씨 중심으로 취재활동을 하며, 매월 15일에 교정을 끝낸다. 또한 중순경에는 푸드코디네이터인 나카야마(中山) 씨에게 요리를 부탁하여, 편집을 하는 등 대체로 15일 정도로 잡지를 발간하고 있다.

아베 씨는 취재가 잘 되지 않거나, 생물(生もの)인 식재료 취급에

고생하는 등 매월 자연과의 싸움이라고 말한다. 나카야마 씨에게는 30~50대의 도쿄 거주 회원들이 멋진 요리를 만들어 사람을 초대할만 한 레시피를 부탁하고 있다는 것이다.

또, 본 잡지를 만드는 데는 소비자가 생산자와 연계하기까지의 단계로서 처음에는 식재료가 맛있다고 생각하고 그 후 본 잡지에서 배우는 동안 1차 산업 현장을 접하거나 곤경을 이해할 수 있는 흐름을 이미지화 하고 있다. 그래서 이 잡지는 「북풍과 태양」(이솝우화의 하나로 매사에 대해 엄벌로 임하는 태도와, 관용적으로 대응하는 태도의 대비를 나타내는 말로 사용)에서 말하는 태양형의 접근을 목표로 하여 시각요소들이 우수한 지면을 만들고 있다.

4) 생산자와 소비자는 이렇게 이어지고 있다

도호쿠 개간(東北開墾)이 생산자와 소비자를 연결하기 위해 행하는 독특한 대응방법 중 하나는 잡지 발송에 따른 '발송 축제'이다.

가령 2014년 6월호에서는 이와테현 야마다쵸(山田町) 어부들이 채취한 홍합(홍합과 비슷한 일본산의 홍합)을 특집으로 했는데, 아침에 포장을 하고, 오후에는 소비자들에게 어업체험을 하게 한 뒤에, 교류의 의미로 연회를 베풀었다.

또, 다카하시 씨는 "몇 백 번을 해도 좋다. 전국에 있는 모든 독자와 이야기하고 싶다. 그리고 그 목소리를 통해 '먹거리통신의 세계'를 더욱 풍부하게 하고 싶다"는 생각에 다카하시 씨와 수도권 독자들의 좌담회를 도쿄를 중심으로 2014년 6월부터 2015년 2월까지 통산 24회 개최했다.

좌담회는 다카하시 씨가 정치가 시절부터 해 온 것으로, 이 좌담회

에서 '카나가와현의 먹거리통신(神奈川食べる通信」)' 창간으로 이어진 사례도 있다. 아베 씨에 의하면, '좌담회를 열면, 여러 가지 인생의 모습이 보인다. 좌담회에는 어떠한 문제의식을 가지는 사람이 참가하고 있고, 다카하시 씨는 거기서 세상을 바라보고 있는지도 모른다고 말한다.

5) 모색 단계에 있는 동북 개간의 CSA(지역 지원형 농업)

도호쿠 개간은, 「도호쿠 먹거리통신」의 발행과 별도로, 농가와 소비자를 직접 연결해 SNS를 통해 교류하는 "CSA"(지역 지원형 농업)의 도전을 하고 있다. 현재 이 단체가 중개하고 CSA에 임하는 농가는 7개조, 소비자의 참여는 180명 정도로 아직 모색 단계에 있다.

CSA는 일본에서 오래전부터 진행되어 온 '산지직송'을 하나의 모델로, 서구에서 퍼져온 것으로 소비자가 생산물을 사들여 자신의 지역 공동체의 농가를 지원하는 것이 전형이다. 일본에서도 CSA의 개념은 역수입되고 있지만, CSA의 담당자는 아직은 적어 충분히 정착되었다고는 할 수 없다.

아베 씨도 미야기현(宮城県) 오코온천(鳴子温泉) 지구에서 '나루코의 쌀 프로젝트'(鳴子の米プロジェクト)를 시작한 유키토미호(結城登美広雄)씨로부터 지도를 바라고 있지만, 다른 CSA 사업자와의 연계는 거의 없다고 말했다.

이 단체가 벌이는 CSA는 전형적인 지방소비형 CSA와는 조금 다르며 CSA의 'C'는 팬 커뮤니티의 C라고 한다. 또, 'S'도 서포트가 아니고, 친척 관계와 같은 쌍방향의 관계를 목표로 하고 있다.

6) 「먹거리통신」은 3년 이후 전국 100곳의 확대를 목표로 한다

현재 「도호쿠 먹거리통신」 외, '시코쿠(四国)', '히가시 마쓰시마'(東松島, 미야기현), '가나가와(神奈川)', '도화(稲花, 니가타현)'와 함께 5개의 「먹거리통신(食べる通信)」이 활동하고 있다. 5개 잡지를 합친 독자 수는 2,300명이며 이 중 도호쿠(東北)가 약 1,500명, 시코쿠(四国)가 약 400명이다.

또 이미 다섯 개 지역['야마가타(山形)', '시모키타 반도(下北半島)', '효고(兵庫)', '카가노토(加賀能登)', '도카치(十勝)']에서 창간이 결정했으며 2015년 말에는 30곳, 3년 후에 100곳을 목표로 하고 있다.

이러한 전국에서의 발간으로 인해 도호쿠 개간은 2014년 4월에 "일반 사단 법인 일본 먹거리통신 리그를 만들어 가맹 규약을 만들고 상표도 등록했다.

구체적으로는, 우선, "음식이 첨부된 정보지일 것", "사업계획이 있는 것" 등의 가입요구사항과 거버넌스(ガバナンス)구조를 만들고, 다음으로 각지의 담당자가 초기 투자를 억제해 "먹거리통신"을 발행하기 위한 기반으로서 Web 시스템에 착수하고 있다.

이 자금으로 도호쿠의 기업 지원에 주력하고 있는 일반 사단 법인 MACOTO(一般社団法人MAKOTO)가 운영하는 클라우드 펀딩 '챌린지스타(チャレンジスター)'에 의해 500만 엔을 지원받았다 (감사나 수수료 등을 제외하고 실질적으로 수중에 남은 것은 약 300만 엔).

전국발간에 따른 고민은 지면의 질을 관리하는 것이다. "도호쿠 먹거리통신"은 시각적으로 우수하고 충실한 지면구성으로 판매 하지만, 각지에서는 "저예산의 전단지 수준으로 발간하지 못할까", "500명의 모델로 되지 않을까"라는 의견도 있다. 사업을 유지하기 위해서는 꽤 저렴한 비용으로 예산을 운용할 필요가 있어, 어느 정도 수준으로 유지하느냐가 어려운 것이다.

단지, "전국 먹거리통신 리그"의 이념으로는 다양성을 중시해 현장에서는 "도호쿠를 목표로 하지 말라"고 전해지고 있다. 아베 씨에 의하면, 그 힌트는 "히가시마쓰시마 먹거리통신(東松島食べる通信)"이 "음식 발견은, 마을 활성화"를 내걸고 있는 것이라고 한다.

"도호쿠 먹거리통신"은 2014년 굿 디자인 금상을 수상하고 언론에도 소개되었지만, 그것이 직접 독자의 증가로 이어지지는 않았다.

그러나 홋카이도의 도카치 마이니치신문(十勝毎日新聞, 현지에서는 홋카이도 신문보다 판매량이 높다)이 도카치 먹거리통신(十勝食べる通信) 창간을 준비하고 있어 이런 대기업이 진출하면 먹거리통신의 규모감도 달라질 수 있다.

아베 씨는 먹거리통신이 커뮤니티 FM(コミュニティFM)처럼 모두의 공통 기반이 됐으면 한다. 500명으로 하는 곳도 있다면, 1만 명으로 하는 곳이 있어도 좋다. 공존을 하면, 잘할 수 있을 것이다. 전체의 규모를 확장하고 싶다"라고 말한다.

7) 사업성은 이렇게 확립한다

도호쿠 개간은 제2기(2013년 12월~2014년 11월)에 약 7,122만 엔의 경상 수익을 올리고 당기 순 재산 증감액(회사의 당기 이익)으로 약 369만 엔을 계상할 수 있었다. 수익의 약 70%가 사업 수익, 그 외의 중 약 1,277만 엔이 보조금에서 수취 기부금 524만 엔의 대부분이 '챌린지스타'의 것이다.

사업형 NPO이기 때문에, 기부를 받을 때도 목적을 알기 어렵고, 찬조 회원의 모집이나 기부를 적극적으로 모집하는 노력은 하지 않고 있다.

주요 사업인 "도호쿠 먹거리통신"은 2015년 2월호부터 1부당 1,980 엔에서 2,580엔(모두 세금 포함)으로 인상해, 겨우 적자에서 벗어나 BEP를 맞추는 수준이 되었다.

외부에서 보면 독자가 늘어나면 수익성이 높아질 것이라고 생각하지만 아베 씨는 "도호쿠 먹거리통신은 1,500부에서 마감을 하고, 회원의 결원이 생기면 보강하는 형태로 만들겠다고 한다.

이는 독자와 소통하는 관계를 만드는데다 1개 농가의 출하량의 한계가 1,500부라는 판단이다.

앞으로의 사업 전개에 대해서는, CSA나 생산지 체험 투어에 중점을 두고 싶다고 한다. 이에 앞서 언급한 소비자가 생산자와 제휴하는 단계로 말하면 먹거리통신은 시작단계이므로 투어 등의 이벤트를 충실하게 하여, CSA 행정을 충실하게 하고 싶다고 한다.

8) 수직·수평방향으로 CSA 모델의 보급을 목표로

도호쿠 개간은 향후 CSA를 위한 플랫폼이나 모델을 만드는 것을 목표로 하고 있다. 수직 방향에는 7)에서 말한 것처럼 「먹거리통신」에서 CSA까지의 흐름을 풍요롭게 하고자 한다. 또한 수평방향으로는 리그의 전국 전개가 있다. 그의 강연과 취재 등을 통해서 향후도 수직 방향을 중심으로 두 가지 방향성을 고수한다는 것이다.

전국 각지에 「먹거리통신」이 생겨서 소비자와 생산자를 연결할 수 있으면 확실히 각 지역의 농업인의 자립이 가속되어 지역창생에도 연결될 것이다. 향후의 활동을 기대하고 싶다.

4 창업인 네트워크로
일자리 창생의 풍토를 만들다 [에히메]

1) EVN은

에히메(愛媛)를 '창업'의 바람이 부는 거리로 만들고 싶다, '창업가, 기업, 시민 모두에게 활기찬 즐거운 도시로 만들고 싶다.' 에히메 벤쳐 네트워킹(EVN)은 이런 구상으로 2013년 10월 출범한 단체이다.

한편 히라가나로 표기된 '기업(きぎょう)'에는, '창업(起業)'과 '기업(企業)'의 의미를 포함한다. 지역의 미래를 짊어질 젊은이들에게 '창업'과 '기업'을 접할 기회를 제공함으로써 창업 예비인재의 발굴, 창업자 지원, 나아가서는 기업가에 의한 공동체 형성과 그 활성화를 추구하겠다는 의도가 담겨있다[도표 3-4-1].

[도표 3-4-1] EVE에 달성하는 역할 이미지도

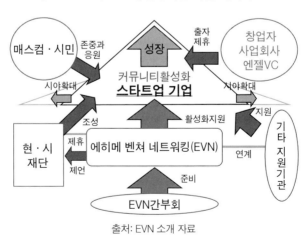

출처: EVN 소개 자료

회원은 현(県) 내의 상장기업 사장을 비롯한 기업가, 대학생 등의 창업예비인, 금융 기관이나 벤처 캐피털 등의 산업 지원기관 등으로 구성 됐으며 2015년 1월 현재 58명(31개 조직)이 참여했다.

「마을, 사람, 일자리 창생법」에서는 '일자리'에 대해 '지역의 매력 있는 다양한 취업의 기회창출'이라고 언급하고 있지만, 이에 대해 새로운 사업을 창출하고 일자리를 창출하는 '기업'이 수행하는 역할이 크다.

[도표 3-4-2] 에히메현과 인근 현의 상장기업 현황

	2011年	2012年	2013年	2014年
오카야마현				
히로시마겐현			요코타 제작소 (JASDAQ)	다이쿄니시카와 (도쿄증권 일부)
야마구치현				토부주판 (후쿠오카 Q-Board、 JASDAQ)
도쿠시마현		아와제지 (도쿄증권 이부)		
가가와현			메도렉스 (마더즈)	
고치현				
후쿠오카현	스타 플라이어 (JASDAQ)	우치야마 홀딩스 (JASDAQ) 맛쿠스바류 큐슈		
		(JASDAQ)		
에히메현	비에스시 (JASDAQ) 벨구아스 (JASDAQ)	감사서비스 (JASDAQ)	아도메텟쿠 (東証PRO) 다이키아쿠시스 (도쿄증권이부)	파인덱스 (도쿄증권 이부) 시가 회사명변경 다이키아쿠시스 (도쿄증권 일부)

출처: EVN 소개 자료

에히메현은 [도표 3-4-2]에서 알 수 있듯이 최근 매년 동안 상장 기

업을 배출했으며 인근의 현(県)과 비교해도 단연 실적이 나오고 있다. EVN은 이들 선배 기업의 실적을 살리면서, 그 다음 세대의 창

EVN의 공식 홈페이지

업·상장 예비군(予備軍)과 그에 필적하는 경영층을 촉발하는 목표로 하고 있다.

친근한 창업자가 있다는 사람의 비율이 높은 국가·지역일수록 창업 활동이 활발하다. '창업'을 친근하게 느끼는 환경이 있으면 그것이 당연한 것으로 받아들여지고 창업활동이 활발해진다. 또한 기업가를 둘러싼 네트워크는 기업이 활성화되는 과정에서 중요하다는 것을 시사한다.

EVN의 대처는 바로 이러한 환경을 만들어내려는 활동이다. EVN 공식 홈페이지(http://ehimevn.info/), Facebook 홈페이지(https://www.facebook.com/ehimevn), Twitter(@Ehime VN)를 가지고 있으며 이곳에서 활동의 최신 정보나 자세한 내용을 얻을 수 있다.

2) '창업'을 친근하게 느끼는 체험형 행사를 개최

EVN은 제1회 행사로, '창업'을 친근하게 느낄 수 있도록 하고, 기업가 네트워크를 구축하는 것을 목적으로, 2014년 4월 27일 'DREAM BACK UPPER! Round1 - 아, 창업이 보인다~'를 개최했다. 나 자신도 이 행사에 참가할 기회를 얻었기 때문에 그 체험도 곁들여 내용을 소개한다.

행사 참가자는 총 150명으로 일반 참가자는 학생이 75명, 사회인이 25명이었다.

행사는 단순히 외부의 저명한 기업가나 사장 등을 초청해 강연회나 패널토론을 하는 형식이 아니라 친근한 존재로 한 현지 기업가, 사장들이 참석한 것, 그리고 일반 참가자들은 일방적으로 이야기를 듣는 것이 아니라 좌담회 형식으로 기업가나 사장들과 교류할 수 있다는 점이 특징이었다

(1) 지역 기업가, 사장과의 교류 체험

행사 프로그램은 1)지역 기업가의 기조 강연, 2)기업인, 사장과 대좌담회, 3)교류회 순으로 진행됐다.

EVN의 회장을 겸직하고 있는 주식회사 에이트원 대표이사 오야부 타카시(大藪崇) 씨가 기조 연설을 했다. 오야부 씨는 지역 에히메현의 대학을 졸업한 후 투자활동을 했는데 이 후 지역에 보답하겠다는 생각에서 현재는 지역 도고 온천에서 여관업과 이마바리 타월 등의 지역토산품을 취급하는 사업을 하고 있다.

강연에서 오야부 씨는 학창시절을 어떻게 지냈는지, 그 후 창업에 이르기까지 어떤 생각을 품고 활동해 왔는지에 대해 말했다. 참가

자는 연령도 비슷한 신진 기업가의 꾸밈없는 이야기에 공감할 수
있는 것이 많았다고 느껴졌다.

기조연설 후의 좌담회는 일반 참여자가 4명 정도의 그룹으로 나눠
그 안에 창업가와 사장이 섞여 주최 측에서 제시하는 몇 가지 주제
를 중심으로 진행됐다.

일반 참가자가 자기소개를 할 때는 다소 경직된 분위기가 있었지
만 좌담회가 진행됨에 따라 참가자로부터도 다양한 질문이 나오기
시작했고, 주제에 따라서는 시간이 모자랄 정도로 고조되었다.

내가 참가한 그룹에서는 오야부 씨와 동석할 기회가 있었다. 다른
참가자는 "매체를 통해 알고 있는 인상과, 실제로 이야기를 듣고
알게 된 인상은 전혀 달라서 직접 이야기를 들을 수 있었던 것이
좋았다"는 소감도 나왔다. 소규모 인원으로 일방통행이 아닌 의견
을 소통할 수 있었던 좌담회는 귀중한 시간이었다.

어느 기업가나 사장들이 소탈한 분위기에서 이야기를 해준 것이
인상적이었고, 좌담회에 이은 교류회에서도 참가자들이 사장들과
분위기가 고조되는 모습을 볼 수 있었다.

(2) 행사 참가자의 높은 만족도

행사후의 개최 보고서에 의하면, 이벤트 참가 사람의 만족도 조사
결과는 5점 만점에 4.6점으로 높았으며, 참석자에 대한 설문에서
"미래에 창업하겠습니까?"라는 질문에는 8할 이상이 '창업을 하고
싶다', '창업을 생각하고 있다', '창업에 흥미를 느꼈다'라고 응답하
고 있어 학생이나 젊은 사회인의 기업 이미지를 구체화하는 데 성
공했다.

또한, 행사에 참가한 창업자, 사장 측의 만족도도 5점 만점에 4.3

「DREAM BACK UPPER! Round1」의 참가자들

점으로 높은 만족도를 보였다. 참가한 창업가, 사장에게 질문한 '향후 어떤 기획이나 이벤트를 희망 또는 참가하고 싶은가?'라는 내용에 대해서는 '창업가와 창업예비군과의 교류회'라고 대답한 응답이 가장 많아 참가자와의 교류에 대한 요구가 높았음을 알 수 있었다.

'DREAM BACK UPPER!'는 앞으로 더 많은 시민과 도민을 끌어들여, '창업'의 저변을 넓히는 행사로 발전해 나갈 것으로 기대된다.

3) EVN의 기타 다양한 활동

(1) 기업가, 사장과 접촉할 수 있는 'DREAM BACK UPPER'S'

'DREAM BACK UPPER! Round1'이 호평을 받고, 지역의 다양한 기업의 사장들과 함께한 미니 좌담회 'DREAM BACK UPPER'S'가 2014년 8월부터 12월까지 총 11회 개최됐다.

웨딩 사업, 아울렛 가구 사업, 어린이집, 보육원, 약국 사업, 학원 가. 인터넷 관련 사업 등 다양한 사업 경영자와 참가자들이 함께했다. 좌담회에는 참가자 20명 정도의 소규모 인원이 참가하고, 참가자는 사장과 가까이서 의견을 교환 할 수 있는 행사를 지향했다. 좌담회에서는 특히 사장과 질의응답을 성황리에 실시하여, 그 자리에서만 들을 수 있는 이야기나, 취준생의 직장생활에 관한 질문 등이 나와 뜨거운 호응을 얻었다.

(2) 스타트업 체험 행사 'DREAM BACK UPPER! Round2'

2014년 11월에는 'DREAM BACK UPPER'의 2회째 되는 'Round2'가 개최됐다. 주제는 ' 조별 사업계획을 만들 수 있는 2일'로 참가자들이 즉석에서 조를 만들고 아이디어로 사업 계획을 구축하는 스타트업 체험 행사였다. 참가자는 학생(고등학생, 전문대 학생, 대학생)이 80% 미만으로 젊은 층이 많았고, 정원 30명을 훨씬 초과하는 참가신청이 있을 정도로 인기행사였다.

이 행사에서 처음에는 현지 기업가나 벤처 캐피털로부터, 비즈니스 아이디어의 발상법이나, 세계의 최신 산업 아이디어에 관한 지도를 통해, 처음으로 기업을 접하는 참가자라도 아이디어를 내거나 사업 계획을 수립하는데 원활하게 할 수 있는 연구가 이루어졌다.

또, 참가자의 지원으로 지역 기업가가 멘토가 되었고, 필요할 때 조언을 받을 수 있는 환경도 갖춰졌다.

행사 후 참가자 설문에서는 행사만족도가 5점 만점이 전체의 65%로 평가가 높았고, 특히 고교생과 대학생의 만족도가 전체 평균을 웃도는 결과가 나왔다.

또, 참가자들의 창업의 의식에 대해서는 '당장이라도 창업을 하고 싶다', '5년 이내에 창업을 하고 싶다', '언젠가 창업을 하고 싶다'를 합치면 39%에 이르고 또한 '이번 행사에서 언젠가 창업하고 싶어졌다'를 더하면 전체의 60%이상이 창업에 긍정적인 경향을 보였다.

또한 향후 희망하는 이벤트에 대해서는 '벤처사 인턴십'(38%), '사업 아이디어 만들기 연구회'(35%), '마케팅 등 경영 연구회'(35%), '미국 시찰'(32%) 비중이 높았고, 단순히 강연회나 좌담회에 그치지 않고 창업을 위한 구체적인 연구나 활동의 기회를 요구하는 의견이 많았다.

4) 새로운 활성화를 위한 '기업가공동체'의 출발

EVN에서는 지역 기업가를 추적하여 지역을 기반으로 하는 우수한 벤처기업을 육성하기 위해 '창업인 공동체'의 설립을 계획 중이다. 핵심은 다음과 같다.

"일반적으로 창업한지 얼마 되지 않은 창업가는 사업의 시작과 지

[도표 3-4-3] 창업가의 단계별 지원 실시

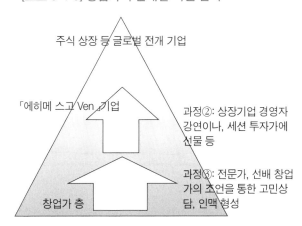

속적 유지를 위해 자금 조달이나 판로 개척 등에 분주한 경우가 많아, 미래를 내다보는 연구의 장이나 다른 창업인과의 교류의 장을 갖기 어렵다. 이런 상황을 지원하고 기업가끼리 부담 없이 상담할 수 있는 장, 자극하는 장소를 제공한다"

2015년 2월에는 공동체 형성을 위한 행사로 '얼리앤트 레프레너 미팅(アーリーアントレプレナーミーティング)'이 개최됐다. 이 행사는 창업가끼리 프레젠테이션이나 의견교환을 통해서, 공동체를 형성하는 계기가 되는 장이 되었다.

물론, 공동체 활동의 주체는 어디까지나 창업가이며, 향후의 활동은 창업가 스스로가 주체가 되어, 공동체를 계속 유지하고 있다.

또, 에히메현(愛媛県)에서는, 장래가 유망한 현(県) 내 벤처기업을 집중적으로 지원하기 위한 데이터베이스로서 '에히메의 스고Ven(愛媛のスゴVen.)'을 정비하고, 독창성과 신규 기술이 있는 제품, 기술, 서비스, 비즈니스 모델 등을 가진 기업을 인증하고 있는데, 여기서 형성된 창업가 공동체를 통해 초기단계의 기업을 '에히메의 스고Ven' 기업으로 성장시키는 뒷받침을 하려는 목적도 있다.

구체적인 지원 내용을 [도표 3-4-3]과 같이, 기업가의 각 단계에 맞게 지원한다. 스테이지 ①은 창업 약 3년 이내(기준)에서 기반을 앞으로 확립하는 창업가(시드·얼리 단계)가 전문가와 선배 기업가에 대해서 프레젠테이션을 하고 그에 대해 전문가나 선배 기업가에게 자문을 통해 고민 상담과 인맥 형성 등의 지원을 하고 있다.

스테이지 ②는 ①과 더불어 창업 후 3~10년 정도에 경영 기반이 확립하고 다음 단계로의 전략을 모색하고자 하는 기업(중간 단계)에 대해 상장 기업 경영자로부터 강연이나 세션, 투자자에 대한 프리젠테이션의 장을 제공하는 등의 지원을 하고 있다.

EVN의 이러한 활동은 이제 막 시작하는 단계이며, 실제로 성과가 나올 때까지는 조금 더 시간이 필요할 것으로 보이지만 '일자리 창생' 풍토를 조성하기 위해서는 EVN처럼 지역이 주체가 되어 '현지의 젊은이'들과 '시민'이 '창업'을 친근하게 느끼는 환경 조성과 지역 기업가 공동체 형성에 따른, 성장 가속화 등의 활동을 계속해 나가는 것이 필수다.

또, EVN은 앞으로, 에히메현 내에서만의 활동에 머무르지 않고, 타 지역에서의 벤처 지원 활동등과 연계해, 전국에 혁신을 만들어 나가고 싶다는 생각이다. 앞으로의 활동과 성과에 주목하고 싶다.

5 6차 산업화로 지역연계 [도쿄]

1) 재방문율이 높은 선술집

주식회사 에이피 컴퍼니(エー・ピーカンパニー)는 주점 가맹점을 주축으로 한 사업을 영위하고 있으며 설립 이후 급성장세를 이어가고 있다. 다른 주점 가맹점의 추종을 불허하는 성장 요인은 제1차 산업과 깊은 관계를 갖고 있으며 점포 운영에서 독자성을 발휘하여 고객을 매료시킴으로써 재방문율이 높은 고객을 확보하는데 있다.

욘바치교죠우(四十八漁, 술집) 유래는, 2048년에 세계의 수자원이 고갈된다는 과학 학술지에 실린 논문에 있어 우리 식문화에 대한 기여와 고집을 담아내는 것이다.

에이피 컴퍼니는 토종닭, 활어, 곱창 등 3개의 비즈니스 모델을 가지고 있다. 모델마다 각자 브랜드의 주점 가맹점을 전개하고 있다.

핵심 브랜드는, 토종닭 모델의 츠카다 농장(塚田農場), 활어 모델의 욘바치교죠우 어장(四十八漁), 곱창 모델 시바보 육식당(芝補食肉)이다. 특히 츠카다 농장은 회사의 대명사라고 할 수 있는 대표 주자로 성장하고 있다.

[기업명] 에이피 컴퍼니
[대표이사] 요네야마 히사시
[설립 등] 2001년 10월 설립, 2012년 9월 도쿄 증권 거래소 마더스 시장 상장, 2013년 9월에 도쿄 증권 거래소 시장 일부에 시장 변경
[본사] 도쿄도 미나토구 시바 다이몬 2-10-12

회사의 월차 영업 보고에 따르면 2015년 3월 시점에서 토종닭 모델의 출점 수는 123개 점포, 직영점 합계에서는 152개 점포이다.

중간상이나 도매상으로부터 식재료를 사들이는 대신 농업인이나 어업인로부터 직접 사들이고, 자사 농장에서 생산하는 것, 지역특유의 식재료 발굴, 생산자의 얼굴이 새긴 메뉴를 내점객에게 제공하는 것, 또 점포운영에서는 고객으로부터 칭찬을 받으면 기뻐하는 모습을 그대로 보이거나, 자연스럽게 접객 및 담당 테이블을 배정하는 섬세한 고객대응, 여성 직원의 의상을 미니스커트처럼 짧은 유카타(浴衣, 목욕하기 전후에 입는 옷의 총칭)로 귀여움을 연출하거나 청바지브랜드 'Lee'와의 제휴에 의한 멋을 연출하는 제복의 채용 등, 시각적 요소를 부각하는 것이 차별화의 좋은 사례로 꼽힌다.

월차보고서에 따르면 2013년 4월 이후에서 방문율은 매월 55%안팎을 넘나들고 있다. 객 단가는 전년 대비 비슷한 수준을 안정적으로 유지하면서도, 고객방문수는 전년 대비 150%이상을 기록하는 달도 있어 큰 폭의 매출을 확대하고 있다. 회사가 운영하는 점포 중에는 재방문율이 70%가 넘는 경이적인 숫자를 기록한 곳도 있다.

2) 제3차 산업에서 제1차 산업에 진출

(1) 각광을 받고 있는 농업에 진입

6차 산업화는 1차 산업(농림수산업)에서 2차 산업(제조업·가공업), 3차 산업(소매업·서비스업)으로 사업을 다각화하는 것이다. '6차 산업'은 농업 경제학자인 도쿄대학 명예교수 이마무라 나라오미(今村奈良臣) 씨가 제창한 조어로, 1차 산업에 2차 산업, 3차 산업을 더해 6차 산업이 된다거나 1차 산업에 2차 산업, 3차 산업을 곱하면 6차 산업이라고 말한다.

농림수산성 발표 GDP(국내 총생산) 통계에 따르면 2013년 국내 총생산 중 농업, 임업, 수산업이 차지하는 비중은 약 1.2%에 그친다. 6차 산업화를 추진함으로써 제1차 산업자의 소득 증가를 도모하는데 목적이 있다.

6차 산업화에서 성공한 사례로는 홋카이도(北海道)의 꽃밭 목장이 있다. 하나하타 마키바(花畑牧場)에서는 목장 경영과 동시에, 생카라멜, 치즈, 단음식(スイーツ), 호에(ホエー, 유청)돼지의 가공품의 제조·판매를 다루고 있다.

에이피 컴퍼니를 비롯해 제3차 산업을 주력 사업으로 하는 기업들이 제1차 산업에 속속 뛰어들고 있다. 이토요카도(イトーヨーカド)와 이온(イオン) 등 대형 유통업체에 의한 농장 경영, 오리엔탈랜드(オリエンタルランド)의 도쿄 디즈니랜드, 도쿄 디즈니씨(sea)에서 사용하는 식자재의 자체 생산 등이 있다. 이들은 제3차 산업을 기점으로 한 6차 산업화의 도전이다.

농림수산성(農林水産省) 통계에 따르면 개정 농지법에 참가한 일반 법인은 2010년 6월 말 175개 법인에서 2014년 12월 말에는 1,712개 법인으로 증가했으며, 농업 생산 법인은 2009년 1월 1일 11,064개 법인에서 2014년 1월 1일에는 14,333개 법인으로 증가했다.

2009년 농지법의 근본 개정으로 기업의 진출이 가속화하고 있다. 개정된 농지법의 특징은 주식회사가 농지를 빌리기 쉽게 하고 기업의 출자에 의한 농업 진출을 용이하게 하는 등 기업의 진입장벽을 낮춘 것이다.

(2) 외식 산업이 제1차 산업을 다루는

에이피 컴퍼니는 자사 주점에서 사용하는 식재료를 조달하기 위해 자사에서 양계장과 어선 등을 보유하고 있다. 2011년 7월에는 미야자키현 노베오카시 스미에(宮崎県延岡市須美江)의 어부를 사원으로 채용하는 등 제1차 산업에서도 새로운 일자리를 만들어 내고 있다.

츠카다 농장의 이름은 미야자키현 니치난시(日南市)에서 회사가 운영하는 양계장의 '츠카다 농장'에서 유래했다. 지역에 투자하는 것은, 지역에서 두터운 신뢰를 얻게 되어, 지역과 동경(東京)을 잇는 단단한 네트워크를 구축하는 원동력이 된다.

에이피 컴퍼니가 제3차 산업에서 제1차 산업, 제2차 산업에 진입한 장점은 필수적인 매입량을 확보하는 것과 기존 시장 가격보다 저렴하게 조달함으로써 고품질 식재료를 합리적 가격으로 고객들에게 제공하는 것이 가능하다.

6차 산업화를 통해 경쟁사에는 따라올 수 없는 가격을 정하고 경쟁사에서는 취급하지 못하는 식재료를 공급하는데 성공한 것이다.

6차 산업화 작업은, 츠카다 농장에서 제공하는 토종닭(지톳코, じとっこ)을 시장 가격보다 저렴하게 매입할 수 있다. 일반 토종닭 전문점이라면 객단가 6,000~8,000엔에서 4,000엔 전후로 낮춰 합리적인 객단가로 토종닭요리를 제공하고 있다. 더구나 다음과 같은 혜택을 누리고 있으며 기존 사업과의 상승효과를 창출하고 있다.

a) 식자재 생산자의 얼굴을 내점객에게 '보여주고', 산지표기를 통해 고객에게 신뢰감을 주는 가치제안이 가능해졌다.

b) 국내에서는 쇠퇴추세에 있는 제1차 산업에 새로운 일자리를 창

출하고 지역 활성화로 연결하는 사회적 의의를 소구함으로써 소비자로부터 공감을 얻는다.

에이피 컴퍼니의 홈페이지와 매장 메뉴는 자사의 제1차 산업에서의 대처를 비롯해 구입업체의 소개 차원에서 생산자의 얼굴 사진과 함께 생산자의 신념과 재료의 특징, 양조장이나 조미료 메이커의 역사와 배경을 게재하고 있다. 이처럼 생산자의 얼굴을 고객에게 보여주는 것은 생산자·매장 직원 고객 사이에서 공감대를 낳는 계기가 된다.

지역 생산자와 도심 소비자를 직접 연결하는 것은 지역식재료와 술을 도심에서 소비하는 것을 촉진하고, 생산자의 소득을 향상시킴으로써 지역경제 발전에 크게 기여하게 되었다.

(3) 펀드를 통해서 지역에 기여하다

에이피 컴퍼니는, 주식회사 농림어업성장 산업화 지원 기구(통칭 A-FIVE, 이하, 「A-FIVE」)의 펀드에 출자해, 지역의 기업이나 경제 발전에 기여하고 있다.

A-FIVE는 출자와 경영지원을 통해 6차산업화를 추진하는 농림수산업의 사업자를 지원하는 것을 목적으로 국가와 민간의 공동 출자로 설립되었다. 농림어업인과 타산업의 사업자가 공동출자하는 기업을 지원 대상으로 하며, 당사와 같은 다른 산업의 기업이 파트너로서 참가하는 것이 특징이다. 민간기업과 A-FIVE가 공동출자하여 서브펀드가 설립되어 있다.

홋카이도 은행(北海道銀行)으로부터 류쿠 은행(琉球銀行)까지, 전국 각지의 많은 금융기관이 서브 펀드에 출자하고 있다. 금융 기관

출자의 서브 펀드에서는 하치쥬니 은행(八十二銀行)이 출자의 주체인 신슈 아그리 이노베이션 펀드(信州アグリイノベーションファンド) 투자 사업 유한 책임 조합이 있다.

금융기관 이외의 경우, 당사가 출자 주체가 되고 있는 에이피투자사업유한책임 조합(エ一ピ一投資事業有限責任組合), 구루나비(ぐるなび, 일본의 맛집 정보 웹사이트)출자의 주체가 되고 있는 구루나비 6차 산업화 파트너스 투자 사업 유한 책임 조합(パートナーズ投資事業有限責任組)이 있다.

에이피투자사업유한책임조합은 2014년 4월에 가고시마현(鹿児島) 기리시마시(霧島市) 주식회사 가고시마반즈(カゴシマバンズ)에 출자하기로 결정했다.

가고시마반즈 사업은 양계 사업자가 외식 체인용으로 개발한 '구로사츠마닭(黒さつま鶏)'의 가공 외 지역의 농수산물을 취급하고 에이피 컴퍼니에 있어서 특색 있는 식재료의 구입 및 확대로 이어질 것으로 기대할 수 있다.

우리의 6차 산업화는 지역에 신규 고용을 창출하는 데 특징이 있으며, 본 사업에서도 신규 일자리를 30여 명 정도 예상하고 있다.

3) 츠카다 농장의 킬러 콘텐츠

에이피 컴퍼니에서는 다수의 츠카다 농장 브랜드(塚田農場プランド)에서 이자카야 가맹점(居酒屋チェーン)을 운영하고 있으며 미야자키현 니치난시 츠카다 농장(宮崎県日向市塚田農場), 미야자키현 히나타시 츠카다 농장(宮崎県日向市塚田農場), 카고시마현 기리시마시 츠카다 농장(鹿児島県霧島市 塚田農場), 홋카이도 신토쿠쵸 츠카다 농장(北海道シントク町塚田農場)의 브랜드를 가지고 있다. 미야자키현 니치난시 츠카다 농장에서는, 미야자키 지톳코(地頭鶏)요리를 킬러 컨텐츠로 하고 있다.

지톳코란이란 미야자키현 및 가고시마현의 기리시마에서 사육되던 재래종으로, 상표 등록되어 있다. 일본 3대 토종닭(아키타현 히나이 토종닭, 아이치현 나고야 코진, 가고시마의 사쓰마 토종닭)에 비해 지명도는 높지 않지만, 미야자키 지톳코 사업협동조합이 '미야자키 지톳코'로 지역단체상표를 취득해 지역 브랜드로 주목을 받고 있다.

에이피 컴퍼니는 미야자키현 니치난시에 자사 직영 양계장, 닭을 부위별로 해체하는 처리 센터와 가공센터를 설립함으로써 도심 주점에서 사용하는 식재료 공급의 안정화, 점포 운영의 효율화를 도모하는 것과 동시에, 지역의 일자리 창출을 실현해 왔다.

4) 지역의 우수한 생산자와 생산물을 직접 전달

(1) 소개 내용은 상품에 그치지 않는다

에이피 컴퍼니는 도쿄에서 이름이 알려진 생산자가 아니더라도 지역 생산자의 우수한 상품을 적극적으로 주점에서 제공하고 있다. 홈페이지나 매장의 메뉴를 보면 요리와 주류 등이 다른 주점 가맹점과는 차별화된 특징이 있다. 메뉴에는 선명한 사진이 다수 게재되어 있고 목차가 있는 등, 잡지인지 그림책인지 구분되지 않을 정도의 디자인으로 매장 방문 고객이 메뉴 선택을 할 때도 한층 즐길 수 있도록 연구를 하고 있다.

메뉴의 요리 하나 하나의 사진, 예를 들면 지톳코는 살짝 굽는 것으로 재료의 맛을 살리는 것, 치킨난반(チキン南蛮)은 미야자키

에서는 단골요리 라는 등 요리의 특징, 재료의 유래나 생산자 소개, 먹는 방법과 궁합이 맞는 술 등을 소개하는 설명 등이 곁들여져 있다.

또한 철저하게 지역에 뿌리를 내린 요리이다. 미야자키현 니시토시(西都市)산의 부추와 당사 특산품인 계란을 콜라보레이션한 요리, 가고시마산의 기리시마차(霧島茶)를 사용한 말차아이스라고 하는 생산자와의 공동제조한 요리, 미야자키현산의 과일인 히나타나쓰(日向夏), 헤베스(平兵衛酢), 감귤주 등이 주를 이루고 있다.

일본 술이나 소주에서는 술의 특징을 소개 이외에 양조장의 역사나 양조 공정의 고집스러움도 소개하고, 조미료로는 미야자키현의 나카무라 식육(中村食肉)이 판매하는 스파이스(スパイス)도 소개하는 등 다채로운 정보를 고객에게 제공하고 있다.

점포 직원들은 쿠라모토(蔵元, 사케 양조원, 양조장 사장)가 자사 상품을 소개하는 세미나의 참가나 사내 SNS의 활용을 통해서 제1차 산업인 생산자의 육성과 식자재의 정보를 제 때에 알 수 있다.

아르바이트 직원도, 고객들에게 식재료의 유래, 생산자의 신념 등의 이야기가 있는 요리에 대한 설명을 해주고 있다. 또 사내 SNS에서는 고객의 생생한 목소리를 제1차 산업 인(人)에게 전했다.

보통 농산물과 해산물은 유통 과정에서 다른 제1차 산업자의 생산품과 섞이게 되어, 소비자는 생산자를 알 수 없어 제1차 산업인(人)은 직접 소비자의 목소리를 듣지 못하지만, 당사에는 제1차 산업인(人)과 소비자를 쌍방향으로 직접 통하고 있다.

(2) 지역에서 두각을 나타내는 기업

에이피 컴퍼니가 매입처로 하는 농업 생산자나 양조장은, 지역에서는 두드러지는 우량 생산자이다. 술이라면, 원료 조달, 술 만들기, 지역 공헌에 높은 고집을 갖고 고품질의 일본술(日本酒)이나 소주(燒酎)를 생산하고 있다.

예를 들어, 주점의 메뉴에 '로만(口万)'이 있다. 후쿠시마현 미나미아이즈군(福島県南会津郡)의 하나이즈미주조합명사(花泉酒造合名会社)가 양조하는 일본 술이다.

유통이 발달한 현대에서는 원료인 주미(酒米)[10]를 다른 지역에서 매입하는 것이 드문 것은 아니지만, 화천주조에서는 지역의 생산자로부터 구입하고 있다. 지역 농업인에게 주미를 위탁하는 곳으로 주미를 안정적으로 확보하여 지역경제에도 기여하고 있다.

미나미아이즈군 다다미마치(南会津郡只見町)의 산베농원(さんべ農園)은 화천주조(花泉酒造)로 사용하는 주미를 생산하는 농업인이다. 화천주조에서는 사장 이하 사원이 주력으로, 주미의 육성상황을 지켜보기 위해 산베농원을 방문하여 바비큐로 친목을 다지는 등, 주미 생산자와 일본 술을 제조하는 장인과 관계를 맺고 있다.

하나이즈미주조합명사는 현미로 사들이고 자가 정미를 하고 있기 때문에 쌀겨가 음식물 찌꺼기로 발생한다. 이 쌀겨를 현지에서 생산하는 난고토마토(南郷トマト)나 주미의 비료로 활용함으로써 양조장과 농업인이 순환형 농업을 실현하고 있다.

---

10) 본주의 원료에 적합한 쌀의 것이며, 대표 종목에는 야마다니시키(山田錦), 고햐쿠만고쿠(五百万石), 미야마킨(美山錦)이 있다)

5) 우량 고객의 획득에서 소비를 촉진

(1) 능숙한 대응으로 고객 충성도를 높이다.

츠카다 농장을 방문한 고객에게는, 과장이나 부장이라고 하는 직책이 있는 '명함'을 포인트카드로 지급한다. 포인트가 쌓이면 직급이 승진하는 구조로 승진을 하면 무료 선물이 있어 고객들이 승진에 대한 성취감을 주고 있다. 명함 뒷면은 직급이 오를수록 더 화려하고, 전무까지 승진하면 츠카다 농장의 사원증 배지를 증정한다.

이러한 게임성 요소를 접목해 고객과의 관계성을 구축하고 우량 고객으로 육성하는 것을 '게이미피케이션'이라고 한다. 나이키사와 애플사의 협업으로 실현된 서비스 Nike+가 대표적인 예이다. 조깅의 주행거리, 주행시간, 코스 등을 아이폰에 표시하거나 SNS을 통해 공유할 수 있다.

20%의 핵심적인 고객이 80% 수익을 제공하고 있다(파레토 법칙)고 한다. 고객 유지에 주력하는 것은 효율적으로 장기적인 고수익을 확보하는 것에 효과적이다. 츠카다 농장은, 게이미피케이션을 이용하여 고객 관계성을 돈독하게 하여 많은 핵심고객을 확보하고 있다.

(2) 반복에 연결하는 장치

많은 재방문 고객을 확보하는 다양한 시책으로 인해 츠카다 농장 브랜드를 높였으며 대표적인 예로 휴대 전화용 츠카다 농장 오리지널 표식이 있다.

휴대전화에 츠카다 농장의 표식이 있어, 많은 사람들의 눈에 띄게 입소문을 확산하는 효과가 있다. 또, 츠카다 농장과 방문고객을 연결합으로써 고객의 충성도를 높여 고객 평생 가치(LTV)를 향상시키는 효과도 기대할 수 있다.

츠카다 농장에는 의외성 있는 깜짝쇼를 열어 고객을 즐겁게 한다. 예상치 못한 깜짝쇼에 서비스는 고객 경험가치가 되고, 큰 만족감을 방문객에게 선사해 츠카다 농장에 대한 강렬한 인상을 남기고 있다.

이런 에피소드가 있다. 연회에 참가하고 있는 여성고객이 임신 중인 것을 알게 된 직원이 깜짝 선물로 달콤한 사탕을 증정했다. 그 여성은 생각지도 못한 서비스에 매우 감동하여 사진과 간단한 내용을 Facebook에 게재했다. 선물에는, "멋진 엄마~ 건강한 아기를 낳았으면 좋겠어요"라고 하는 메세지가 적혀 있었다. 무심코 Facebook에 올리고 싶도록 연출을 함으로 입소문이 환기되는 것으로 이어지고 있다.

SNS의 확산으로 모든 사람들이 쉽게 정보를 발신할 수 있게 되었고, 이것은 점점 더 많은 영향력을 발휘하고 있다. 기업이 발신하는 정보와 지인이 발신하는 정보 중에 어느 쪽의 신뢰성이 높을까? 방문고객이 스스로 내는 입소문 효과는 크다. 이러한 노력이 회사를 성장시키는 큰 원동력이 되고 대도심에서의 대량소비로 이어져 지역경제 활성화로 이어지고 있는 것이다.

제4장

마을 · 사람 ·
일자리를
창조하는 기업

1 지역밀착기업, 바이오산업으로 지역창생 [오카야마]

1) 지역 자원을 다시 바라보는 것

지역자원을 다시 바라보는 것이란, 기업에 비유하면 스스로의 강점, 경쟁력의 원천을 되찾는다는 것이다. 기업은 경쟁사가 쉽게 흉내낼 수 없는 일인데 자신은 너무 당연해 강점이라고 인식하지 못하는 경우가 있지만 지역도 마찬가지다. 그런 눈높이로 다시 한 번 자신의 지역을 살펴보면, 훌륭한 자원을 강점으로 인식하지 못한 채 숨어 있다는 것을 알 수 있는 경우가 많다.

지역자원이라고 하면, 최근 몇 년 동안 농업이나 어업, 관광이 주목받고 있지만, 그 이외에도 스포츠, 기후, 심지어는 '빈집' 등 부정적 인식의 소재조차 지역자원으로 부각시켜 지역활성화로 연결시키는 사례도 적지 않다.

이번에 소개하는 오카야마현(岡山県) 마니와시(真庭市)는 2005년 91개 마을이 합병하여 탄생했다. 인구는 5만 명으로 총 면적 828㎢ 중 임야가 80%미만을 차지하고 있다. 예로부터 '미작재(목재)'의 산지로 알려져 있으며, 많은 제재소가 모여 있는 전국 유수의 목재 산지이다.

오래된 자료이지만 「1997년도 마니와시(真庭市)의 산업 진흥 정책 입안에 관한 조사 보고서」에 의하면 마니와시에서는 제재·목제품 같은 목재 산업 생산액이 제조업 생산액의 4분의 1을 차지할 만큼 중요한 산업이다.

한편, 임야청(林野庁)의 「삼림·임업 백서」에 따르면 일본의 목재 수요는 1980년 10,896만 면(面)에서 2011년에는 7,273만 면으로 30%

이상 감소하고 제재소도 1991년 16,290개에서 2011년에는 6,242개로 무려 60% 이상 감소하고 있다.

오래전부터 임업과 목재산업이 번성했던 마니와 지역 사람들이 심각한 위기감을 느끼고 있었다. 이런 상황에서 "이대로는 지역도 자신의 회사도 유지되기 어렵다"는 위기감을 가진 경영자 등이 모여서 1993년 4월 지역의 미래를 생각하기 위한 임의 단체인 '21세기의 마니와 학원(21世紀の真庭塾)'을 결성했다. 기업인들을 비롯해 공무원, 의사, 음식점주 등 다양한 분야의 사람들이 회원으로 모였다.

'21세기의 마니와 학원'은 당초 1년 한정으로 연구하기 위한 모임이었는데, 그 후 160회 이상 자체 연구회를 개최하게 되었고 각종 회의나 연구회의 모체가 되었다. 2003년에는 NPO법인화하여 마니와시의 창생에 큰 역할을 하는 조직이 되었다.

그 활동에서 나온 것은 "없는 것 투성이가 아니고, 있는 것을 살린다"는 인식이었다. 구체적으로는, "현지에 풍부하게 있는 자연 환경이나 삼림 자원의 가치화"라는 방향을 설정했다. 마니와시에는 풍부한 삼림 자원이 있어, 옛 부터 임업이나 제재업이 번창해 온 역사가 있다. 이것을 재인식하는 차원에서, '환경 마을 만들기'라는 개념이 생겨났다.

2) 지역의 주요 중소기업이 주도하는 활동

'21세기의 마니와 학원'은 당초 4년간 오로지 공부였다고 한다. 그 성과는 1997년 '환경 조성 심포지엄'을 거쳐 그 후 마련된 '제로 에미션 부회(ゼロエミッション部会)'에 의한 구체적인 활동으로 이어진다.

이 부회(部会, 각 부문의 회합)에서는 목재 자원의 이점 활용에 대한 연구가 이뤄졌는데 이에 목재 바이오 매스 발전에 임하고 있던 것이 좌장을 맡고 있던 나카지마 코이치로(中島浩一郎) 씨가 경영하는 메이켄 공업 주식회사(銘建工業株式会社)였다. 제재업으로 1923년에 창업해 현재는 종업원 250명인 지역 유력 중소기업이다.

[기업명] 메이켄 공업 주식회사
[대표이사] 나카지마 고이치로
[직원] 250명(2014년 12월)
[본사] 오카야마현 마나야시 가쓰야마 1209
[취급품목] 집성재, 제재, 바이오매스
[업적] 2014년 매출 약 216억엔

메이켄 공업은 제재 처리 과정에서 나온 플레이너 폐기물과 나무껍질 등의 나무 부스러기를 연료로 이용하는 처리과정을 1970년부터 시작했으며 21세기의 마니와 학원 설립 4년 후 1997년에는, 목질 바이오매스 발전기를 자사 공장에 도입하여 발전 사업을 시작했다. 이 발전설비의 발전량은 약 2,000kwh로 공장 전력의 거의 모든 것을 감당할 수 있었다고 한다. 이어 2002년 6월 전기사업자의 신에너지 등 이용에 관한 특별조치법(RPS법)이 공포되자 이듬해부터 전력회사에 전기판매도 시작했다. 지금까지의 제재 및 집성재 사업과 더불어 전력 사업을 시작했던 것이다.

앞서 언급한 전국적인 목재 산업의 침체로 인해, 현지 명문 기업인 메이켄 공업이라고 해도 그 영향은 불가피하다는 상황에, 이러한 도전을 통해 공장에서 사용하는 전기를 전량 절약할 뿐 아니라, 전기 판매 수입도 얻을 수 있게 되어 지금까지는 쓰레기로서 처분하기 위한 나무 부스러기의 폐기비용도 들지 않아 경영 개선에 크게 도움이 되었다.

그뿐만이 아니다. 나무토막을 잘게 부숴, 목재바이오매스 팰릿으로 판매하는 사업을 시작하여 현재는 일본의 팰릿 생산에서 최고의 시장 점유를 하게 되었다. 확실히 "있는 것은 활용한다는" 노력으로 눈부신 경영 개선을 실시한 사례이다.

3) 행정형 바이오매스 산업 삼림 도시 구상

2000년경이 되자 '21세기의 마니와 학원'을 모체로 각종 대책을 강구해왔다. 행정기관과의 연계가 강화된 것도 이 시기다. 2001년은, '목재 자원 산업화 검토회'가 마련됐으며 후에 마니와시의 바이오매스 사업추진의 기초가 되는 목재 자원 활용 산업 클러스터 구상"이 정리되었다.

또한 이 구상의 실현으로 2003년에는 산관학 연계에 의한 사업화 추진 조직으로서 '플랫폼 마니와'가 설립되었고 2004년에는 이 조직으로부터 '마니와 바이오 에너지 주식회사(真庭バイオエネルギー株式会社)'와 '마니와 바이오 재료 유한 회사(バイオマテリアル有限会社)'가 탄생하게 되었다.

자세한 사항은 뒤에서 얘기하겠지만, '마니와 학원' 회원 기업에 의해, 목재 자원을 활용한 신제품등이 선보인 것도 이 시기였다. 2005년에는 9개의 시읍면 합병에 의해 마니와시가 탄생하지만 이를 계기로 시차원의 '바이오매스 타운'의 추진이 가속화되었다.

그때까지는 나무목질 자원이 중심이었지만, 가축 배설물이나 식품 폐기물 등의 자원도 포함해 바이오매스 전반으로 확대되면서 2006년

[도표 4-1-1] 목질자원 활용산업 클러스터 구상

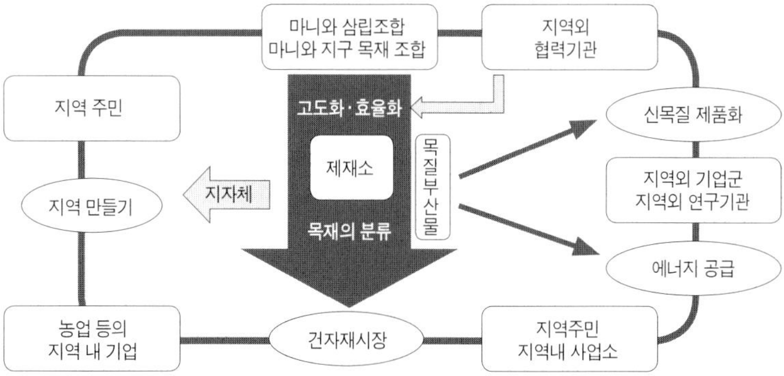

출처: 바이매스타운 마니와 투어가이던스에 의거 글쓴이 작성

에는 '마니와시 바이오매스 타운 구상'을 발표하게 되었다.

지역자원인 목질자원을 중심으로 만들어 바이오매스 사업에서 다양한 업종의 기업, 그리고 시민의 생활이 지속가능한 순환형 사회를 구축하는 것을 목표로 하는 대처가 본격적으로 시작된 것이다.

이러한 노력은 시대와 함께 진화했다. 마니와시는 2014년 1월, 바이오매스 이용 추진의 새로운 미래 비전으로서 '마니와 바이오매스 산업 삼림시 구상(真庭バイオマス産業杜市構想)'을 내세웠고 그 해 3월에는 국가로부터 '바이오매스 산업 도시'에 선정되었다.

이러한 일련의 대응 속에서, 행정기관의 세심한 지원도 빼놓을 수 없다. 21세기의 마니와 학원 초기에는 학원의 창설 멤버 중 한명이었던 행정 직원이 관공서만의 네트워크를 살려 연구회 강사 초빙에 구슬땀을 흘렸다고 한다.

산업화 단계에서도 각 연구사업에 대한 보조금은 물론, 관공서와 학교 등의 시설에서 팰릿 보일러를 도입하고, 바이오매스에너지를 이용한 냉난방을 실시하는 등의 노력으로 시민들에게 계발을 하는 한편, 시민과 기업이 펠릿보일러와 팰릿난방기를 구입할 때에도 보조금을 지급하고 보급을 촉진하는 등 현실에 밀착한 지원을 해 온 것이다. 참고로, 2013년 4월 시점에서 시내공공시설이나 주택 등 펠릿난로와 장작난로의 보급 대수는 139대에 이른다.

4) 살아나기 시작하는 선순환

전에도 잠깐 언급했으나 21세기의 마니와 학원을 모태로, 새로운 기업의 탄생이나 신제품 개발이 촉진되는 등 지역 경제에 긍정적인 영향이 나타나고 있다.

새로운 지역 기업으로는 2004년은 목질 펠릿과 우드 칩, 펠릿 스토브나 펠릿 보일러 등, 목질 바이오매스 에너지의 유통·판매를 담당하는 '마니와 바이오 에너지 주식회사', 바이오매스 자원 유효 활용 촉진을 담당하는 '마니와 바이오 머티리얼 유한 회사(真庭バイオマテリアル有限会社)'가 탄생했다.

기존 기업에서도 메이켄공업 이외에 많은 기업이 지역 자원을 활용한 새로운 도전에 나섰다. 예를 들어 콘크리트 2차 제품의 제조 판매를 다루는 '런데스 주식회사(ランデス株式会社)'의 목질 콘크리트 블록의 제품화, 또 그것을 응용한 익스테리어 제품 개발, '주식회사 비엠디(株式会社ビーエムディ)'에 의한 '히노키 고양이모래(ヒノキの猫砂)'의 상품화 등이다.

또, 목질 바이오매스 에너지의 활용을 촉진하기 위해서는, 목질 바이오매스 연료가 안정적으로 공급될 필요가 있지만 이 같은 과제도 마니와시와 민간 사업자가 협력해 해결했다.

제재소와 삼림 조합의 연합체인 마니와 목재사업협동조합(真庭木

材事業協同組合)이, 목질 바이오매스 연료를 지역 내에서 효율적으로 수집·운반해 다양한 시설에서 사용하는 에너지로 전환하는 거점으로 '바이오매스 집적기지'를 설립한 것이다. 이로 인해 그때까지 활용도가 낮았던 삼림지역의 잔재, 나무껍질의 처리와 지역내외로 연료의 안정공급이 가능해 졌으며, 새로운 산업이 발생해 고용이 창출된 점도 간과할 수 없다. 바이오매스 집적 기지에서는 젊은 층을 중심으로 10여명의 신규 일자리가 생겼다.

5) 도시 전체의 대응으로 확산되는 바이오매스 발전 사업

이어 2012년의 재생 가능 에너지의 고정 가격 매입 제도 시행을 계기로 새로운 도전이 시작되고 있다. 그것은 마니와 지역에서 목질 바이오매스 발전업의 사업화이다. 2013년 2월, 메이켄공업(銘建工業)이 최대 출자자가 되었고, 마니와시 및 현지 임업과 목재 산업 관계자 등 총 9개 단체가 공동 출자하여 사업 주체로 마니와 바이오매스 발전 주식회사가 설립되었다.

발전 능력은 10,000kwh로, 22,000가구의 수요에 대응할 수 있다고 한다. 마니와시의 세대 수는 17,857가구(2015년 2월 하루 기준)이므로 전 가구의 수요를 감당할 수 있는 발전량이다.

이 사업은, 메이켄공업이 자체 공장 내에서 실행하고 있던 바이오매스 발전 사업을 지자체 범위로 넓히는 대응이라고 할 수 있다. 발전소는 2015년 4월 가동이 시작되어 마니와 지역으로는 본격적인 바이오매스 발전 사업이 시작됐다.

발전소 가동에 따른 일자리 창출 효과도 적지 않다. 발전소의 직원으로 15명 정도의 일자리를 창출했고, 연료가 되는 목재를 만드는 과

> **[기업명]** 마니와 바이오매스 발전 주식회사]
>
> **[주주]** 메이켄공업주식회사, 마니와시, 마니와목재사업협동조합, 오카야마현 산림조합 연합회, 마니와 산림조합, 마니와목재판매주식회사, 주식회사 쓰야마종합목재시장, 임업, 오카야마현 북부소재생산협동조합
>
> **[운전 개시]** 2015년 4월
>
> **[발전 능력]** 10,000kw
>
> **[신규 일자리]** 15명

정에서도 일자리 창출이 기대된다. 마니와 바이오매스 발전으로 필요한 연료는 연간 14만 8,000톤인데 이 중 9만 톤이 산의 간벌재(間伐材) 나무로 추정돼 이런 연료 목재 매입을 통해, 임업, 목재소에서 180명의 고용 창출 효과를 전망하고 있다. 실제로 임업이나 목재업자 중에는 작업기지 등에 대한 새로운 투자를 긍정적으로 계획하고 있는

[도표 4-1-2] 마니와 학원을 기점으로 한 주요 활동

출처: 마니와시 「마니와 바이오매스 산업시 구상」을 참고로 글쓴이 작성

곳도 있다고 한다.

색다른 경우로는 '바이오매스 투어 마니와(バイオマスツアー真庭)' 도 지역경제 활성화에 도움이 될 것이다. 마니와시의 바이오매스 사업에 대한 대응이 전국적으로 주목을 받는 가운데, 이 대응 자체를 관광산업으로서 상품화한 것이다. 이 투어는 2006년에 시작되어 2012년까지 545회 개최되어 연인원 11,065명이 참가했다.

투어를 주최하는 마니와 관광 연맹에서도 전속 가이드 3명의 신규 일자리가 생겨났다는 점에서 외화획득과 고용, 양면에서 지역에 있어서는 의미 있는 대처라고 할 수 있다.

그 외에도, 바이오매스 자원의 에너지 활용이나 재료활용연구 개발 거점으로서 2010년에 마니와 바이오매스 랩이 정비되는 등 새로운 산업 창출을 위한 대책도 가속화하고 있다.

6) 마니와시의 사례에서 배울 수 있는 실마리

메이켄공업을 비롯한 4)에서 소개한 기업의 사례에서 알 수 있듯이 중소기업은 지역에 밀착된 기업이 많아 일자리를 만들고, 그것을 통해 시민 생활을 지탱하고 지역을 활성화하는 주역이 될 수 있다.

하지만 그 동안의 지방 활성화는, 현지의 중소기업을 살리기보다는, 지역에 없는 것을 요구하는 대응이 많았던 것 같다. 훌륭한 문화 시설이나 복합 상업 시설, 대기업의 공장 유치 등으로 상징되는 대응책이다.

물론 이들이 일률적으로 나쁜 다고 하는 것은 아니지만 그로 인해 진정으로 지역이 활성화됐는지에 대해서는 생각해볼 필요가 있다.

구체적으로는 '인구가 증가한 것인가', '고용은 창출 되었는가', '세수가 늘었는가' 등의 물음에 고민해야 한다. 그리고 무엇보다 중요한 질문은, '지역에 있어서 계속적인 가치를 생산하고 있는가'라는 것이다. 이 질문에 '예'라고 대답하기는 어렵지 않을까? 공장 유치 등 외부 대기업에 의지한 지역 활성화 대책은 해당 기업의 전략에 좌우되며 지역으로 하여금 지속성이 담보되지 않는 위험요소가 따르기 때문이다.

기업 활동이 활성화되고 재정이 건전해지고 일자리가 생겨나고 젊은이가 돌아와 출산율 증가로 이어져야 진정한 지역창생이다. 그것은 기업의 힘만으로도 행정기관의 힘만으로도 어렵다.

마니와시의 사례는 지역에 풍부하게 있는 산림자원의 가치화에 착안한 것을 비롯해 현지 기업이 주체가 되고, 이를 행정기관이 원활하게 지원함으로써 도시 전체의 노력으로 승화시키고, 그것이 현지 기업의 활성화를 가져와 일자리가 생겨나는 선순환이 이루어지고 있는 점이 매력적이다. 그것이야말로 지속가능성이 담보된 진정한 의미의 지역창생이 실현된다는 기대를 가질 수 있다.

또 위기감을 갖고 21세기의 마니와 학원에 모인 기업 경영자나 행정공무원들이 스스로 도시의 미래를 생각하고 행동했다는 측면도 중요하다. 즉, 지역 사람들이 스스로 진지하게 생각하고 토의하여 만들어낸 대책인 것이 중요하다. 지역 중소기업들이야말로 지방 창생의 책임자라는 이유가 여기에 있다.

"없는 것 투성이가 아니고, 어떤 것을 살릴 것인가"라고 하는 신념과 함께, 지방 창생에 있어서는 중요하게 참고해야 할 요점인 것이다.

2 장애인 고용으로 계속 성장하는 IT기업 [도쿄]

IT 비즈니스는 세계 최첨단 기술의 결정체다. 그래서 IT기업 직원들은 '초엘리트 (超エリート)집단'으로, '엄격한 경쟁 사회를 살아가는 승자로', '인정사정없는 기업 뿐'이라고 일반적으로 생각하는 것이 아닐까?

그러나, 여기에 '궁극적 인재육성 기업', '궁극적인 적재적소 기업'을 실현한 전대미문의 인사 제도로 지속적인 성장을 하고 있는 IT기업이 있다. 그 회사는 2000년 창업해 13년 만에 108억 엔(2013년도 매출실적) 기업으로 성장했다. 주식회사 아이에스에프네트(株式会社アイエスエフネット)이다.

1) 미래의 정예는 '눈의 힘'으로 선택

이 이례적인 IT기업의 인사 제도를 알려면 창업시기로 거슬러 올라가야 한다. 2000년에 4명으로 시작한 이 회사는 IT기업, 소프트웨어 개발, 인터넷 인프라 정비 및 인터넷 관련 통신 기기의 개발 등이 주

[기업명] 주식회사 아이에스에프네트
[대표이사] 와타나베 유키요시
[소재지] 도쿄도 미나토구 아카사카 8-4-14
[TEL] 03-5786-2300(대표)
[URL] http://www.isfnet.co.Jp
[실적] 2013년 그룹 연결 매출액 108억엔

요 업무이다.

IT 비즈니스를 성공시키기 위해서는 우수한 IT기술자의 확보가 필수적이다. IT기술자의 채용은, '지식', '경험' 등의 '뚜렷한 인재'로 한정하여 채용하는 것이 일반적이다. 그러나 상식을 뒤집은 당사의 채용전략은 지식이 없고, 경험이 없는 인재라도 인물 위주로 채용하는 것이었다. 이 소문을 듣고 IT 비즈니스의 지식도 경험도 없지만 IT 기업에서 일하고 싶다는 젊은이들이 점차 몰리기 시작했다.

이 회사의 채용정책은 '아무리 우수한 IT기술자라도, 따듯한 가슴이 없는 사람은 채용하지 않는다. IT 기술은 미숙해도, 인성이 뛰어난 사람을 채용'한다. 채용 기준인 인성을 파악하는 것이 '눈빛'이라고 한다. 이력서를 보지 않고, 눈을 보고 채용했다. 디지털&드라이한 IT기업이면서 직원을 선택하는 방법은 아날로그&감성적임에 놀랍다.

경험은 없지만 IT 기업에서 일하고 싶다고 몇 년 전 이 회사의 문을 두드렸던 젊은이들이 지금은 IT 기술 정예부대로 성장했다. 기업 창생의 비결은 '미래의 정예는 눈빛으로 선발'하는 것이다.

2) 장애인 고용으로 노동 인구 증가

이력서를 보지 않고 선발하자, 우울증, 외톨이 등 결점을 갖고 있는 응모자도 아무런 차별 없이 채용을 했다. 당사에서는 장애가 있는 사람을 미래의 꿈을 실현하는 멤버로써 FDM(Future Dream Member)이라고 부르고 있다. 장애인이 아니라, 장래의 꿈을 공유하는 동반자로 영입한다. 직원 수는 그룹 전체가 3,207명, 본사는 1,856명(2015년 1월 현재)이다.

본사의 1,856명 중 약 500명이 장애를 가진 사람들이다. 장애인 고용 비율은 무려 25%이상이다. 이 회사의 직원 중에는, '발달 장애'인 사람도 있다. 발달 장애가 있는 사람들은 의사소통이나 대인 관계에 다소 어려움이 있다. 때로는 제멋대로인 사람, 문제가 있는 사람으로 오해 받기도 하지만, 주변 사람들이 장애를 제대로 이해하면 그 사람을 대하는 방식도 달라진다. 그런 이들에게는 고학력자도 많고 빼어난 발상과 탁월한 행동의 소유자가 있다.

컴퓨터제조사 애플과 지적 집단인 구글의 직원들은, 결코 다른 사람과 소통하는데 능한 사람만이 아니다. 이 회사의 노력을 전국으로 확대하면 수백만 명의 노동인구 증가가 가능할 것으로 보인다.

최첨단의 지식 집약형 산업인 IT비즈니스산업에 있어서, 장애인 고용이야말로 마지막에 남겨진 귀중한 자산이 아닐까.

3) 입사할 때 3가지 약속

이 회사에서는 입사 시 직원들에게 3가지 약속을 받는다. 첫 번째 약속은 업무시간에는 제대로 업무를 한다는 것은 당연한 일이지만 지키기는 어렵다. 당사에 채용된 장애인의 90%가 IT미경험자이다. 초보부터의 교육이 필요하며 교육에는 비용이 들지만, 8시간 열심히 일

[도표 4-2-1] 입사 때 3가지 약속

| 약속 1 「업무시간은 확실하게 업무를 한다」 | 약속 2 「순응과 철학, 이념의 준수」 | 약속 3 「자신의 목표에 맞춘 자기 개발」 |

출처: 주식회사 아이에스에프네트의 홈페이지

을 함으로 교육비용은 상쇄된다고 한다. 8시간 동안 업무에 충실함으로 원칙적으로 초과근무는 없다. 장애인의 건강 상태에 따라 근무단축제도도 갖춰져 있다.

두 번째 약속은 '순응과 철학, 이념의 준수'다. 어느 회사에서든 기업인으로서 최소한의 약속일 것이다.

이 회사는 이윤추구뿐만이 아니라 사회공헌을 항상 의식하여 사원전원이 즐겁게 근무할 수 있는 회사를 실현하려고 하며, 한 사람 한 사람이 이 대의를 실천하기 위해, 항상 진지하게 업무를 수행하도록 노력하고 있다.

세 번째 약속은 '자신의 목표에 맞춘 자기 계발'이다. 이는 구체적인 형태로 기업에 기여하고 있다. 예를 들어, IT관련 공적 자격의 취득자는 다수에 이른다. 자격시험 응시자에게는 기업에서 세미나 참가나 응시수수료 지원이 있다. 자격증 취득 후에는 수당도 지급되어 열심히 하면 회사에서 보상을 받을 수 있다.

[도표 4-2-2] 자격취득자수(2015년1월 현재)

CCNA	228명	Oracle Master Bronze	54명
CCDA	26명	Oracle Master Fellow	10명
CCNP	66명	Oracle Master Silver	33명
CCDP	14명	Oracle Master Gold	7명
CCIE	1명	네트워크 스페셜 리스트	10명
ITIL 파운데이션	639명	시큐리티 스페셜 리스트	13명
IT 패스포트	82명		
LPIC (Level1)	377명	테크니컬 엔지니어(네트워크)	1명
LPIC (Level2)	132명		

LPIC (Level3)	65명	테크니컬 엔지니어(정보 시큐리티)	2명
MCP	175명		
MCSA	54명	MCITP 서버 관리자	7명
MCSE	30명		
SCNA	5명	MCITP 엔터프라이즈 관리자	9명
SCSA	16명		
기본 정보 기술자 시험	11명	비즈니스 실무 매너 검정 1급	26명
응용 정보 기술자 시험	4명	비즈니스 실무 매너 검정 2급	778명

출처: 주식회사 아이에스에프네트 홈페이지

4) 장애인 고용에서 취업약자 고용

'고용 창조'를 경영이념으로 하고 있는 이 회사는 '장애인 고용'이라는 개념으로 설명하기에는 너무 범위가 좁다. 창업 초부터 '취업 취약 계층 전반의 고용 촉진'을 목표로 해왔다.

[도표 4-2-3] 25대 고용의 대응

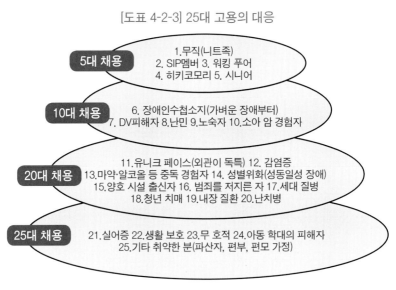

출처: 주식회사 아이에스에프네트의 홈페이지

2006년부터 '5대 채용'으로 5개 취약계층을 적극적으로 채용하는 것을 목표로 내걸었다. 그 목표는 2010년에 달성하고 2011년 3월부터는 새롭게 '10대 고용'을 목표로 하였다. 그 해 11월부터는 '20대 고용'을 내세워 취약계층의 '일자리 창조'에 나섰다. 2015년 1월부터는 '25대 고용'을 새로운 목표로 하였다.

'25대 고용'이란 취업취약계층의 범위를 넓혔을 뿐만 아니라, 여러 가지 사정으로 취업이 어려운 사람 등을 대상으로 안심하고 일 할 수 있는 환경을 제공하는 노력이었다. 그러나 취업취약계층과 함께 일하는 환경을 만드는 것은 매우 어렵다. 한 명이라도 많은 사람들에게 일하는 기쁨이나 사는 보람을 찾아주기를 원하더라도 취업 현장에서 발생하는 곤란한 문제를 해결해야 한다.

5) 일하는데 어려움을 겪는 사람들과 일하는 일곱가지 방법

취업취약계층과 함께 일하는 환경을 만들기 위해서, 이 회사에서는 취업 환경에 대해 7가지 대책을 강구 하고 있다.

(1) 비장애인 채용 조건 연구
장애가 있는 사람이나 취업에 어려움이 있었던 사람(이하, 합해서 '취업취약계층')과 함께 일할 수 있고 함께 일하는 동료로 대할 수 있는 비장애인만을 채용한다.

(2) 직장에서의 세심한 배려
취업취약계층 중에는 의사의 진료를 받거나 약을 먹어야 하는 사람이 있다. 그런 사람에게는 상사가 "이번 주에는 병원에 갔나요?"

"오늘은 약 먹었어요?"라고 말을 건다. 심리치료에 대한 통원에 대한 지원도 있다. 법률상 기업은 전체 직원의 2%를 장애인으로 고용하는 것이 의무화되고 있다. 일반 기업에서는 소수의 장애인을 배려하고, 본인의 사생활을 배려하여 진찰내역이나 복용 약에 대해 묻는 일은 드물다.

만약 물어본다면, 개인적으로 조용히 물어볼 것이다. 당사는 같은 회사에서 일하는 동료로서 세심하게 배려를 한다.

(3) 근무 시간에 대한 배려

장애 정도에 따라 근무시간 단축 조치도 있다. 몸이 아픈 동료에게는 빨리 귀가하도록 하고 동료가 대체근무를 해주는 분위기가 깔려있다. 잔업은 하지 않는 것이 원칙이며, 꼭 잔업을 해야 하는 경우에는 임원 승인이 필요하다. 월요일, 수요일, 금요일은 잔업이 없는 날로 지정 되어 있어서 바로 퇴근한다.

(4) 컴퓨터의 설치 및 점검 작업에서 기능 분담의 고안

취업취약계층을 차별 하지는 않지만 업무상 기능을 분담한다. IT의 기본설계나 기기의 사양을 만드는 것은 전문 엔지니어의 업무이다. 취업취약계층에게는 PC의 설치와 그 점검 업무를 중점적으로 한다.

취업취약계층 중에는 1개의 작업을 높은 수준의 집중력으로 지속적으로 수행하는 능력이 정상인보다 우수한 사람이 많다. 그들의 점검 작업에는 실수가 적고, 품질의 안정에 큰 기여를 하고 있다.

(5) 고객 센터의 활용으로 기능 분담의 고안

또한 영업부원에는 열흘에 20개 고객사를 방문하는 목표량이 있다. 그 중 10개사는 신규 고객이어야 한다. 영업부 직원은 항상 회사 외부에서 근무하게 되어있다. 매우 분주한 영업부의 강력한 지원부서가 고객 센터이다. 고객센터는 취업취약계층의 직장이다. 영업부서 대신에 고객과 약속을 취하는 것이 그들의 중요한 업무이다.

콜센터는 이와테현(岩手県), 미야기현(宮城県), 사가현(佐賀県), 오키나와현(沖縄県)등의 지방도시에 개설해 그 지방의 취업취약계층의 고용 촉진에 크게 기여하고 있다. 그때까지 대규모 산업이 없고, 취업취약계층에게는 일자리 기회가 적었던 지방에서도 고용을 늘릴 수 있다는 것을 증명했다.

(6) 자격 취득 지원 궁리

회사에서는 업무 기능의 구분은 있어도, 일반인과 취업취약계층의 구분은 없다. 그 예로, IT관련 자격을 취득하면, 거기에 맞는 업무가 주어지며 모든 문호와 가능성은 열려 있다.

(7) 종신 고용의 고안

이 회사는 연공서열이 없는 실력 위주의 IT기업이다. 그러나 종업원은 동료이자 가족이다. 경영 이념을 강조하고 있지만 고용 창출이 창업의 목정 중 하나이다. 이에, 종신고용은 준수한다. 취업취약계층이라도 열심히 근무하는 사람은 고용이 보장된다.

6) '취업 재활'로 생활보호수급자를 납세자로 바꾸다

  이 회사는 2013년 4월부터 가나가와현(神奈川県) 가와사키시(川崎市)와 함께 생활 보호 수급자의 자립지원 활동을 시작했다. 생활보호 수급자를 고용해 생활보호 수급자를 납세자로 바꾼다는 대책이다. 당사의 취업에 대한 정책이 생활보호 수급자의 취업에 한 몫을 하게 됐다.

  하지만 지금까지의 당사의 취업에 대한 대응은 취업 의욕이 있는 사람을 위주로 한 것인데 생활보호 수급자 중에는 취업 의욕이 부족한 사람이 많아 의도와는 달랐다.

[도표 4-2-4] 생활 보호 세대수의 추이

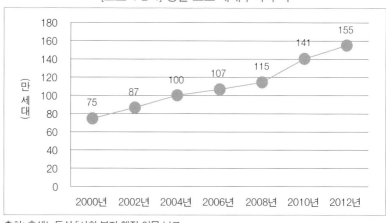

출처: 후생노동성 「사회 복지 행정 업무 보고」

  이에, 새롭게 '취업 재활'이라는 대안을 생각했다. 우선 생활 보호 수급자가 회사에 출근하게 한다. 일을 하지 않아도, 회사에 출근한다는 개념을 심어주기 위해서다. 회사에 출근하게 되면, 근무시간은 짧아서 좋으니 가벼운 작업을 하게 된다. 이와 같이 하여 서서히 회사활동에 익숙해지도록 한다.

이와 같은 노력으로 2014년 4월까지 104명의 생활 보호 수급자를 채용했다. '취업 재활' 제도를 활용하면, 전국적으로 증가하는 생활보호수급자가 더 많은 납세자가 될 것이다.

7) 궁극적으로는 인재 육성, 적재적소의 기업

일본에서 장애인수첩이 교부되고 있는 사람은 780만 명이다. 후생노동성(厚生労働省)은, 그 중 300만 명이 취업하기를 희망한다.

더욱이 취업취약계층이나 생활보호 수급자를 더하면, 그 수는 몇 배로 늘어날 것이다. 취업이 어려운 사람을 동료로 여기고 함께 일하려는 것이 가장 중요하지만, 현실적으로는 해결해야 할 문제도 많다.

하지만 이 회사에서 '취업의 연구와 취업 재활'이 그 문제를 해결할 수 있음을 증명했고, 어떤 지역에서도, 어떤 사람이든, 어떠한 일이라도, 새로운 고용을 창출할 수 있다. 왜냐하면 궁극적으로 인재 육성기업, 적재적소기업의 표본이 여기에 있기 때문이다.

3 해녀가 불러들이는 외국인 관광객 [미에]

1) 해녀의 거리 오사츠

인구 1,500명의 마을에 연간 25만 명이 참배하는 수호신이 있다. 이세(伊勢)·미나미토바(南鳥羽)의 바다에 접한 오사츠쵸(相差町)의 수호신인 신메이신사(神明神社)의 한 켠에 "이시가미(石神さん)"가 있다.

이시가미는 진무천황(神武天皇)의 어머니이며 바다의 여신이기도 한 다마요리 히메노 미고토(玉義熙)를 모시고 있으며, "여성의 소원 중 하나는 반드시 이뤄준다"고 알려졌다. 지금은 전국에서 많은 여성 참배객이 방문하고 있으며, 그 이시가미를 옛 부터 신앙하는 해녀가 전국에서 제일 많은 곳이, 토바시(鳥羽市) 오사츠마을(相差町)이다.

오사츠 마을

해녀의 역사는 2,000년 전으로 거슬러 올라간다. 고대의 황녀(皇女, 천황의 딸)야마토 히메노 미코토(倭姬命)가 분부를 받고 아마테라스 오오미카미(天照大神, 해의 여신)가 되어 이세(伊勢)지역에 자리 잡게 되었다.

공양하는 제물로써 땅을 찾고 있던 때에 쿠니사키(国崎, 오사츠의 인근)의 해녀가 전복을 구워 드렸다.

구운 전복이 맛있어서 제물을 신궁에 바치라고 전했다고 한다. 이후, 쿠니사키는 이세신궁의 미쿠리(御厨, 신을 준비하기 위한 집)가 되어, 고우료우(御料, 귀인들이 쓰는 그릇)의 말린 전복을 바쳤다.

전복 따기는 매년 음력 6월. 이 날은 쿠니사키 뿐만 아니라, 오사츠(相差), 가미시마(神島), 도우시지마(笞志島) 등 해녀가 참여하였고, 잡은 전복은 마을 장로들이 말린 전복으로 조제하여 신궁에 바쳤다. 제물 공진은 폐지되었지만, 말린 전복을 신궁으로 납품하는 일은 오늘도 계승되고 있다.

전국의 해녀는 2.174명(2010년 해양 박물관 조사)으로 그 중 토바시(鳥羽市)에서 일하는 해녀는 565명으로 25.9%를 차지하고 있다. 오사츠 마을에서는 약 100명이 맨몸잠수로 전복잡이를 생업으로 하고 있다. 계절에 따라 봄부터 여름에는 전복, 가을부터 겨울에는 소라, 해삼을 잡고 있으며 "50초의 승부"라고 할 정도로 한계까지 숨을 참으며 잠수 작업을 반복한다.

해녀들은 오두막에 있는 부뚜막의 모닥불로 얼은 몸을 따뜻하게 데우고 떡과 고구마 등을 구워 먹으며 고기잡이와 지역 이야기를 하며 허기도 채우며 정을 나누고 있다. 해녀 오두막은 어장에 가까운 전선 기지다. 또 해녀 오두막의 해녀들은 수산물 어획을 겨루는 선의의 경쟁자이며, 만일의 경우, 생명을 구해주는 동료이기도 하다. 하지만 근래에 들어서는 다양한 직업이 생겨, 젊은 층의 해녀유입이 감소하고 있다.

2) 효키치야 사업

(1) 부적으로 고용을 창출하다

"여성의 소원 중에 한 가지는 꼭 이뤄준다"는 이시가미(石神さん, 신의 이름)는 처음부터 참배객이 많았던 것은 아니다. 신앙이 깊은 해녀들이 연간 2,000명 정도로 참배하는 정도의 수호신였다. 2004년 아테네 올림픽에서 마라톤의 노구치 미즈키(野口みずき) 선수가 금메달을 땄을 때 갖고 있던 부적으로 지명도가 높아졌다. 노구치 미즈키 선수 뿐만이 아니라, 전 배구 선수인 마스코 나오미 씨(益子直美さん), 오셀로의 마츠시마 나오미(青田典子) 씨, 요시다 노리코(青田典子) 씨가 참배 후에 결혼을 했다고 언론과 구전으로 알려져, "여성의 소원 중에 한 가지는 꼭 이뤄준다"는 이시가미신의 영적인 장소로 일약 유명해졌다. 이 부적을 건넨 것은 효키키치야(兵吉屋) 7대인 노무라 카즈히로(野村一弘) 씨다.

노무라 씨는 올림픽이라는 큰 무대에 출전하는 후배가 조금이라도 편하게 뛰어줬으면 하는 일념으로 우지야마다상고(宇治山田商業高校) 육상부의 코치로 있던 동기에게 출정식에서 이 부적을 전해달라고 부탁했다.

이 부적은 노무라 씨가 대표로 있는 효키치야의 부적 전문점에서 만들었다. 제작하기 위해

격자형 도만, 별 모양의 세이만은 바다속에서 악마로부터 몸을 보호하는 부적

[기업명] 유한회사 효키치야
[대표이사] 노무라 카즈히로
[직원] 정규 2명, 파트 아르바이트 23명
[소재지] 미에현 토바시 오사츠마치 1094
[URL] http://www.hyoukichiya.com/
[사업내용] 해녀 오두막 체험 사업, 수여품 디자인·제조 판매

교토 신사 불각을 둘러싸고 연구를 거듭했다. 그 결과, 교토(京都)의 찬란한 부적을 모방하는 것이 아니라, 이 지역 특유의 디자인이 필요하다고 하는 결론에 내렸다.

부적에 그려져 있는 도만(ドーマン)과 세이만(セイマン, 해녀 몸에 지닌 부적)은 바다에서 악귀로부터 몸을 지키기 위한 부적이며, 격자형 도만은 출입구를 몰라서 악마가 들어가기 힘들다고 한다. 또, 별모양인 세이만은, 일필휘지로 다시 같은 곳으로 돌아온다는 것으로 바다에 들어가도 반드시 돌아온다는 의미가 있으며, 해녀의 잠수모 등에 같은 것을 꿰매어 놨다.

3대 효키치(兵吉)는 진주의 왕으로 유명한 미키모토 코오키치(御木本幸吉) 씨와 함께 섬의 풍부한 해산물을 중국 수출을 통해 판로를 확대하고 1890년에는 '이세모멘'(伊勢布糊, 이세지역 직물대회)에 출전하고 포상을 수여받을 정도로 상술이 뛰어났다. 노무라 씨는 42세 때 그 수상내역과 실적을 알게 되었고 더욱 사업에 분발하는 계기가 되었다. 당시는 건설업을 영위했지만 1개 업종에 구애받지 않고 다각화에 적극적으로 나서기로 했다.

'수여품 사업'은 그 중 하나였다. 이 부적도 당초에는 월간 100개 가량 팔리는 정도였지만, 참배객이 증가함에 따라 품절 상태가 되

었다. 현재는 현지 주민들이 제조 작업을 분담하고, 약 40명이 한 달에 약 1만 개 정도를 손수 만든다. 이 실적을 인정받아 도쿄 신사의 수여품 제조도 도급을 받고 있다.

또한 부적 수여품 제조는 당초 노무라씨의 어머니와 해녀 오두막에서 함께 일하는 해녀 이외에 노무라씨 자신도 일손을 돕는 등 자원봉사에 의지하고 있었지만, 지금은 현지 주민으로 팀을 만들어 제조 수여하는 등, 고용을 창출하고 있다.

오사츠 거리에는 70여 채의 여관, 민박이 있고 토바(鳥羽) 제일의 숙박 시설 수용력을 내세우고 있다. 그 토바의 관광객 수도 1991년을 정점으로 해마다 줄어들고 있었지만, 연간 25만 명의 관광객이 방문함으로써 산도우(參道, 신사나 절에 참배하기 위하여 마련된 길)에 토산물 등을 취급하는 가게가 늘어 오사츠의 숙박시설도 조금씩 활기를 되찾았다.

(2) 미국인의 해녀 오두막 체험이 해녀의 보람으로

2004년 봄, 미국인 교직 정년자 투어에서 '해녀오두막을 방문하고 싶다'고 여행사를 통해 시 관광과에 연락이 왔다. 그러나 해녀오두막은 가족들로부터 떨어져 오붓한 공간에서 모닥불을 쬐며 동료들과 담소를 나누고 자유로운 시간을 보내는 장소라 거절했다. 그 때 노무라 씨는 당시 70세 현역 해녀이던 어머니 레이코(麗子)씨에게 이 일을 상담하고 지역의 PR이 되었으면 하는 바람으로 체험을 허락 했다.

어머니가 해녀라도 노무라씨 자신도 해녀 오두막에 들어간 적이 없었고, 이 때 처음으로 들어갔다. 어둑한 오두막 속에서 미국인들을 접대하는 어머니는 목숨을 걸고 바다에 잠수를 해서인지 아무

해녀오두막 체험에서는 신선한 해산물을 눈앞에서 구워준다

렇지도 않게 동요하지 않는 그 강직함에 놀랐다고 한다.

지역의 신선한 소라와 전복, 왕새우 등의 해산물이 바로 앞의 화로에서 구워서 제공하고, 갯바위나 고기잡이 이야기를 들려주는 해녀 오두막 체험은 소박하지만 최상의 맛과 친절한 접대로 외국인에게 매우 호평을 받으며, 1년간 총 50회, 총 700명이 거쳐 갔다.

이 체험은 해녀들에게도 변화를 가져왔다. 1년 한정으로 기획이 끝나자 해녀들은 무척 아쉬워했다. 해녀들은 자신들이 잡은 해산물을 맛있게 먹고 좋아하는 사람들을 보는 것이 신선했고 행복을 느끼고 있었던 것이다.

또한 외국인 관광객들로부터 해녀의 일과 생활에 대한 질문을 받고 자신들의 일에 자부심을 느꼈다. 어느새 해녀 오두막에서의 관광객과의 접객이 삶의 터전이 됐고 즐거워하는 모습이 관광객들에게 전해지면서 '힘을 얻었다'는 편지를 보내기도 했다.

여행사로부터 매우 호평을 받은 해녀 오두막 체험이 지속되었으면한다는 의견이 다수 있어서 내년 이후에는 국내 전용 여행상품도 개발하여 본격적으로 시작한다.

(3) 수입을 안정화시키는 해녀 오두막 체험

오사츠 해녀는 1988년 대비 약 절반 이하로 감소하고 있다. 연령대는 60~70대가 주를 이루고 있는데, 감소 이유는 해녀들의 고령화만이 아니라 후계자가 될 수 없는 가장 큰 이유는 불안정한 수입이다.

해녀조업은 계절에 따라 해산물 조업이 허가가 나고 날씨와 바다 상태 등으로 그날 조업을 할 수 있을지를 결정한다. 해녀 조업이 가능한 날을, 현지에서는 '갯벌이 열린다'라고 말하며, 여름과 겨울에는 전복이나 소라, 왕새우 등 자원 보호를 위해 1일 1시간 30분으로 기본조업이 결정되었다. 경험 많은 베테랑의 해녀는 겨울에 1차례 조업에 1만 엔 이상 소득이 있을 것 같지만, 바다에서 조업할 날은 연간 100일이 되지 않아, 수입이 안정적이지 않다. 해녀오두막 체험은 해녀들에게 연간 조업을 할 수 있고, 소득을 안정시키는 장을 제공한다.

3) 지역 자원과 환대의 마음으로 관광객을 끌어들인다

(1) 외국인이 체험하고 싶은 것은 일본의 전통과 문화

토바시의 2013년 관광객 수는 이세신궁식년천궁(伊勢神宮式年遷宮, 신전을 갱신하고 옮기는 의식)으로 과거 최고의 1,420만 명을 기록했다. 한편 일본을 방문하는 외국인 관광객은 2014년 1,300만 명을 돌파했다.

한 자료에서 일본을 방문한 외국인이 하고 싶은 것은 '일본음식 먹기', '쇼핑·관광'이고, 다음에 일본을 방문한다면 하고 싶은 것으로는 '일본의 전통 문화, 농어촌 체험' 등이다.

기존에는 '자연'이 주된 관광의 대상이었지만, 오늘날에는 '자연과 문화' 등의 지역 자원이 '생태관광'의 대상이 되고 있으며, 전통과 문화가 외국인 관광객의 증가에 기여하고 있음을 알 수 있어, 새로운 지역 자원으로서 중요성이 높아지고 있다.

현지에서는 당장의 지역 자원을 활용해, '코드'(コト, 체험에서 가치를 찾아내는) 체험을 할 수 있는 환경을 정비해, 환대의 마음으로 대하는 것으로, 외국인뿐만이 아니라 내국인에게도 매력으로 다가설 수 있다. 일본에는 눈여겨보면 지역을 활성화하는 자원이 한없이 존재하고 있다. 노무라 씨는 경험을 바탕으로 일찌감치 주목하여 외국인 관광객을 끌어 모은 것이다.

(2) 외국인 관광객 대응이 경영을 안정시킨다

토바를 찾는 관광객은 대만, 중국, 미국 등 외국인이 많다. 외국인 관광객이 일본을 관광할 때에 곤란한 것으로서 '무선 LAN를 사용할 수 없다', '언어 문제로 소통에 어려움이 따른다', '신용카드를 사용할 수 없다' 등 이다.

노무라 씨가 경영하는 해녀 오두막 '하치만카마도(はちまんかまど)'는 홈페이지에서 영어 예약이 가능하다. 또한, 은행연합 신용카드를 비롯한 각종 신용카드, Wi-Fi 사용이 가능하며, 외국인이 불편을 겪고 있는 것에 대한 편의성을 제공하려고 노력하고 있다. 또, 모든 사람이 즐길 수 있도록, 유니버설 투어리즘을 추진하고 있다.

예를 들어 휠체어 고객이 불편하지 않게 사용할 수 있도록 모든 객실은 장벽을 없앤 출입구로 만들고, 고령자가 편하게 앉을 수 있도록 좌식에서 의자로 설치하고, 이슬람교도 고객에게는 무슬림 대응 남녀예배실과 세면장을 마련하고 있다.

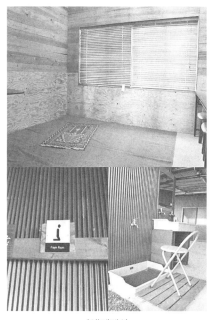

(위)예배실
(좌측아래) 예배실은 검은색이 남성, 빨강이 여성
(우측아래) 세면장 「하치만카마도」의 시설

10년 간 '하치만카마도'를 찾는 외국인 비중은 유럽에서 아시아로 바뀌었으며 2014년에는 말레이시아인이 연간 1,200명이 방문했다. 여러 차례 일본을 방문한 여행자도 증가했다. 어느 홍콩 여행객은 일본을 17번이나 방문했다. 그 이유는 하늘의 관문이 나리타(成田) 공항과 하네다(羽田) 공항뿐 아니라 지방 공항으로 항공편이 늘었기 때문이다.

노무라 씨에게 외국인 관광객을 끌어들이기 위해 왜 이렇게 열심이냐고 물었더니 해녀오두막 체험을 시작한 계기가 외국인 관광객이었기 때문에 초심을 잃지 않기 위해 더욱 적극적으로 하고 있다고 한다.

2014년 일본의 소비세 인상에 따른 일본인 관광객은 감소했지만 외국인 관광객은 증가함으로써 경영에 영향은 미치지 않았다. 일본인 관광객을 주고객으로 했던 관광업체들은 큰 타격을 받고 있었다. 그 결과 인바운드는 국내 경기에 좌우되지 않는다는 것을 알 수 있으며 지금은 60% 이상을 인바운드로 이동하고 있다.

(3) 해녀의 감소를 막는 해녀오두막 경영 안정

일정수의 관광객이 해녀오두막 체험 '하치만카마도'에 방문함으로써 해녀 오두막의 경영이 안정화되고, 해녀들에게 연간 소득을 안정시키는 장을 제공할 수 있다.

'하치만카마도'의 존재는 해녀 오두막의 경영 모델을 보여주는 의미에서도 중요하다. '하치만카마도 모델을 바탕으로 토바 상공회의소와 '오사츠해녀문화운영협의회'가 공동으로, 해녀오두막 '오사츠카마도(相差かまど)' 2개 동을 운영하고 10여 명의 현역 해녀가 교대로 관광객을 맞이하고 있다. 바로 지역 전체에서 무형의 지역자원을 활용하고 있는 사례일 것이다. 지방을 창생하기 위해서는 이러한 지역자원을 활용한 산업진흥이 중요한 것이다.

4) 보조금에 의존하지 않는

노무라 씨는 외국인 관광객을 수용하기 쉽도록, 2009년 석양이 아름다운 해변 공원 아사리하마로 '하치만카마도'를 옮겼다. 보조금 등의 활용에 대해 물었더니, 보조금은 일절 사용하지 않는 것을 원칙으로 삼는다고 한다. 보조금에 의존하게 되면 재정 감각이 문제가 될 수도 있어서 어렵더라도 작게 시작하여 성장시키는 방법을 택한 것이다.

이시가미(石神)의 부적 제조 때도 월간 100개로 시작을 했고, 해녀 오두막 체험을 시작할 때도 어머니 레이코씨가 평소 사용하던 해녀 오두막에서 관광객 응대로 시작했다.

「하치만카마도」가 있는 아사리하마에서 본 석양

노무라 씨에게는 너무도 익숙한 것으로 지역 자원의 활용이라고 하는 의식이 없었을지 모르지만 거시적으로 보면 이시가미의 수여품 사업이나 해녀 문화의 체험인 해녀 오두막 등 지역 자원을 활용하여 이익을 창출하고 시장을 창조하여 지속적으로 사람을 고용하고 있다. 지역에서 소비를 낳는 선순환이 되고 있다.

외화 획득이나 지역 활성화를 위해 지혜를 짜내고, 철저하게 외부로부터 교류 인구를 늘려 지역경제 차원에서 돈을 계속적으로 만들어 내는 동력을 창출했다. 외화획득을 통해 수익창출이 지속된다면 보조금에 의존하지 않아도 지역은 활성화하는 것이다.

5) 해녀의 육성이 해녀 문화를 계승하는 열쇠

연간 일터를 만드는 것으로, 해녀의 안정 수입은 확보할 수 있었지만, 영구적으로 사업을 영위하기 위해서는 필수불가결한 요소가 있는데 그것은 바로 해녀 육성이다.

오사츠마을은 2007년에는 미슐랭의 여행 가이드 '그린 가이드, 재팬'에서 별 한 개의 평가를 받았다. 또, 해녀를 주제로 전체적인 수입 체제가 진행되면서 해녀 문화의 세계 무형 문화 유산 등록 운동의 움직임도 나타나고 있다. 해녀문화가 무형문화유산에 등재되었을 때, 현역해녀가 없다면 앞뒤가 전혀 맞지 않는다.

노무라 씨는 젊은 해녀를 육성해 나가기 위해서 수산고등학교 과정에 '해녀 과정'을 신설하는 것을 호소한다. 지역의 작은 해녀오두막에서 시작해, 지역이나 사람들을 끌어 들이고 많은 외국인 관광객을 사로잡음으로써 지역의 발전과 해녀의 육성 과제를 헤쳐 나갈 것으로 기대된다.

4 농업과 운동선수의 두 번째 경력을 연결하는 기업 [군마]

1) 프로 야구 선수가 은퇴 후에 직면한 과제

프로에서 화려하게 활약했던 스포츠 선수도 언젠가는 은퇴시기를 맞이하게 되지만 은퇴 이후의 인생에 대해서 고찰할 수 있는 것은 별로 없다.

1996년에 프로 야구 센트럴 리그 최우수 중간 계투 투수상을 차지한 전 요미우리 자이언츠 투수 고노 히로후미(河野博文, 현재는 주식회사 겐짱 대표 이사, 사단법인 GEN스포츠 프로모션 대표 이사, 이하 '고노 사장') 씨도 2000년에 은퇴한 후 친척이 경영하는 기업에 취업한 후 익숙하지 않은 영업 및 사무를 필사적으로 하는 직장 생활을 하고 있었다.

하지만, 야구에 대한 열정을 버리고 싶지 않아 OB클럽에 가입을 하

[회사명] 주식회사 겐짱(げんちゃん)

[대표 이사] 고노 히로부미 (고치현 출신)

[설립] 2013년 8월

[위치] 군마현 타카사키시 미도리쵸 1-3-2 야마리비루 101

[TEL] 027-388-8335

[FAX] 027-388-8338

[URL] http://gen-chan.info

[경영 이념] 농작물의 생산에서 가공 판매의 전 과정을 담당 안심·안전 식료품을 남녀 노소 불문하고 감사의 마음을 가지고 만족을 하도록 노력한다.

여 휴일에는 야구 교실의 감독이나 야구도우미 등을 하고 있었다. 그 마음이 통했는지, 2008년에는 BC리그 군마(群馬) 다이아몬드 페가수스의 코치로 초빙되어 다시 야구 위주의 생활을 보내게 되었다.

하지만 2년 만에 계약이 종료되었고 '인생의 두 번째 경력(인생 이모작)'이라는 과제에 본격적으로 부딪치게 되었다. 그런 시기에 만나게 된 것이 군마현(群馬縣)의 양파농가였다.

"농사는 쉽게 시작할 수 있는 것이 아니다. 저 역시 프로 야구선수 시절 동료가 농업인을 소개해줘서 농지를 빌릴 수 있었다"며 행운이었다고 말한다.

정부가 2015년도 예산에 포함한 「마을·사람·일자리 창생 관련 사업(まち·ひと·しごと創生関連事業)」에는 신규 귀농 경영 승계 종합지원 사업에 194.8억 엔이 포함됐지만 실제 농업을 시작하기에는 장벽이 꽤 높았다.

[도표 4-4-1] 산업위원회제도의 개요

근거법률	• 농업 위원회 등에 관한 법률(쇼와 26년 법률 제88호) 제3조 시읍면에 농업 위원회를 둔다. • 지방 자치 법(쇼와 22년 법률 제67호) 제202조의 2항, 농업 위원회는 따로 법률이 정하는 바에 의한 농지 등의 이용 관계의 조정, 농지의 교환분합 기타 농지에 관한 사무를 집행한다.	
설치기준	원칙적으로 읍면에 1개 설치(반드시 설치)	
업무	농지 매매나 임차 허가	• 농지법에 의거한 농지의 매매나 임차 허가 권한을 가진다.
	농지전용안건에 대한 의견 신청 등	• 지사허가에 즈음하여 의견서를 첨부하여 신청서를 지사에게 송부. • 시가화 구역내에서의 농지 전용과 관련되는 신고서의 수리.
	유휴농지의 조사·소유자의 의향 확인	• 구역내의 농지 이용 상황을 조사하고, 농지가 유휴화 되어 있는 경우에는 농지소유자에 대해 이용의향을 조사하고, 농지중간관리기구에 대한 대여 등을 촉진.

출처: 농림수산성 홈페이지 「농업위원회의 개요」를 근거로 필자작성

귀농은 농업대학교와 농가 등에서 연수를 받고 농사짓기, 농업경영 등을 배우는 것부터 시작된다. 그 후 농지를 사거나 빌려서 농업을 시작하지만 농지는 각 시군구에 설치된 농업위원회에 의해 세밀하게 관리 되고 있어 신규 참가는 시간이 걸린다. [도표 4-4-1].

또한 농업용기계 구입에는 자금이 필요하고, 판로개척은 물론 연간으로 수익을 내기 위해서는 한정된 수확시기 이외에 무엇을 할지도 고민해야 한다. 이른바 경영 감각도 요구되는 것이다.

고노 사장의 경우 우선 소개받은 양파 농가에서 흔쾌히 수락하여 2년 정도 현장에서 농사를 배울 수 있었고 임대농지도 '군마현(群馬県)에서는 법인으로서 신규 참여는 처음인 것 같다'라고 할 정도로 비교적 순조롭게 허가를 받았다.

수확한 양파를 현지에서 팔기 시작하자 이번에는 현지 언론이 큰 관심을 보였다. 언론이 대서특필 하여 현지의 음식점이나 슈퍼마켓으로부터 납품요청과 이벤트 출점 요청 등 판로가 다양하게 확산되었다. 이런 과정에는 프로야구 출신이라는 점이 크게 작용했다. 2013년에는, 안심과 안전을 기치로 유기농 양파와 관련 가공품의 판매를 실시하는 주식회사 겐짱을 창업했다.

동시에, 사단법인 GEN 스포츠 프로모션을 시작하여 지역 주민과 스포츠를 통해 교류하고, 청소년 육성으로서 야구 교실을 시작하는 등, 채소뿐만 아니라 고노 사장 자신의 인생도 군마현에 뿌리를 내리려 하고 있다.

운동선수로서 음식의 소중함을 잘 알고 있기 때문에 농업에서 음식의 안심과 안전을 추구하고 싶다는 생각이 창업의 계기가 되었고, 한편 BC리그에서 코치를 맡았기 때문에 지방의 발전 가능성을 눈치 채고 지역 활성화에 보탬이 되고 싶다는 생각을 가졌다.

그것이 아직도 식지 않은 야구에 대한 열정과 맞물려 야구를 통한 지역 공헌이라는 형태로 구체화된 것은 아닐까.

2) 선수는 지방 창생의 핵이 될 수 있다

고노 사장은 지방에는 운동선수가 인생 두 번째 경력(인생 이모작)을 시작할 수 있는 계기가 많다고 생각한다. 특히 농업은 누구에게나 고향이 있다는 의미에서 거점을 찾기 쉽고, 원래 신체능력이 뛰어나기 때문에 농사로 인해 체력적으로 지치고 좌절하는 일도 적다고 생각한다.

단, 농업경영과 관련해서는 이야기가 다르지만, 신선도가 요구되는 농산물을 팔기 위해서는 무엇보다 현지에서 협력과 응원해 주는 사람이 필요하다. 거기서 큰 도움이 되는 것이 지금까지의 운동선수 인생에서 얻은 인맥과 지명도인 셈이다.

뜻하지 않게 농지를 임대 허가를 받은 것도, 언론 노출의 기회가 많았던 것도 전 프로야구 선수라는 지명도가 신용보증 역할을 하며 현지에서 받아들인 것으로 보인다. 전국적인 지명도는 높지 않지만, 현지에서는 유명하다고 하는 운동선수도 지방 창생의 핵으로서 반드시 활용해야 할 인재인 것이다.

한편 지방 창생을 위해서는 현지 이외에서 생활한 경험을 가진 사람의 제3자적 관점이 크게 도움이 될 것으로 보인다.

왜냐하면 외부인들에게 지역주민이 어떻게 비쳐지는지, 혹은 지역에서는 당연한 것이지만, 외지인들은 특별히 느껴지는 것이 어떤 건지 알 수 있고, 따라서 지방 창생을 목표로 하는 지역의 담당자와 함께 기존의 지역 자원의 재검토나 재활용을 생각하는 계기, 즉 협업이 생길 가능성이 크기 때문이다.[도표 4-4-2].

그 때 현지에 존재하지 않는 지식과 지혜를 획득하는 경로가 필요할 경우, 운동선수의 특수한 인맥은 일반적인 인맥으로 연결되지 않는 인물이나 단체에 연결되는 가능성이 높다고 생각되며, 독자성을 내세우고 싶은 지방 창생담당자의 일인으로써 꼭 협력을 바라고 싶은 곳이다.

[도표 4-4-2] 지방창생 협업(콜라보레이션)

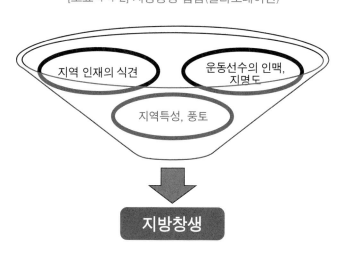

3) 경영자로 변신하고 부딪힌 벽

2013년에 창업하고, 그야말로 순조롭게 일이 진행되고 있는 듯 했지만 한 편으로는 다소 어려움이 있었다. "야구를 하는 것이 훨씬 편하네요"라고 고노 사장은 쓴웃음 짓는다. 지금도 3개의 장벽으로 고전하고 있다.

(1) 익숙하지 않은 접객

창업 초기에는 자신의 이름으로 상품을 파는 것을 별로 의식하지 못했지만, 문의나 거래처가 확산되는 과정에서 스스로 판매 현장에서 직접 나서서 물건을 팔아야 한다는 필요를 절실하게 느끼게 되었다. 설립 1년 이상 지난 현재도 손님의 요청이 있으면 가능한 직접 나서서 제복 차림으로 접객에 여념이 없다.

하지만, 현장에 나가는 시간이 많아질수록, 경영자로서 생각하거나 새로운 발전을 위해 뭔가를 하는 시간을 낼 수 없는 것도 사실이며 그 균형을 맞추기가 어려워지고 있는 것 같다.

(2) 번한기 대책

현재의 주력 상품인 양파는 수확시기가 한정되어 있기 때문에 연간 출하를 위해서는 냉장창고에 넣어 보관해야 하는데, 보관료가 높아 상대적으로 이익이 적어진다. 지속적인 연구 끝에 생각해낸 것이 양파를 사용한 만두의 개발이었다.

처음에 생산을 의뢰한 대형 식품 업체는 만두에 양파를 쓰는 것은 30%정도가 한계라며 포기했지만 이전부터 양파를 썼던 현지의 라면 가게가 조리법 연구에 협력해주고 또 중소 가공 업체까지 소개를 받을 수 있어 양파의 비율을 75%까지 끌어올리는 데 성공한 것이다.

단, 위탁생산한 만두는 모두 매입하는 조건으로 하여 재고를 빨리 회전시키기 위해서는 판매처의 확대가 새로운 과제로서 대두되었다.

이후에도, 절임(漬物), 경단(団子), 멘치카츠(メンチカツ,민스 커틀릿), 시라쇼유(白しょうゆ, 흰간장) 드레싱 등 양파 관련 가공

품목을 늘리고 있으며, 자사에서 판매처를 확대할 뿐만 아니라, 가공을 위탁하고 있는 제조업체의 판매거래처도 확대할 수 있도록 교섭이 진행되고 있다.

(3) 인재 확보

고노 사장은 안심과 안전에 대한 집념을, 양파만이 아니고 다른 농작물에도 확대하고 싶다고 한다.

이를 위해서는, 기존의 농가에게 자신의 생각을 전하고 생산에 협조해 달라고 해야 하지만 지금은 스스로 협력 농가를 찾아 부탁할 수밖에 없다. 또 농작물 종류가 늘면 가공품 상품개발도 본격화할 생각이지만, 전량 수매는 자금사정상 어려워 질수도 있다.

이러한 과제를 해결하려면 고노 사장과 생각을 같이 하는 경영 관리에 뛰어난 인재가 이후 2~3명이 필요하다. 그런 점에서, 운동선

협력 농가와의 수확의 현장, 앞줄 우측에서 두번째가 고노 사장
(출처: 주식회사 겐짱 홈페이지)

수로서의 경력을 평가하고 협력, 응원하고 싶은 생각하는 인재가 나올 가능성이 높은 듯 보이며, 외부인재와 함께 조직을 꾸려나가는 대처에도 검토의 여지가 있는 것은 아닐까.

4) 운동선수의 인생 두 번째 경력의 모델이 되다

회사를 설립하고 채소나 가공품을 판매를 추진해 온 가운데, 앞으로는 원료 생산과 상품개발을 주 업무로 하는 방향을 추진했다. 자사에서는 원료 생산과 상품 개발을 담당한다. 즉, 농가에 위탁 생산한 농작물을 매입하여 그대로 판매하거나 가공품으로 만드는 작업이 회사의 입지가 된다.

생산에서는, 현지의 농가나 농업 생산 법인과 연결한다. 상품 개발은, 프로야구 선수시절 뿐만 아니라 현지에서 새롭게 쌓은 인맥을 통해서 식견을 얻는다. 판매는 회사뿐 아니라, 도매회사나 가공품의 위탁생산과 판매, 양쪽 모두 비슷한 수준의 가격으로 정하여 업체를 통하도록 한다. 판매 촉진에서는, 현지 지자체의 지원책을 이용한다.

광고홍보 활동에서는 지역 언론과의 제휴·운영을 제안한다. 원래 존재하고 있던 지역 자원을, 새로운 주민이 된 고노 사장의 인맥으로 재구성한 '지역 클러스터' 형성이다.

고노 사장은 "다양한 관계를 어떻게 살릴 지를 생각하는 위치에 있다는 이미지가 점점 뚜렷해지고 있다"고 야구에서 배운 팀 플레이의 생각을 경영에 활용하면 이런 식이 되지 않을까라며 구상했다. 고노 사장의 구상을 '고노 모델'이라고 명명하고 정리했다[도표 4-4-3].

회사와 연결된 지역 자원은 당사자들끼리도 연계해 혜택을 공유하

고, 자사를 제외하고 당사자 간의 협업이 연결되면 자사에도 고지를
해 달라는 도식이다.

[도표 4-4-3] 지역 클러스터 고노 모델

　앞에서도 언급했듯이, 고노 사장은 야구 이외의 여러 운동선수들도
이 모델을 참고하여 농업에서 두 번째 경력(세컨드커리어)의 발을 내
딛기를 바라고 있다.

　농가의 고령화 문제나 농업후계자 부족을 감안하여 비교적 젊은 나
이에 은퇴하는 운동선수라면 체력적인 걱정은 필요 없고, 노력을 통
해 결과를 기다리는 것에 익숙하기 때문에 꾸준한 작업에 적합할 것
이라는 시각을 갖고 있다. 게다가 운동선수의 지명도는 젊은 층의 관
심을 농업으로 돌리게 할 수도 있다.

　또 다른 관점은 운동선수 인생이모작의 보람이다. 현역시절의 경쟁
심과 자존심을 되돌리는 것이 아니라, 사회공헌 형태로 전환하면 된
다는 생각이었고, 이를 구현한 것이 일반 사단법인 GEN스포츠 프로
모션의 설립이었던 것이다. 이렇게 보면 운동선수가 인생이모작의 형
태로 농업을 선택하는 것도 지극히 자연스러운 흐름으로 여겨진다.

5) 야구공을 양파로 바꿔 쥐며

창업 후 1년이 지나 야구공을 양파로 바꿔 쥐고 무모하게 임해 온 자사의 경영과 지역에 대한 공헌도 아직 시작 단계이다. 특히 최근에는 유기 액체 비료의 판매 준비에 여념이 없다. 직접 사용해보니 수확량이나 품질 향상에 분명한 효과를 봤기 때문에 현지 농가에게도 이점이 있다는 생각이 강하게 들었다.

무농약이라면 수확량이 줄어 채산이 맞지 않는다고 생각하는 농가 유기질 액체 비료를 사용함으로 수확한 농산물을 자사에서 매입하면 바로 원윈의 관계가 될 수 있다. 이처럼 고노 사장의 머릿속에는 아이디어가 줄줄이 떠올라 시간도 사람도 부족한 상황이다. 운동선수가 은퇴한 후, 지방에서 농사를 짓고, 지역에 활기찬 모델을 펼치는 동시에 자사가 성장해 나감으로써 은퇴한 운동선수들에게 희망의 수혈이 될 수 있다고 생각한다.

정부가 내세우는 「마을·사람·일자리 창생 장기 비전」에는 '지향해야 할 미래의 방향' 속에 '2항 지방 창생이 야기하는 일본의 모습'이라는 항목이 있는데 거기에는 "외부와의 적극적인 관계로 새로운 관점에서 활성화를 도모한다"는 문장이 있다.

농업과 운동선수의 인생이모작을 맺겠다는 고노 사장의 솔직한 발상이 바로 그것과 일치하고 있는 것은 주목할 만하다. 지방 창생을 구현하고 있는 존재로서 앞으로도 주목을 해볼 일이다.

5 달걀을 사용하지 않는 케이크를 계기로 지역 공헌을 완수한다 [사이타마]

사이타마현(埼玉県) 가스카베시(春日部市)에 양과자를 통해서 사회를 건강하게 하는 기업이 있다. 창업 26년 차 '과자집 스완(お菓子の家スワン)'이다. 스완은 사이타마현 지사로부터 경영 혁신 계획[11]을 3차례나 승인받은 실적이 있다. 지금부터 소개하는 사례는, 즉흥적인 것이 아니라, 모두 계획적으로 실시된 것이다.

지금은 현지인뿐만 아니라 전국에서 주문이 쇄도하고 해외에서도 시찰을 올 정도이다. 또, 수많은 표창을 받으며 텔레비전·신문·잡지에도 소개되어 여기저기서 인기몰이를 하고 있다.

경영 격언에 '돈을 쫓지 말고 일을 쫓아라'라는 것이 있는데 스완은 확실히 '돈'이 아닌, '일'을 쫓고 있다. 대표인 이시카와 사장의 입에서는 고객, 지역 주민, 지역 소비 등의 얘기가 많이 나왔지만 매출에 대한 얘기는 전혀 없었다.

여기에서는 왜 '과자집 스완'이, 이 정도로 주목을 받으며 현지인들에게 사랑받는지를 소개하고 싶다.

1) '과자집 스완'의 역사

'과자집 스완'은 도부노다선(東武野田線, 도부 철도 어반파크라인)

---

11) 경영혁신계획이란 중소기업이 추진하는 새로운 사업활동에 실현성이 있는 수치목표를 구체적으로 정한 중장기적인 경영계획서이다. 신사업 실시를 통해 경영 향상에 노력하는 중소기업을 응원하는 시책으로, '신규성', '실현성'을 고려해 각 도지사에 의해 승인된다.

[기업명] 과자집 스완
[대표자] 이시카와 히로시
[설립] 1989년 9월
[직원] 8명
[소재지] 사이타마현 가스카베시 후지즈카 1909-4
[TEL] 048-755-7514
[FAX] 048-755-7550
[URL] http://www.swan.cc

후지노우시마역(藤の牛島駅)으로부터 도보 2분 거리에 있는 한적한 주택가에 위치하고 있다. 점포 이름처럼 외관은 마치 과자로 만든 집 같다. 역에서 가까운 곳이지만 후지노우시마역은 작은 역으로 결코 좋은 입지는 아니다. 그러나, 대화를 나누는 중에도 끊임없이 손님이 찾아온다

대표인 이시카와(石川) 씨는 케이크를 만들기 시작한지 48년 차인 장인 중의 장인이다. 케이크 장인이 된 계기는 단순히 케이크를 먹고 싶었고, 그래서 케이크 가게를 운영하게 되었다.

요코하마(横浜)·도쿄(東京)·사이타마(埼玉)의 제과점에서 20년 이상 배우고, 1989년 그토록 원하던 자신의 가게 '과자집 스완'을 개점했다. 원래는 지금의 장소에 있던 것이 아니라, 역 앞의 상가에 있었다. 개점 초기에는 거품 경기의 영향도 있었고, 상가 자체에 도 활기가 있었다.

과자집 스완 외관

그러나, 거품 붕괴와 함께 상점가에도 폐점하는 가게가 늘어나면서 상가의 활기를 잃어버렸다. 그러던 중, '안심, 안전한 과자'를 기치로, 좋은 재료를 고집하는 제품으로 지역 주민에게 사랑을 받았고 당사의 실적은 순조롭게 이어지고 있었다.

직원도 늘고 점포가 비좁아져 지금부터 12년 전인 2003년에 역전 건너편 200m 앞 현재의 점포로 이전했다. 이전하는 매장위치를 결정할 때는 보다 손님을 끌기위해서 중심지로의 이전도 검토했지만, 지금까지 지역고객의 모습이 떠올라, 그대로 현재의 매장을 리뉴얼을 하는 것으로 결정했다.

대표 이시카와 씨는 "지금 생각하면 후지노우시마(藤の牛島)에 정착한 것이 정답이었다고 생각한다"며 앞으로도, "지역 분들에게 맛있다는 말을 들을 수 있도록 마음을 담아 케이크 만들기에 힘쓰고 싶다"고 말한다.

지역 사회에 대한 생각과 행동을 인정받아 스완은 2007년 '사이타마현 우량 소매점 표창'에 이어 2008년에는 '제18회 우수 경영 식료품 소매점 등 전국경진대회 재단 법인 식품유통구조 개선촉진기구 회장상'을 수상했다.

2) 계란을 사용하지 않는 케익을 계기로

당사의 파티셰인 이시카와 씨는, '카스테라의 장인'으로서 알려져 있다. '맛의 근원은 카스테라에 있다'는 신념으로 품질 좋은 국산 밀가루와 신선한 계란 등 엄선된 재료를 사용하여, 정성스럽게 카스테라를 만든다. 또, 이시카와 씨는 그림에 능숙하여 '그림이 그려진 케이크 가게'로서, 생일 케이크나 웨딩 케이크에 고객의 초상화를 그려 인기를 끌고 있다.

자신의 가게인 '과자집 스완'을 개업하고 약 10년쯤 지나 경영도 어느 정도 궤도에 올랐을 무렵 한 고객이 방문 했다.

"제 아이가 달걀 알레르기가 있어, 달걀을 사용하지 않는 케이크를 만들어 주실 수 있겠습니까?"

여러 가게를 찾아다니며, 비슷한 부탁을 했지만, 어느 가게에서도 상대해 주지 않았다고 한다. 아직 알레르기에 대

이시카와 대표

한 상품이 대표가 아니었을 무렵이다. 시행착오를 거듭해 완성한 케이크는 현재도 스완을 대표하는 상품인 '네이처케이크'다. 달걀 대신 고구마와 호박을 사용해 만들었다.

계란을 사용하지 않는 '네이처케이크'가 완성됐고, 의뢰를 했던 고객에게 전화를 했더니, 곧바로 고객은 매장을 찾아왔다. 이시카와 씨는 당시의 모습을 말해 주었다.

점포를 방문한 어머니는, 네이처케이크를 받자, 차에서 기다리는 아이에게 달려갔다. 가게를 나가서 차를 탔는데, 차가 떠나지 않고 있었다.

"무슨 일이 있으세요?"라고 말을 걸었는데, 차 안에서 아들 얼굴이 크림투성이가 된 채로 케이크를 먹고 있었다. "크림이 떨어지면 시트가 더러워져요"라고 하며 엄마 얼굴을 보니, 눈동자에 눈물이 가득했

다. "우리 아이가 난생처음 케이크를 먹었어요"라며 기뻐하는 눈물이었다. 이 경험을 계기로, 이시카와 씨는 수많은 지역 공헌사업을 시작했다.

네이처 케이크

앞서 언급한 고객은, 감동한 나머지 자신의 홈페이지에 '계란을 사용하지 않는 케이크, 네이처케이크'를 소개했고 해당 게시물이 화제를 불러 전국에서 주문이 밀려들었다.

그러나 문제가 있었다. 전국으로부터 주문을 받았지만, 네이처케이크를 안심하고 안전하게 전국에 배달하는 수단이 마땅치 않았다.

평소 알고 지내던 가스카베 상공 회의소(春日部商工会議所)에 상담을 했는데 경영 혁신 학원 수강을 권유받아 제1회 경영 혁신 계획을 수강했고 계획을 작성하는 단계에 이르렀다. 그 주제는 '세계에서 하나뿐인 오리지널 케이크 & 네이처케이크의 냉동 보존과 전국 진출'이 되었다.

냉동기술 개발에서 가장 힘들었던 점은 케이크가 부서지지 않게 운반하는 것이었다. 냉동기술을 개발하기 위해 냉동케이크를 판매하고 있는 전국에 있는 가게의 상품을 주문하여 냉동방법과 포장상태를 연구하였다.

연구를 거듭하여 독자적인 냉동기술 개발에 성공해 전국적으로 케이크를 배달할 수 있게 된 것이다. 이시카와 씨는 이 냉동 기술개발에 성공한 것은 경영혁신 계획에 대해 구체적으로 계획을 세운 덕분이라고 얘기했다.

3) 음식을 통한 지역 공헌

계란을 사용하지 않는 네이처케이크 완성을 통해, 현재의 경영이념인 "맛있는 케이크는 사람의 마음을 행복하게 한다"는 것을 절실하게 의식하게 되었고 이시카와씨의 "먹거리를 통한 지역 공헌"이 시작되었다. 구체적으로는 다음과 같은 지역 공헌을 실시하고 있다.

(1) 지역 아카누마산 빨간쌀을 사용한 '빨간쌀 도넛'

"현지 아카누마산(赤沼産)의 적미(赤米)를 더 많은 사람들에게 알리고 싶다"는 생각이 담긴 상품. 가스카베 상공회의소와 공동으로 연구를 거듭해 빨간 쌀을 밀가루와 비슷한 정도의 미세한 가루로 만들어 상품화에 성공했다. 지역 식재료를 사용하던 과자라는 점이 평가돼 '가스카베푸드셀렉션'에도 선정되었다.

(2) 지역 우치노마키산(内牧産)의 단배를 사용한 롤케이크

이곳은 농상공 연계의 일환으로 완성된 상품으로, 원래 배는 수분

빨간쌀 도넛(좌)
단배 롤케이크(우)

이 많아, 과자로는 적합하지 않은 것으로 알려져 왔지만, 이시카와 씨의 창의적인 연구로 상품화에 성공했다. 상공회연합회, 농림진흥센터, 가스카베 시청과 함께 만들어 낸 상품이기도 하다.

이 '달콤한 단배롤케이크'의 개발로 제2회 경영 혁신 계획 승인을 받았으며 주제는 '현지 가스카베산 배를 사용한 브랜드 케이크의 신상품개발'이다. 이처럼 이시카와 씨는 적극적으로 지역 농산물을 사용한 과자 만들기를 지역 주민들과 공동으로 추진하고 있다.

4) 사람을 통한 지역 공헌

이시카와 씨의 지역 공헌은 이것으로 끝나지 않는다. 사람을 통한 지역 공헌에도 힘을 쏟고 있다. 2014년에 승인된 경영 혁신 계획의 주제는 '지역 고객과 평생 어울림! 고객의 생활에 있어서 과자 제안'이다. 지역 밀착이라는 관점에서 다음과 같은 활동을 실시하고 있다.

(1) 지역의 학교와의 관계

'과자집 스완'에서는 현지 중학생의 사회과 체험을 실시하고 있다. 사회과 체험 기간은 3일이며, 첫날은 '인사, 청소, 수건 빨기'로 시작하여 마지막 날에는 참가한 중학생이 자신에게 과자를 만들어 증정

사회과 체험의 모습

한다. 이 사회과 체험 시험에서 '과자집 스완'의 인기는 절대적으로

해당 지역의 중학생 중 90% 이상이 응모를 할 정도이다.

또, 현지 초등학교의 특별 지원 과정으로 '장보기 학습'의 장으로도 제공하고 있다. 장보기가 처음인 어린이가 많다. 사전에 교실에서 돈을 주고받은 뒤 '과자집 스완'을 찾는다. 훗날 케이크 가게의 꿈을 꿨다는 아이도 있을 정도로 인기 수업이 됐다.

제과학교의 교육 실습 장소도 제공하고 있어, 장래의 제과제빵사 육성에도 힘을 쏟고 있다. 이 강좌도 큰 인기로, 전문학교 졸업 후 스완에 입사를 희망하는 학생도 많지만, 채용인원에 한계가 있어 대기하고 있는 상태다.

(2) 피해지역, 쉼터에 과자를 제공

2011년 동 일본 대지진이 발생하자 이시카와 대표는 직원들과 함께 피해지역·쉼터를 총 5차례 방문하여 약 1,500개의 과자(케이크)를 제공했다. 맛있는 과자는 사람의 마음을 행복하게 한다는 말처럼 모두가 기뻐했다.

(3) 지역 축제에 적극 참여

가스카베(春日部)에서 열리는 축제에 적극 참여하고 있다. 가스카베시 주최의 '농업제'나 일본 ES개발 협회가 주최하는 '그린 페스티벌'에 수 년 째 참가하고 있다. 물론, 매출보다 지역 사람들에게 즐거움을 주면 된다는 생각뿐이다. 또, 하모니카에 자신 있는 이시카와 씨는 자원봉사로 복지 시설을 방문한다. 직업상 휴일도 없는 상태이지만 그 속에서 어떻게 이만큼의 활력이 생겨나는지 궁금하다.

(4) 국제적 활동으로 발전

이시카와 씨의 사회공헌은 바다를 넘어 한국의 양과자 만들기 연수도 받아들였다. 한국 부산의 청년 18명이 '과자집 스완'의 홈페이지를 보고 시찰 신청을 했다. 처음에는 당황했지만, 수용을 흔쾌히 승낙했다.

한국에서 연수온 청년들

방일한 한국 청년에게 들어보니, 부산에는 양과자 전문학교가 없고, 사설학원형태가 있어 과자(케이크) 만들기는 별로 주목 받지 못하고 있다고 한다. '과자집 스완'의 주방을 견학하고 감명을 받아, 귀국 후 한국에서 과자 만들기에 전념하고 있다.

(5) 노인에 대한 배려

'과자집 스완'의 고객은, 어린이부터 노인까지 폭 넓다. 그런 가운데, 이시카와 씨는 어르신들에게 휴대 전화 번호를 알려주고 있다. 게다가 무슨 일이 생기면 전화를 하도록 전하고 있다. 때로는 어르신의 요청으로, 형광등의 교체까지 하고 있다. 손님 중에는 '이시카와 씨의 휴대 전화 번호가 부적'이라는 사람까지 있어서 놀랐다.

5) 향후 전망

이상과 같은 다채로운 지역 공헌을 실시하는 이시카와씨에게 앞으로의 전망을 물었다. 이에 이시카와 씨는 "지역의 과자점으로서 뿐만 아니라, 지역 분들의 즐거운 화합을 펼칠 수 있는 존재가 되었으면 한다. 제가 잘하는 과자 만들기를 통해 지역에 밀착해 이 지역 활성화에 미력하나마 힘쓰겠다."

이시카와 씨한테서 다양한 이야기를 들었다. 쓸 말이 너무 많아서, 무엇을 쓸까 망설일 정도이다. 결론적으로 '과자집 스완'은 지역 주민 모두에게 사랑받고 있다는 것이다. 이것이 지역 공헌의 결과라고 느낀다. 양과자점은 크리스마스나 밸런타인데이 등 특별한 날은 매우 바쁘다. 인력을 구하는데 애로를 겪는 점포도 많다.

그러나 이곳은 인력 걱정을 할 필요가 전혀 없다. 왜냐하면, 아르바이트의 OB(old boy), OG(old girl)가 자연스럽게 도움을 주기 때문이다. 그만큼 지역인들의 사랑을 받고 있는 것이다. 지방 창생을 생각할 때, '수도 기능 이전'이나 '특구'라는 대대적인 것을 생각하기 쉽다. 그러나 이번 '과자집 스완'과 같은 지역 공헌을 실시하는 사업자가 전국적으로 확산됨으로써 지방이 활성화되는 것임을 잊어서는 안 된다.

또한 지방창생에 있어서 경영혁신계획의 중요성도 재인식할 필요가 있다. 이번에 소개한 '과자집 스완'은 '지역 공헌을 완수하기 위해서 무엇을 해야 할 것인가'를 경영 혁신 계획에 있어 명확하게 실행함으로써 성과를 거두고 있는 것이다.

6 소주전국제일,
사원의 명확한 행동으로 기리시마를 바꾼 [미야자키]

1) 품질을 설레게 하는

지금 전국의 주점 중 상당수에 통칭 '구로기리(クロキリ)'인 '구로기리시마(黒霧島)'가 진열되어 있다. 기리시마주조주식회사(霧島酒造株式会社)는 미야자키현(宮崎県)의 서남부, 기리시마 정상을 바라보는 미야코노죠시(都城市)의 양조장이다. 본격 고구마술 '구로기리시마'의 히트로 2013년 본격 소주 판매량 전국 1위를 달성, 2014년에도 565억 엔의 매출을 달성해 전국 1위를 유지하고 있다.

회사명과 상품명에 '기리시마(霧島)'를 명명한 이 회사는 지방 창생의 시대에 앞서 지역밀착, 지역활성화를 추진해 왔다. 지역창생의 테마인 「마을·사람·일자리」의 관점에서 기리시마 주조를 살펴본다.

기리시마주조의 뿌리는 창업자 에나츠 키치스케(江夏吉助)가 1916

[기업명] 기리시마주조주식회사
[대표이사] 에나츠 요리유키
[창업] 1916년 5월
[설립] 1949년 5월 3일
[자본금] 2,289만엔
[종업원] 460명
[소재지] 미야자키현 미야코노조 시모카와 히가시 4-28-1
[URL] http://www.kirishima.eo.jp/
[업무내용] 본격소주의 제조·판매, 지역맥주의 제조·판매(레스토랑 사업)

년 전신인 '가와히가시 상점'에서 소주의 제조를 시작한 것이다. 2 대인 에나츠 준키치(江夏順吉) 는 제국대학(현 도쿄대학)에서 응용 화학을 전공하고 독자적 으로 증류기를 개발한 기술자 로써, 품질에 집착해 소주의 맛 을 결정하는 블랜더(감별사)이 기도 했다.

에나츠 요리유키 사장

1996년에 준키치가 갑자기 죽자 아들인 준코(順行)와 타쿠조(拓三) 형제가 사장, 전무로 취임했다. 취임 후 한 달 뒤에 창업 80주년을 맞아 새로운 약속으로 기업 정책품질에 대한 호감, 기업이념, 가치창조, 감동의 창조, 신뢰의 창조를 정했다.

나아가, 경영방침으로서 '도전', '품질', '가슴이 따뜻한' 「마을·사람·일자리」 "지역주의"를 추가하고, "지역에 뿌리를 내리고, 지역과 함께 발전하는 기업"을 목표로 하고 있다.

2) 지역 밀착형 제품만들기(마을)

(1) 술은 지역 밀착

음식과 산지는 떼려야 뗄 수 없는 관계가 있다. "스카치위스키나 코냑, 보르도와인 등 술은 특히 지역농업과 연결되어 있다"고 3대 사장인 준코 씨는 말한다.

이 회사의 고구마 소주의 원료가 되는 고구마는 남규슈의 온난한 기후를 살려 재배된 황금천관(黃金千貫: こがねせんがん)이라는

황금천관(왼쪽)과 1차 사입(오른쪽)
(출처: 기리시마 주조 홈페이지)

품종을 사용하고 있다. 녹말이 풍부하게 들어있는 이 고구마는 고구마 소주를 만드는 데 최적의 품종 중 하나이다. 품질을 고집하여, 안심·안전에 신경을 쓰는 기리시마주조에서는 농업법인을 설립해 재배 시책이나 품질 개량의 연구를 진행시키는 한편, 생산 농가와의 제휴를 중요시해왔다.

농가별로 사용하고 있는 농약이나 품질의 이력을 기록하고, 품질 관리에 노력하는 한편, 흉작·풍작을 불문하고 전량 매입한다. 이렇게 50개가 넘는 중개인을 통해 약 2,300곳의 농가에서 고품질의 재료를 안정적으로 구매하고 있다.

고구마는 부패가 빨라 오랫동안 보존할 수 없어 그동안 소주의 생산은 고구마 수확기인 8월부터 11월에 한정됐다. 자사에서 냉동 기술을 연구해, '냉동 고구마'를 보존함으로써, 연중 생산을 가능하게 했다.

또 소주를 담그려면 사입수(仕込み水, 발효물)와 분해수(割り水, 와리미즈)가 없어서는 안된다. 기리시마 산봉우리의 단단한 응회암과 시라스(シラス, 화산화 퇴적층) 대지에서 솟아나는 물은 적당한 미네랄과 탄산가스를 함유하여 소주 만들기에 적합한 명수다.

1955년 당시 최고의 보링 기술로 발굴한, '기리시마 열하수(霧島裂罅水)'라고 명명된 이 물은 1985년 후생성(厚生省)에서 '전국 맛있는 물, 32선' 중 하나로 인정받고 있다.

(2) 지역 브랜드

준코 사장이 지향하는 지역 브랜드는 단순히 지역 이름을 붙인 브랜드가 아니다. 지역에는 각각의 역사와 문화, 전통이 있고 기후, 풍토, 토양, 경관 등 자연조건에 따라 지역의 독자성이 존재한다. 이 지역이 갖고 있는 독자성을 살리는 것으로 이 지역밖에 없는, 이 지역에서만 만들 수 있는 제품이 태어난다. 현지에서 태어나서 성장한 사람은 물론 다른 지역의 사람에게도 이 지역을 사랑받을 수 있는 제품, 그것이 사장이 목표로 하는 지역브랜드이다.

기리시마주조에서는 미나미큐슈(南九州), 미야자키(宮崎)의 음식문화 가운데 고구마 소주가 있고, 또한 자사 제품이 있다는 자리매김으로, 지역 전체의 가치를 높이는 것을 목표로 하고 있다.

예를 들어, 광고도 단순한 상품의 소개가 아니라 지역에 전해지는 '좋은 것'에 초점을 맞춘 '큐슈의 맛과 함께'라는 시리즈를 전개하고 있다. 말하자면, 지역의 간판 만들기라고 한다. 이러한 노력의 결과로 '구로기리시마(黒霧島)'는 지역을 상징한 브랜드로 인지되어, 지역납세의 특산품 중에서도 호평을 받고 있다.

이러한 지역 브랜드의 신념이 기반에 있기 때문에 지역 환원에도 적극적이다. 공장을 기리시마팩토리가든(霧島ファクトリーガーデン)이라고 하여 산업·문화·만남의 장으로 시민들에게 개방하고 있다. 여기서는 소주를 분해수(割り水, 알콜도수를 조정하는 물)로 사용하고 있는 '기리시마 열하수'를 자유롭게 마실 수도 있고 매년 '기리시마 봄축제(霧島春まつり)', '기리시마 가을축제(霧島秋まつり)'를 기획해, 지역과의 교류를 다지고 있다. 이 같은 활동도 있어, 지역 취업 희망자가 많은 것은 물론이지만 최근에는 전국에서 지원과 채용도 증가해 지역 인구증가에 기여하고 있다.

3) 사원 '고동(考動)'이 회사를 바꿨다(사람)

(1) '고동' 지침

1996년 사장 취임 때 "스스로 생각하고 움직이는 것"을 기대하며 '고동(考動) 지침'을 발표했다. '행동'이 아닌 '고동'이다. 스스로가 주역이 되어 꿈을 가지고, 적극적으로, 즐기면서 독창적으로 일을 해 나가는, 이것이 기리시마인 정신(霧島人スピリット)이다. 장난꾸러기처럼 틀에 박히지 않고 스스로 생각하고 행동하는 사람이다.

기리시마주조 [고동지침]

Vision: 꿈이 없는 시작은 하지 말아라
My Company: 회사의 주역은 나 자신이다
Move: 지나침이 많은 것이 약간 좋다
Originality: 매너리즘은 재미없다
Enjoyment: 즐기지 않으려면 시작하지 말아라

(2) 기리시마인 정신

이 기리시마인 정신의 형성은 입사 전부터 시작되고 있다. 업무 내

용, 회사의 분위기를 이해한 후, '여기라면 자신의 능력을 발휘할 수 있다', '이 회사에서 일하고 싶다'고 생각한 사람이 근무하기를 바라는 차원에서 회사 견학이나 인턴제도 등을 도입하고 있다.

이런 노력에 후쿠오카 큐슈(九州)에서는 취업 인기 회사 3위(「마이 나비 큐슈(マイナビ九州)」·오키나와 취업 인기 랭킹, 이과)에 올랐다. 부모와 자녀가 함께 회사에 근무하는 사람도 있고 부친의 저녁 반주 때문에 기리시마주조를 알게 되어 입사한 직원도 있다.

입사 후에도 기리시마인 정신 양성에 힘을 쏟고 있다. 기리시마주조만의 독자적인 '형제 제도(형제는 이 지방의 사투리로 '교데'로 발음한다)'에서는 신입 사원 입사 4~5년차의 선배가 교육 담당으로 배정된다.

불안감이 많은 신인에 대해서 뭐든지 상담할 수 있는 형뻘이다. 상사에게 얘기하기 곤란하지만 비슷한 처지였던 회사 선배라면 얘기하기가 편할 수 있다. 혼자 고민하지 말라는 차원의 배려이다. 후배의 상담에 응함으로써 선배 자신도 성장한다.

(3) 커뮤니케이션을 소중히

"지난해에는 이 일이 잘됐기 때문에 올해도 가능할 것"이라는 생각은 여기서는 통용되지 않는다. 사장이 '전통은 혁신의 연속이다'라는 신념으로 항상 도전을 기대하기 때문이다. 사원 한사람, 한사람이 목표를 설정해 도전하고 상사와 함께 성과를 서로 확인한다.

사장 스스로 20여명의 그룹과의 대화 모임을 실시하고 기리시마인 정신을 전달했다. 한편으로 사장은, 비공식적 활동이나 교류를 통해 아이디어가 나온다고 생각한다.

양조회사답게 '술자리 커뮤니케이션제도(飲みニケーション制度)'

라는 직장 단위의 회식에 장려금이 나오는 독특한 제도도 있다. 회사 돈으로 마시고 즐거운지 아닌지는 별도로 소통 권장에는 도움이 된다. 또 테니스와 풋살 등 동호회 활동도 활발하다. 사원 만족도 조사도 매년 실시하고 있다. 대부분의 직원들이 '보람 있는 회사'라고 느끼고 있어 만족도는 높은 편이다.

이처럼 기리시마인 정신을 갖고 있는 직원들의 고동이 역경에서 벗어나 전국 제일의 원동력이 되고 있었다.

4) '구로기리시마'로 지역에서 전국으로(업무)

(1) 고집의 품질

소주에는 그동안 두 차례의 활황기가 있었다. 1970년대에는 고구마 소주 '시라나미(白波, 가고시마현 사쓰마주조)'가 있었고, 1980년대에는 '거리의 나폴레옹'이라 불린 보리 소주 '이이치코(いいちこ, 오이타현 미와주류)'가 큰 인기를 얻었다. 그 이외에도, '니카이도(二階堂, 오이타현 니카이도주조)'나 '운카이(雲悔, 미야자키현 운카이주조)' 등 지명도가 있었다. 이 가운데 좋은 제품을 만들면, 저절로 팔린다 가 2대 사장 준키치의 신조였다.

이 때문에 기리시마는 현지에서는 평가도 양호하고 애호가도 많았지만 소주 활황에 편승하지 못하고 경쟁사에 밀리고 있었다. 한편, 소주의 보급에는 크게 기여했다. '본격 소주'라는 이름이다. 원래 소주에는, '갑류·을류'라고 하는 주세법상의 분류 호칭이 있었다(현재는, 연속식 증류, 단식 증류).

이 호칭은 갑을이라고 하는 등급의 차이인 것 같아서, 준키치가 '본격 소주'라고 부르는 호칭을 제안한 것이다. 1962년 대장성령

(大蔵省令)에 따라 법적으로 인정돼 다른 회사도 '본격 소주'라고 표기하기 시작했다.

(2) 고구마 소주 '기리시마'

1998년에 상품화 한 '구로기리시마(黑霧島)'는 모든 점에서 독특하다. 고구마 소주는 고구마 냄새가 특징이며, '냄새, 촌스러움, 노인, 노동자의 술'이라고 하는 것이 일반적인 이미지였다.

그런데 '구로기리시마'는 고구마의 향을 억제하고, 고구마 향기가 생명인 고구마 소주를 여성에게도 마시기 쉬운 소주로 다시 태어나게 했다. '사르르, 시원하게(トロッと、キリッと)', 고구마 냄새 안 나는 대신에 단맛이 더해져, 마시는 맛도 담백했다. 역발상이다.

이 맛을 내게 한 것은 검은누룩이다. 당시 기리시마주조의 간판상품인 '기리시마(통칭 시로키리)'나 타사의 고구마 소주의 상당수는 흰누룩을 사용하고 있지만, 일부러 검은누룩을 사용하여 마시는 맛도 부드러워졌다.

당시만 해도 흑돼지, 흑초, 흑임자 등이 붐을 이루고 있었다. 흑은, '고급감'이나 '건강' 등을 연상시키는 일도 있어, 그 이름도 '구로기리시마'라고 명명했다.

게다가 라벨도 검은 바탕에 흑임자, 지금까지의 상식을 뒤집는 제품을 만드는데 있어 반대의 목소리도 있었지만, '지나침 정도가 딱 좋다', '전통은 혁신의 연속'이라는 신념으로 밀어붙였다.

(3) 이기는 시장을 만들어 승부한다

또한 판매방법도 연구를 하였다. 1980년대 말 '드라이' 전쟁을 참고한 것으로 알려졌다. 아사히맥주가 슈퍼드라이라는 제품을 만들었다. 이는 종전과 목넘김이 다른 드라이 맥주로, 기린 맥주로부터 업계 선두 자리를 빼앗았다.

기리시마주조는 '구로기리시마'를 무기로, '검은 시장'을 새롭게 만들었다. 타사를 경쟁에 끌어들이고 먼저 입성한 '구로기리시마'가 기반을 만들어 편안하게 싸워 승리한다고 하는 스토리다.

하지만 현지 미야자키에서는 알려진 '기리시마'도 그 외의 지역에서는 지명도가 거의 없었다. 준코 사장은 '오케하지마전투'에 빗대어 규슈 최대의 도시인 후쿠오카에 '구로기리시마'로 돌진한다. 헬로레이디로 불리는 부드러운 여성과 남성영업 담당이 이른바 거래처를 휘젓고 다니는 영업의 양면 작전이다.

소비자, 술 도매점, 음식점, 술집, 슈퍼마켓, 편의점 등 모든 경로에 샘플을 배포하고 '구로기리시마'를 알렸다. 영업 담당은 주간 영업 후에 담당 구역의 음식점을 돌아다녔다. 점주에게 '구로기리시마'를 파는 것만이 아니고, 고객과의 소통을 통해서 고객의 반응을 실제로 듣고, '구로기리시마'를 추천하는 등의 판촉 활동도 적극적으로 행하고 있었다.

대규모 지원이 필요한 수도권이나 관서지방 등의 대도시는 피하고, 후쿠오카를 시작으로 히로시마, 센다이 등 지방의 핵심 도시를 공략했다. 이러한 도시는 기업의 지점이 설치되어 있는 지역이다. 출장이나 파견지 등에서 마신 '구로기리시마'를 본사, 지역에서 선전하거나 음식점에서 '구로기리시마'를 주문하는 등 평판이 자연스럽게 퍼져 갔다. 수도권에서는 정면 승부를 걸지 않고 센다이로부터 주변의 관동지구까지 차근차근 공략해 갔다.

좌로부터 「아카기리시마」, 「구로기리시마」, 「시로기리시마」
(출처: 기리시마 주조 홈페이지)

(4) 상품 라인업

'구로기리시마'는 전체 매출의 85%를 차지하는 주력상품으로 성장했다. 상품에는 도입기, 성장기, 성숙기, 쇠퇴기라고 하는 제품 주기가 있다. '구로기리시마'의 성장기였던 2003년, 재료에 보라색 감자(무라사키 마사리, イモムラサキ マサリ)를 사용한 '아카기리시마'를 한정품으로 투입했다. 희소성을 담아 '구로기리시마'와의 균형을 맞췄다.

이어 2015년 1월에는, 기리시마주조의 뿌리인 '기리시마'를 '시라기리시마(白霧島)'로 리뉴얼하고 광고캐릭터에, 사상 최다 우승 스모선수인 하쿠호우쇼와(白鵬関)를 기용했다. 광고 구호는 '도싯토호완토(どしっとほわんと)', 바로 요코즈나 스모(横綱相撲)를 광고 컨셉으로 전개했다.

얼음을 넣어 먹는 '구로기리시마', 미즈와리(お湯割り, 술과 물을 섞어마시는)의 '시로기리시마(白霧島)', 과일맛 '아카기리시마(赤霧島)'는 맛이나 마시는 방식도 달라, 상품 구성도 서로 겹치지 않는다.

5) 종합 식품 문화 기업을 목표

이처럼, '마을, 사람, 일자리'가 일체가 된 지역창생의 선행 모델이라 할 수 있는 기리시마 주조는 소주 최대 판매로 전국 제일이 되었다. 그러나 종합식품문화기업을 지향하면서 도전은 여전히 계속되고 있다.

현재의 출하량 45.3만석(1석은 25번 환산 1되 병 100개 분)을 100주년을 맞는 2016년에는 52만석, 2018년에는 57.5만석으로 늘리는 것이 목표다. 이는 고구마 소주 115만석의 점유율 50%에 해당한다. 2015년 1월 연례 신년회에서 이 목표가 발표됐다.

이 목표를 달성하려면 5번째의 공장과 가스 처리 플랜트도 필요하다. 국내 최초의 고구마에 의한 바이오매스 발전 등을 실시하고 있지만, 친환경적으로 새로운 투자 부담이 다가오고, 게다가 기존 공장도 설비 갱신 시기에 접어들었다. 2015년에는 시비타 공장의 4분의 1에 해당하는 부분의 유지보수에 들어간다. 게다가 노동력 확보도 필요하고 과제도 많다.

'역경을 건더낼 수 있는 인간은 많을 것 같지만 순경(順境,모든 일이 순조로운 환경)을 건너낼 수 있는 사람'은 몇 명이나 될까? 이것은 영국 평론가 토머스 칼라일의 말로 준코 사장의 좌우명이다.

2015년 기리시마 주조의 슬로건

"'순경(順境)'이라고 안심한다. 그래서 지금이 제일 위험하다. 이 시기에 결코 들떠서는 안된다"고 준코 사장은 말한다. 쫓는 입장에서 쫓기는 입장으로 바뀌어 경쟁

사의 추격은 불가피하다. 전국 제일을 이룩한 융성 속에서, 스스로와
직원을 경계하고 새로운 도전을 재촉하는 말이다.

제5장

미국의
도시창생
프로젝트

1 「PPP」재개발기법으로 활성화하는 도시와 기업

1) SC시대의 도래와 함께 몰락한 상가

미국의 본격적인 교외 쇼핑센터(SC)가 개발되기 시작된 것은 제2차 세계 대전이 끝나고 교외 주택화가 시작되면서 고속도로망이 정비된 1950년대에 들어서부터다.

처음에는 슈퍼마켓(SM)을 중심으로 음식점, 실용품 전문점 등 10개 정도 점포가 들어간 소형 네이버후드형(neighbourhood type)이었지만, 점차 대형화하며 중급 백화점을 중심으로 매장이 30~40개 들어간 커뮤니티형(community type)이 등장했고, 심지어는 대형 백화점 규모가 2개 들어간 리저널형(regional type), 중심 점포가 4개 이상 되는 거대한 슈퍼 리저널 형태(super regional type)로 발전했다.

그리고 지금 미국에는 48,695곳의 SC가 있다. 반세기 이상에 걸쳐 SC의 역사 속에서 SC끼리의 경쟁이 심화되어 SC의 6할을 차지하는 네이버후드형, 3할을 차지하는 커뮤니티형 SC중에는 매장이 철수하여 유령도시가 되었는데, 이미 그 한계를 넘어 폐쇄한 곳도 나오고 있다.

미국에서는 지금 SC의 재개발도 과제가 되고 있지만, 그럼에도 SC 시대의 도래와 함께 쇠퇴하고, 유령도시화 된 중심 시가지의 재개발이 도시로서의 미관, 안전성, 세수입이라는 관점에서 지방행정의 큰 문제가 되고 있다. 유령도시화로 땅값이 하락하고 부동산세 수입이 급감하면서 도시가 다시 쇠퇴하는 악순환에 빠져들고 있는 것이다.

2) 지금까지 도시 재개발의 대부분은 실패

미국의 도시 개발은 1950년 이후 다음과 같이 3차에 걸쳐 진행됐지만 큰 성과를 거두지 못하고, 지금 4차 재개발이 시작되고 있다.

제1기는 연방 정부가 앞장을 서고 1950년부터 1970년까지 실시된 도시 리뉴얼 정책이다. 황폐한 다운타운의 낡은 건물을 철거해, 거대한 빌딩을 건설하는 재개발이다. 이로 인해 빈민가를 없앨 수는 있었지만, 동시에 역사적·문화적 시설도 없어져 다시 빈곤과 범죄가 횡행하는 거리가 출현하고 말았다.

제2단계는 1960년대부터 1970년대까지 200개 이상의 도시에서 열린 도심 보행자 몰 화이다. 그 방법은, 페데스트리아몰(pedestrian, 보행자 전용), 쉐어드몰(shared mall, 보행자와 한정 차량만 통행), 트랜싯몰(transit mall, 보행자와 대중 교통만 통행)의 3개가 있지만 이것도 공공교통기관이 있는 포틀랜드(Portland), 덴버(Denver), 새크라멘토(Sacramento)등에서 성공하고 있을 뿐 대부분은 실패로 끝났다.

제3단계는 다운타운의 재개발에 의한 쇼핑몰화이다. 교외 SC의 기법을 적용하여 주차장을 넓게 만들고, 매장은 100개 이상 입점하여 좀 더 능력 있는 매장 임대인을 영입하는 등 SC경영의 수법을 완전히 접목했다. 이에, 시설은 번성했지만, 거리 전체에 대한 파급 효과는 없었고, 지역 활성화로 이어지지 않았다.

이 같은 과정을 교훈으로 삼은 것은 1980년부터 본격적으로 시작된 4단계 메인 스트리트 프로그램으로(Main Street Program), 중심이 되는 조직 구축과 운영, 역사적 건물과 공간을 살린 디자인, 홍보, 경제 재구성 등 4가지가 기본 요건이다.

이미 이 시스템으로 인해 일리노이주(Illinois) 게일즈버그(Galesburg),

인디아나주 매디슨(Indiana Madison), 사우스다코다주 핫스프링스 (South Dakota, Fall River Count)에서 도심 재개발에 성공하고 있다.

3) 도시 재개발의 새로운 방법 PPP

앞에서 언급했듯이 메인 스트리트 프로그램을 성공시키기 위한 요건의 제1은 '핵심 조직 구축과 운영'인데, 이를 위해 PPP개발이 필요한 것이다.

PPP란, Public Private Partnership의 머리 문자를 딴 약칭으로, 일본에서는 '민관연계'라고 한다. 관(Public)과 민(Private)이 연계하여 다양한 프로젝트를 실현해 나가는 구조이지만, PPP의 연계는, 단지 '관'과 '민'이 제휴해 도시 개발을 하는 것과는 조금 다르다.

도시재개발은, 일반적으로 '관'이 개발 계획을 만들어 '민'에 입찰을 해서 발주하지만, PPP에서는 개발 RFP(제안 의뢰서)를 전국 개발 업자('민')로부터 공모해, 그 중에서 가장 좋은 것을 '관'이 선택하고, '민'에게 개발 계획부터 건설, 완성 후 운영까지 맡긴다. 그리고 대부분의 경우 '관'은 거의 자금을 부담하지 않고, 개발을 맡은 '민'이 독자적으로 조달한다.

자금 조달과 운영에 대해서는, 예를 들어 시청을 만들면 40층짜리 건물을 지어 시청은 4~8층에 들어서며 1~3층은 SC, 9~20층은 사무실, 21~40층은 아파트로 매각해 자금을 회수한다. 또한 개관 후에는 관리회사를 만들고 관리비를 징수해 운영하는 방식이다. 빌딩 1개 동이 아닌 이 방법을 넓은 재개발 지역에서는 면적으로 행하는 대규모 재개발도 있다.

4) PPP재개발의 장점

이 방법은 재정이 어려운 '관'은 재개발 자금을 부담하지 않고 개발 후에는 거주 인구, 주간 인구가 모두 증가해 일자리를 확보할 수 있으며 지역구매력이 늘어나 지역경제를 활성화시킨다. 관에는 주민세, 매출세가 징수되고 부동산 평가도 높아져 부동산세도 늘어나는 이점도 있다.

미국에서는 이미 1990년대부터 공공 서비스, 도시 개발, 경제 개발 등 자치 단체 조직 개혁이라는 형태로 전개되고 있다. 유럽에서는 공공 서비스의 민간 개방과 한정적인 형태로 전개되어 왔다. 미국형의 PPP는 '관'은 스스로의 목적을 달성하기 위해서 '민'의 자금노하우를 활용하고, 민관의 신용이나 인, 허가권을 이용함으로써, 사업 전개상의 장점을 얻을 수 있다는 민관 모두에게 장점이 있는 기법이다.

미국에서 PPP에 의한 재개발을 시작해 번성해온 배경은 다음과 같다.

① 산업 구조, 사회 구조의 변화로 도심이 황폐해지면서 사회 문제가 되었다.
② 연방 정부, 주 정부 모두 재정이 적자였고 도시 재생 예산이 없었다.
③ 미국은 원래 시민("민")이 주체가 되어 구성된 국가이다.
④ 따라서 미국에서는 100년 이상 오래 전부터 PPP활동을 볼 수 있었다.
⑤ 1991년 도로 재원을 도시 재생·개발에 사용할 수 있는 ISTEA법(미국 연계육상교통체계효율화법)이 제정됐다.

5) PPP재개발 성공 사례

(1) 웨스트 팜 비치시 재개발

PPP기법에 의한 미국의 도시 재개발 사례는 작은 것까지 포함하면 이미 100여개의 사례가 있지만, 그 중 최고의 성공 사례로 꼽히는 웨스트 팜 비치시(West Palm Beach)의 사례를 먼저 소개한다.

[재개발 개요]

- 소재지: 플로리다주(Florida), 플로리다반도 남동쪽 지방도시
- 행정 인구: 82,000명
- 입지특성: 미국에서도 유명한 고급 휴양지 팜비치 카운티의 정치 경제 중심지.

  1970년대부터 쇠퇴가 시작되고 1980년대에는 유령 도시화, 심지어 칼리브해 방면에서 난민의 유입되면서 동네 치안이 악화

PPP 도시 개발로 변화된 시티플레이스 지구

- 개발의 중심: 시내 시티플레이스 지구
- 개발 방법: 1990년대 초 도시재정은 파산 상태였고 개발의 필요성을 인식하고 있어도 손을 쓸 수가 없었다. 그래서 1996년 PPP의 대표적 기법으로 민간 RFP(제안 의뢰서)방식으로 도시의 재정 부담 없이 재개발안을 모집
- 총 투자액: 5.5억 달러. 자치 단체의 규모, 당시 재정적 상황에서는 조달할 수 없기 때문에 민간 자금, 지자체 자체 금융으로 조달

[제1단계] 클레마티스 거리의 개발

한때 웨스트 팜 비치(West Palm Beach)의 대표적 거리였지만 우범지역이 되어 황폐해졌던 클레마티스 거리(Clematis street)를 도심주거, 상업시설, 오피스, 극장, 공공 공간, 분수, 퍼포먼스 학교 등의 복합개발로 인해 문화 예술 학술·엔터테인먼트 활동을 상호 연관시키고, 활기찬 장소로 재생.

[제2단계] 시티 플레이스 지구 개발

- 클레마티스 거리에 인접한 토지 72에이커(88,235평)의 토지를 유럽 1개 지방 도시풍의 저층 건축물의 경관, 개방적인 이미지로 개발
- 상업 시설: 20,000평(중심 점포: 메이시, FAO슈워츠, 반즈앤노블, 전문점 78곳, 레스토랑 10곳, 시네마 콤플렉스)
- 오피스 빌딩 3개동(2만 평), 주택 582동, 무료 공용 주차장 3,300대
- 공공공간: 다목적문화센터, 광장, 분수건설, 보도확장
- 중심지 순회용 트롤리버스 운행
- 분수쇼, 라이브 퍼포먼스로 번창함을 연출

(2) 플로리다주(Florida)의 PPP에 의한 대표적인 도시 개발 사례

플로리다의 PPP 기법에 의한 재개발 성공 사례는 웨스트팜비치 이외에도 많다. 정리해서 소개하면 다음과 같다. 이 중 포트 로더데일시는 대성공이라고 알려져 있다.

- 마이애미 비치시(Miami Beach)
- 포트 로더데일시(Fort Lauderdale)
- 케이프 코럴시(Cape Coral)
- 노스 마이애미시(North Miami Biscayne)

6) 일본에서도 시작된 PPP의 마을 만들기

(1) 마을만들기 3개법의 효과는 제한적

조사에 따르면 일본의 상가 중 90%는 쇠퇴하고 있다는 결과가 나왔다. 이에 대응하여 정부는 '마을만들기 3개법'(대형 상점 입지법, 중심 시가지 활성화 법, 개정 도시 계획 법)을 정비해서 교외에는 1만 면 이상의 상업 시설 건설을 규제하는 압축도시의 개발을 추진해왔다.

이 계획을 추진하기 위해 각 시도군에서 '중심 시가지 활성화 기본 계획'을 수립하여 정부에 '중심 시가지 활성화 본부(본부장: 내각 총리대신)'를 설치하여 이곳에서 상정한 계획을 지원하는 체제가 되었다. 그리고 이 계획을 추진하는 중심 시가지 활성화 협의회가 93곳에 설립돼 이 중 30개 도시에서 '중심 시가지 활성화 기본 계획'이 승인되었다.

하지만 사업 시행에 대한 적극적인 움직임은 찾아볼 수 없다. 이

상황을 타파하기 위해서도, PPP 방식의 활용이 필요하다.

(2) 일본에서의 PPP성공의 포인트

PPP에 의한 도시 재개발을 성공하기 위해서는 '관'이 개발 계획을 만드는 것이 아니라, 지역업체에 국한하지 않고, 전국의 개발업체로부터 RFP (개발계획 제안서)를 모집해 그 중에서 가장 좋은 안을 뽑고 주민에게 공개해 충분히 토의한 후 개발 계획을 계획에 의해 추진하는 것이 필요하다.

PPP에 의한 도시개발을 성공시키는 포인트는 다음과 같다.

- 미국에서 주류인 믹스트 유스(mixed Use; 거주, 직업, 놀이) 방식을 취한다.
- 확고한 신념과 강한 리더십이 있는 지도자를 선택한다.
- 주민과 충분히 대화하고 승인·협력을 얻는다.
- '관'과 '민'을 연결하는, 기획력·추진력이 있는 유능한 관리자를 선택한다.
- 적정한 RFP (개발계획제안서)를 작성하고, 영향력 있는 개발업체를 선정한다.
- RFP (개발계획제안서)에서 장기간에 걸친 목표를 수치화시킨다.
- 각 분야에서 전문가를 활용한다.

(3) 도요대학(東洋大学)이 전공 대학원을 개설하고 PPP를 보급

개정 중심 시가지 활성화법의 시행에 따라, 중심 시가지 활성화 협의회가 각지에 설립되면서 시가지 개발·도시 개발이 활발하게 되어 그 방식으로 PPP가 주목받게 되었다. 이에 대응하여, PPP이론과 실무를 체계화하기 위해 2007년 4월 도요대학 대학원 경제학연구공민연계 전공과가 개설되었다.

이에 따라, 이와테현(岩手県) 시와마치(紫波町)는 역전 재개발을 본격적 PPP 방식으로 실시하는 것을 마을 의회에서 결정하여 도요대학 대학원의 지도를 받게 되어 직원을 대학원에 파견해 성공을 기하고 있다.

2 오리건주 포틀랜드시의 도시 창생

1) 포틀랜드의 매력

오리건(Oregon)주 포
틀랜드(Portland)는 시
애틀 남방 약 300km에
위치하고 홋카이도와 비
슷한 위도에 있는 미국
서부해안 쪽 도시이다.
그 동안 포틀랜드는 북
쪽 시애틀 남쪽의 샌프
란시스코의 사이에 있어

포틀랜드 시가지
(출처: http://commons.wikimed1a
org/Wiki/Portland,_ Oregon)

지명도는 상대적으로 낮았다. 그러나 최근 몇 년간 우수한 도시 계획
에 의한 환경 선진 도시 중 하나로 각광 받고 있다.

미국에서는 1980년대까지 자동차에 의존한 교외 주택 개발에 대한
비판에서, '뉴어바니즘(New urbanism)'이라는 아이디어가 나왔다.

이것은 전통 회귀적인 도시계획으로 지나친 자동차 의존을 해소하
고, 자연 환경보호를 우선시하는 사고방식이다. 또, 친환경 철도와 버
스 등 대중교통을 기본으로 하고, 콤팩트한 직주 근접형의 마을 만들
기를 지향하고 있다.

포틀랜드 또한 이와 같은 사고방식으로 도시 계획을 추진해온 도시
중 하나이며, 현재는, 전국에서 가장 살기 좋은 도시, 전국에서 가장
친화적인 도시, 전국서 가장 '자전거' 출퇴근에 적합한 도시 등으로 알

려져 인구는 매년 계속 늘고 있다. 특히 19~34세의 청년층 근로자의 유입이 주 외로부터 계속되고 있다[도표 5-2-1]. 2013년 현재 추정 인구는 60만 명을 넘어서고 있다.

[도표 5-2-1] 포틀랜드시 인구 추이

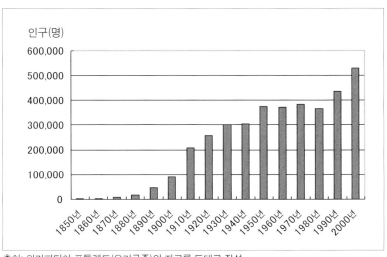

출처: 위키피디아 포틀랜드(오리곤주)의 자료를 토대로 작성

포틀랜드는 후지산과 같은 형태의 후드산(Mount Hood)과 태평양 쪽을 따라 남북으로 달리는 캐스케이드 산맥(Cascade Range)의 웅장한 산으로 둘러싸여 있다. 오리건주와 워싱턴주(Washington)와의 경계에는, 로키 산맥(Rocky Mts.)에서 태평양으로 향해 컬럼비아강이 흐르고 킹연어가 거슬러 올라온다. 태평양에 비교적 가까워 기후는 온화하고 아름다운 자연환경을 지니고 있다.

태평양으로부터 온습한 공기가 캐스케이드 산맥에 부딪쳐 비와 온화한 기후를 보이고 있다. 기온은 여름철 평균으로 섭씨 20도로 지내기 쉽고 겨울은 영하가 되는 경우가 거의 없고 눈은 일 년에 평균 5일

정도 내린다. 미국 최고(最古)의 광활한 장미 밭이 있어 '장미의 수도'라는 애칭으로도 알려져 있으며 초여름에는 오리건 주 최대 행사인 포틀랜드 장미 페스티벌이 매년 열리고 있다.

오리건주는 이전부터 농업과 임업이 활발하다. 태평양에서 콜롬비아 강을 100km가량 거슬러 올라간 곳에 포틀랜드항이 있고 밀의 출하량은 미국 전체의 1위이다. 최근 몇 년간 컬럼비아강 수력발전으로 미국에서 가장 염가의 전력을 얻을 수 있고, 주정부와 지방 자치단체의 세제혜택과 숙련공·고학력자 확보가 용이하기 때문에 식품가공업, 금속제품·첨단제품산업 등도 활발하다. 일본계 기업 유치에 적극적이며, 1985년에 아사히카세이(旭化成, 일본기업)의 진출 이후 도요타 자동차, 파나소닉 등의 제조업을 중심으로 120여개 업체가 진출하고 있다.

실리콘 포레스트(Silicon Forest)로 불리는 지역에는, 인텔, IBM 등 하이테크 산업이 진출하고 나이키, 아디다스 등 스포츠 의류 업계에서 세계를 선도하는 기업의 미국본사가 있다.

현재의 포틀랜드는 뛰어난 도시 계획으로도 세계적으로 알려져 있으며 도시 곳곳에 흩어져 있는 카페와 마켓, 공원과 광장이 지역마다 저마다의 개성을 형성하고 있다.

여유롭고 활기가 넘치는 도시 분위기는 이곳에 사는 사람들이 선택한 라이프스타일을 반영하고 있다. 예술적인 분위기의 펄 지역(Pearl District), 보헤미안 네이버로 유명한 호손 지구(Hawthorne) 등, 포틀랜드 시내의 각 구역에는 두드러진 개성이 있다.

그러나 1980년대 중순경의 포틀랜드는 눈에 띄지 않는 일개의 지방 도시였다. 21세기에 접어들면서 단번에 각광을 받지만, 오늘날 포틀랜드의 원점은 반세기 이상 전의 1950년대로 거슬러 올라간다. 즉,

오늘의 포틀랜드는 지역 사람들이 시간을 들여 꾸준히 노력한 결과로 형성된 것이다.

2) 전국에서 가장 성공한 도시 재생 사업인, 펄 지구 사례

(1) 한때는 빈민가, 창고였던 펄 지구

펄 지구는 포틀랜드시의 시내 북부에 펼쳐진 남북 약 1km, 동서 약 0.75km의 구역이다. 전쟁 전부터 철도의 조차장, 공장이나 창고 거리로 이용되어 왔다. 1960년대 이후 자동차 사회의 진전에 따른 도시 기능의 도시화와 함께 황폐화의 길을 걷고 15년 전까지는 치안 상태가 그다지 좋지 않은 지역으로 방치되어 브라운 필드라고 불렸다.

그런데 1990년대 중반 대규모 재개발이 시작되면서 새로운 가치를 불어넣었다. 아트 갤러리, 멋쟁이 가게, 주택 등이 훌륭하게 어우러진 구역으로 탈바꿈했다. 벽돌로 지은 창고는 거친 느낌의 벽돌이 있는 그대로의 모습으로 개장되어 점포나 예술가의 작업실, 전시장, 작업창고로 사용되고 있다. 매월 첫째 주 목요일에는 갤러리가 밤늦게까지 영업하는 퍼스트 서스데이(First Thursday art walk, 1986년부터 개최된 예술이벤트)행사가 열리고 있다.

또한 2001년 스트리트카 개설은 지역에 대한 접근성을 향상시키고 현재의 전환형 도시 재생의 성공사례로서 위상을 확고히 하고 있다. 이러한 대중교통 정비를 통해 '차가 없어도 되는 생활'을 선택함으로써 '20분 거리'를 성공시켰다. 주민들은 학교, 식료품점, 직장, 오락 시설 등을 20분 이내에 걸어갈 수 있다. 시와 지역에서는 펄 지구의 성공의 모델을 더 많은 지역에서 적용하고 싶다고 구

재개발전(1988년 당시)의 펄지구(흰색 점선 구역)
(출처: http://commons.wikimedia.org/wiki/Portland,_Oregon)

상하고 있다.

(2) 어떻게 활기찬 도시로 변신시켰는가?

일찍이 쓸쓸한 창고가 즐비했던 펄 지구에 새로운 비즈니스 기회를 찾아낸 것은, 호이트(HOYT)사라고 하는 개발업체였다. 당사는, 1994년에 약 14만㎡의 토지를 매수했다. 그 무렵, 포틀랜드에서도 교외 생활보다 도심에 사는 야피(yuppie, 젊은층으로 대학원졸, 전문직 종사 등 부자의 이미지)가 눈에 띄기 시작하면서 그 흐름을 주목했다고 한다. 호이트사는 도시의 번잡함과 문화적 자극에 둘러싸인 작은 도시커뮤니티(어번네이버후드)를 지향하며 도시재생 마스터플랜을 도시행정 측에 제안했다.

시측도 공동화된 도심지역의 재생 문제를 안고 있었기 때문에, 관과 민이 팀을 이뤄 사업을 전개하게 되었다. 이에 PPP의 기법이 사용되었다.

펄 지구 재개발에서는 대규모 스크랩&빌드(Scrap&Build, 노후화되어 비효율적인 공장설비나 행정기구를 폐지하고 새로운 생산시설이나 행정기구로 바꾸는 것, 이에 집중화 효율화를 실천)를 거치지 않고 오래된 건물을 살리는 방법을 선택했다. 기존 창고, 초콜릿공장, 대형 냉장시설, 병원 등 낡은 건물과 시설을 활용해 예술계열 대학, 전미건축가협회, 광고대행사, 대형 스포츠, 제조업체 개발센터 등을 유치했다.

또한 다양한 상점과 레스토랑, 피트니스스튜디오 등 다양한 시설과 함께 다양성을 지닌 도시형 주택을 병설함으로써 직·주의 공존을 추진했다.

곳곳에 공원과 광장을 마련해 주민과 이곳에서 일하는 사람들의 써드플레이스(Third-place, 주거, 직장에 이어 제3의 기분 좋고 편안한 공간)의 창조에도 기여했다.

하나의 개발업체가 계획적으로 지구 전체를 개발하기보다는 100개 구획이 각각 자체 개발자를 보유하고 있음을 인정하고 소규모 개발의 집합체로 삼아 펄 지구 전체를 다양성이 있는 도시로 형성하고 있으며 일본의 자연발생적인 상가와 유사한 측면을 가지고 있다고 생각된다.

3) 포틀랜드 재생의 성공 요인

(1) 한 지역 사람들이 도시 계획에 참여

「뉴욕포스트」의 기자로 미국 각지의 도시를 취재한 로버타 B. 그랏츠(Roberta Brandes Gratz)는 저서 『도시 재생』(1989년)에서

"도시는 생물이며, 도시를 살리는 것은 주민이다"라고 주장하고 있다.

당시 미국 전역에서 일어난 많은 지자체들이 불도저로 시내를 쓸어버릴 계획과 교외의 대규모 쇼핑몰이 소도시를 착취할 계획에 대해 익명의 사람들이 일어나 도시를 지키기 위해서 반대했다는 것을 극명하게 기술하고 있다.

포틀랜드에서도 비슷한 주민 운동이 있다. 1973년 무계획 토지의 수탈에 제동을 걸기위해 「토지 이용 계획법」을 통과시켰다.

원래 미국에는 일본의 토지계획법과 같은 도시계획법이 존재하지 않는다. 이민국인 미국에서는 전통적으로 주민이 정치에 직접 관여하는 일이 관념화 되어 있으며 주 정부나 시 등의 지방정부가 독자적으로 도시계획법과 규제를 제정하고 있는 것이다.

(2) 독자적인 방식을 통한 도시 계획과 및 관리

오리건주 포틀랜드는 독특한 지역정부 메트로폴리탄 서비스지구 (Metropolitan Service District)를 도입하고 있다. 이는 기존 포틀랜드 지역의 시군에 귀속되지 않고 각 지역민에 의한 직접민주제로 인해 지역 횡단적인 기존 시나 군 차원에서는 해결할 수 없는 제반문제를 해결하기 위한 지역 정부이다.

구체적인 문제는 1)도시 성장 관리, 2)토지 이용 계획, 3)대중교통 시스템과 같은 교통 계획, 4)공원 및 공공시설의 운영 및 관리 5)폐기물 처리 환경 문제 및 자연 보호의 광범위한 도시·지역 문제 등이다.

오리건주는 산림과 농경지보호, 토지이용, 경제활동, 교통 등과 통합된 지속 가능한 성장 발전을 목표로 1973년 토지 이용 계획 제도를 채택했으며 이에 따라 "메트로"는 상기 1), 2)와 관련된 구체적 성장관리 정책으로 1979년에 도시 성장 분계선(UGB:Urban Growth Boundary)을 설정했다.

이는 포틀랜드시를 중심으로 한 3개 군 28개시를 도시성장분계선으로 묶고 개발에 규제를 가함으로써 도시화와 자연 파괴를 억제하는 것이다. 또, 위 3)의 구체적인 방안으로서 LRT(Light Rail Transit), 즉 노면 전차의 설치가 있다.

1970년대 인구 증가에 따른 만성적인 교통 체증으로 고민하는 포틀랜드에서 고속 도로 정비나 LRT 정비인가로 공청회와 주민 집회가 3년에 걸쳐 개최됐고, 주민들은 탈자가용을 목표로 하는 LRT 시설을 선택했다. 특히 2000년 이후는 MAX(메트로폴리탄 에어리어 익스프레스)와 노선버스, 기타 교통수단의 노선은 줄줄이 확장돼 포틀랜드 시민의 발로서 완전히 시민권을 얻고 있다.

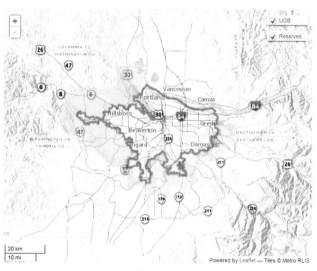

Urban Growth Boundary
(출처: http://www.oregonmetro.gov/)

또, 시에서는 자전거 출퇴근을 장려하고 있으며, 사이클링 전용 자전거 전용 도로가 건설되고 많은 사람들이 시내의 어디에 가든지 자전거를 활용하고 있다.

(3) 직접 만나는 지역 생산 지역 소비를 추진

포틀랜드에서는 매년 3월부터 12월까지 펄 지구와 도심의 5곳에서 파머스마켓(Farmers Market)이 개최된다. 이 마켓은 자원봉사에 의한 보드멤버로 구성된 NPO에 의해 운영되고 있다. 지역 농산물 생산자를 지원하고 지역경제를 활성화시키며 지역사회의 터전을 제공하는 것을 목적으로 하고 있다. 도시 성장 경계를 넘으면 풍부한 농지가 펼쳐져 유기농산물의 재배나 사육이 번성했다. 환경에 부하를 끼치지 않는 재배, 수확, 사육 방법을 채택하고 있는 것을 조건으로 파머스마켓에 등록된 농가는, 그날 아침 갓 수확한 농산물을 마켓으로 옮겨, 스스로 손님을 맞아 판매한다.

친숙한 손님들이 직접 만나는 생산자와 직접 이야기를 나누며 안전하고 맛있는 농산물을 사들여 환경정화에 기여하고 있는 농가를 돕는 것에 만족감을 얻고 있다.

또 포틀랜드 시내에는 팜 투 테이블(Farm To Tabel) 레스토랑으로 불리는 개인경영의 음식점이 많다. 그중 상당수는, 교외에서 생산된 현지의 신선한 식재료를 고집하여 적극적으로 구입하고 있다. 가게는 농가와 계약재배를 하고, 가게 주인들은 손님에게 그 것을 자랑한다. 이 가게는, 포토랜드 사람들의 안티가맹점 지향과 지역 우선의 신념에 힘입어 지원되고 있다.

4) 일본의 지방 창생을 위해

(1) 가치관을 바꾸다

포틀랜드에서는 반세기 가까이 전부터 도시계획에 대한 가치관이
전환되어 있었던 것으로 생각된다.

교외의 정원이 있는 단독 주택 주택가(Suburban Neighbourhood)
에서 시가지 빌딩 2층 이상을 이용한 주택가(Urban Neighbourhood)
로, 자동차에서 기차, 버스 등의 대중교통과 자전거의 활용으로,
대형 쇼핑센터에서 소규모 점포 지향으로, 경제적인 확대주의에서
신장주의로, 물건에서 감성으로, 콘크리트에서 사람으로 포틀랜드
에서는 사람들의 생활방식에 큰 지각변동이 일어나고 있다.

일본에서도 로하스(LOHAS)의 사고방식이 스며들기 시작했지만
포틀랜드에서는 더 큰 규모의 도시를 지향하고 있다. 일본의 지방
창생에 있어서는 우선 20세기형 공공사업 같은 선심적인 경제 지
원을 탈피하고 가치관의 전환을 꾀할 필요한 것은 아닐까.

(2) 주민도 참여하여 도시 계획을 세우다

지역도시에 대한 것은 지역주민이 가장 잘 알 것이다. 포틀랜드뿐
만 아니라, 미국에서는 주민참여 정치가 정착화 되었다. 한편, 일
본에서는, 중앙 집권적인 행정 지도아래, 정부에 계획을 상정해 지
원을 받는 형태가 많다.

그러나 포틀랜드의 예를 보면, 반세기 전부터 주민들의 직접적인
참여로 도시 계획 관리를 하도록 추진했고, 오늘날의 성공이 있다.
자신들의 생활과 삶이 관련된 문제로서 지역과 지방도시에 대해서
도 스스로 만들어나가는 정신을 더욱 배워야 하지 않을까.

(3) 간과했던 보물더미를 재발견하다

포틀랜드 사람들은 자신들의 지역이 지켜야 할 자연, 농림 수산물, 지적 센스와 예술적 센스가 있는 사람들, 역사적 건축물 등을 간과하고 경제적 이득을 우선시해왔다.

이러한 생활방식은 보편성이 있고 결과적으로 이런 자세에 공감하는 사람들이 다른 지역에서 유입되면서 포틀랜드의 도시가 활성화되고 있다고 생각된다.

글쓴이는 상사(商社) 근무시절 미국인 친구는 오늘날 일본의 지방 도시 상황을 듣고 '일본 지방은 보물더미인데 왜 활용하지 않느냐'라고 말했다. 확실히, 일본에는 울창한 산이 있고, 골짜기가 있고 사계절의 변화가 있다.

지역의 오랜 역사가 있고 유형, 무형 문화재가 있어서 미국에 없는 많은 보물더미가 잠들어 있다. 다시 한 번 간과한 보물더미를 재발견하고 지방 창생의 미래 그림을 그리는 것은 충분히 가능한 것이 아닐까?

3 스마트도시로 되살아난 볼더시

1) 일본에서도 스마트 시티의 구축이 시작된다

일본 정부는 2011년 8월 16일 동일본대지진의 재해지인 이와테(岩手), 미야기(宮城), 후쿠시마(福島) 3개현의 도시 지역을 정부의 신성장 전략으로서 내세우는 '환경 미래 도시'로 지정하기로 결정하고, 8월 말부터 공모하여 12월에 지정했다.

'환경 미래 도시'란 일본 정부가 2010년 6월 내놓은 신성장 전략에 명기한 구상으로, 세계적으로 스마트 시티로 알려져 있는 것과 거의 동일하다.

그 내용은 정부가 전략적인 도시, 지역을 지정하고 신재생 에너지의 고효율화를 위해 스마트 그리드(Smart Grid, 차세대 송전망) 정비나 이를 위한 장비와 설비 도입, 재생 에너지(태양광, 풍력 등)를 이용하는 발전소 정비, 차세대 전기자동차 이용 확대, 정보기술을 이용한 에너지 관리 등 시책에 집중 투자해 그 실현을 위해 지원하겠다는 것이다.

정부가 스마트 시티의 개발에 힘을 쏟는 것은, 스마트 시티가 전기, 자동차, 기계, IT(정보기술), 건설, 소재, 금융 등 관련이 적은 업계가 눈에 띄지 않을 정도로 산업계에 영향을 미치기 때문이다. 그리고, 각각의 산업이 새로운 비즈니스 기회를 갖고 있기 때문이다.

예를 들어, 전기업계는 스마트미터(Smart Meter), 스마트 그리드 가전, IT업계는 초고속 통신 네트워크, 클라우드 컴퓨터, 건설업계는 에너지와 조명·공조, 신형 단열재, 자동차 업계는 전기 자동차나 충전

설비 등 무한한 영향력을 가지고 있다. 이러한 실현을 위해 장기간에 걸쳐 막대한 자금이 투입되고, 그로 인해 신규 사업이 창생 되고, 일 자리가 생겨나 소비가 신장되는 순환으로 경제가 활발해질 것으로 기 대된다.

2) 세계 200개 이상의 스마트 시티 프로젝트

세계 각국이 스마트 시티(Smart City)의 개발에 열심히 임하는 것은 환경 보전 사회의 창생과 경제 활성화에서 2030년까지 세계의 스마트 시티 관련 투자는 3,100조 엔이 될 것으로 전망하고 있기 때문이다.

대체로 개도국이 열심히 하고 선진국이 뒤쳐져있는 경향이 있어, 유감스럽지만, 현재 상태로서는 일본도 개도국에게 뒤지고 있는 상황 이다. 그러나 스마트 시티의 개발은 세계적인 추세로, 유명한 것은 그 저 빙산의 일각으로, 지금은 세계에서 200개가 넘는 스마트 시티·프 로젝트가 진행되고 있다.

스마트 시티의 개발방법으로는, 완전히 새로운 도시를 만드는 '신도 시형'과 기존의 도시를 스마트시티화하는 '재개발형'이 있다.

(1) 마수다르 시티, 거창한 계획

지금 세계에서 가장 유명한 스마트 시티의 건설은 아랍에미리트의 '마스다르 시티(Masdar City)'로, 새로운 도시를 만드는 신도시형 이다. 모든 전력을 이곳의 풍력 발전과 태양 전지로 충당하겠다는 거창한 계획으로, 건설비만 220억 달러를 투입해 1.500개사, 4만 명이 입주한다는 계획이다.

(2) 중국의 모델 케이스 '텐진 에코 시티'

중국 텐진 교외의 '텐진 에코 시티(Tianjin Eco-city)'는 2020년까지 2,500억 위안을 투입해 35만 명 규모의 도시를 만들겠다는 신도시형 계획이다. 중국에는 대도시가 600개 가까이 있는데 그 중 100개 도시가 "환경도시화" 계획을 갖고 있다. 이 모델의 사례로 '텐진 환경도시'를 비롯한 13개의 환경도시가 선행하고 있다.

(3) 재개발형 모델 '암스테르담 스마트 시티'

네덜란드의 '암스테르담 스마트시티'는 선진국에 많은 기존 인프라를 이용한 재개발형의 대표적인 프로젝트다. 기존 인프라에 센서 및 제어 장치를 추가하여 에너지 효율을 높이는 기법이라 신도시형만큼의 효과는 기대할 수 없지만, 사업비는 수백억 엔 정도 소요되고 도시경관을 바꾸지 않아도 된다는 장점이 있다.

(4) 일본에서도 7개의 스마트 시티 계획이 진행 중

일본에서도 이미 사이타마시(埼玉市), 요코하마시(横浜市), 가시와시(柏市), 후지사와시(藤沢市), 도요타시(豊田市), 교토부(京都府), 기타큐슈시(北九州市)등에서 스마트시티 계획에 임하고 있다.

내용은 다양하지만 모두 암스테르담과 마찬가지로 재개발형태다. 동일본 대지진 재해지인 이와테, 미야기, 후쿠시마의 3개 현(県)의 도시가 스마트 시티의 지정을 받았지만 이쪽은 재개발형이라기보다 오히려 신도시형에 가깝다.

3) 도시 단위로 건설된 볼더시의 스마트 시티

(1) 행정과 주민 모두 환경 의식이 높다

미국은 오바마 대통령의 청정에너지 정책으로 주 단위로 스마트 시티 계획이 추진되고 있는데, 그 중 2008년 3월부터 시작한 콜로라도주 볼더시의 '스마트 그리드 시티(SGC, Smart Grid city)'가 도시 단위로 스마트 그리드의 구축을 위한 대응으로서 주목받고 있다.

볼더시(Boulder)는 콜로라도주의 주도 덴버시(Denver)의 북서쪽 40km에 있는 인구 9만5천 명의 도시로, 공원, 광장, 사이클링 코스, 하이킹 코스 등 공공 공간이 충실하고 그림 같은 풍경이 펼쳐져 있다. 백인이 거주자의 80%를 차지해 교육수준, 소득수준이 높고 미국 전역에서 가장 살기 좋다고 알려져 있는 환경 도시이다.

일본 스포츠 관계자들에게는 로키산맥을 따라 마라톤 고지대 훈련지로 알려져 있으며, 또한, 일본의 야마가타시(山形市)와 자매도시이다. 볼더시의 스마트 시티 계획이 실시된 것은, 행정이나 주민의 환경 의식 수준이 높은 것이 추진력이 되고 있다.

국제적인 환경문제의 협정인 교토의정서를 미국은 국가로서는 비준하고 있지 않지만, 볼더시는 독자적으로 교토의정서를 채택하고 있으며, 콜로라도 대학을 비롯한 교육·연구기관도 충실하고 있고, 여기에 IBM 등 첨단 기업도 많아 현지 전력회사들이 전폭적으로 협력하고, 주민들이 환경, 에너지 절약 등의 활동도 활발해 이들 시민 단체의 협력이 프로젝트를 추진하여 성공에 빛나고 있다.

(2) 계획은 스마트 그리드에서 시작되었다

볼더시의 스마트시티 계획은 행정 및 현지 유력 전력회사 엑셀에 너지(Xcel Energy)가 중심이 되면서 그리드포인트((GridPoint) 사, 커런트(Current)사, 액센츄어(Accenture) 사, OSI소프트사 등에 의한 프로젝트팀을 통해 자기자금과 에너지부의 지원금을 받아 출범했다. 볼더시의 스마트시티 계획은 스마트시티로서의 조건을 충족시키지 않고 스마트시티의 기초가 되는 스마트그리드와 플러그인 하이브리드 차량(plug-in hybrid vehicle) 관련 인프라의 정비를 중점으로 하고 있다.

스마트그리드는 차세대 송전망으로 번역되듯이 새로운 기능을 지닌 전력망이자 스마트시티의 핵심 기술이다. 미국의 전력 사업자가 고안한 것으로 발전설비부터 말단의 전력기기까지를 네트워크로 연결하고 디지털·컴퓨터에 내장된 고성능인 전력제어 장치끼

LED 조명에 빛나는 볼더시의 시내 야경

리 연결한 전력망이다.

원래 미국의 취약한 송배전망을 새로 등장한 컴퓨터 기술에 의해 저비용으로 안전하게 운용하는 기법을 모색하는 가운데 생겨난 구상이다. 전력망에서 공급자와 수요자 사이를 디지털 통신망에 의해서 묶는다고 하는 아이디어에, 가전 제품의 네트워크화에 실패해 고기능 가전 진출을 노리는 제조업체와 디지털 통신용 장치 제조업체, 심지어는 IT 네트워크를 주도하는 기업까지 가정에 디지털 회선을 끌어들이는 좋은 기회로 삼아 큰 관심을 받게 되어 오늘에 이르고 있는 것이다.

이에 따라 기존형 중앙제어식 제어기법만으로는 달성할 수 없는 자율분산적인 제어방식도 접목하면서, 전력망 내에서의 수급 균형을 최적화하여 사고나 과부하 등에 대한 대응력을 높여 그것에 소요되는 비용을 최소화할 수 있다는 이상적인 전력망이다.

(3) 스마트그리드를 뒷받침하는 스마트미터

스마트그리드를 구축하려면 전력을 이용하는 가정, 공장 등 수요자에게 스마트미터를 설치해야 한다. 스마트미터는 통신 기능을 갖춘 전력 미터이다.

이로 인해 일반 가정이라면 실내에 있는 조명, 텔레비전, 냉장고, 레인지, 세탁기 등이 네트워크에 내장되어 그것을 원격 조작하거나 제어하고 사용료, 전기 사용량을 점검하거나 고지할 수 있다. 가정에서도 절전의식이 높아지면서 10% 절감이 실현됐다는 데이터도 있다.

최근의 사례로 일본에서는 전기요금 징수를 위해 전력회사는 조사원을 파견하여 각 가정을 방문하여 계량기를 보고 기록, 그로 인해 사무부서에서는 전기요금을 계산해 사용자에게 청구하고 있지만, 스마트미터를 도입함으로써 일일이 조사원이 직접 가지 않아도 인터넷을 경유한 전산시스템으로 인해 가정용 단말기에 매월 사용량, 요금이 표시되게 된다. 전력회사의 경우, 가장 큰 비용이 절감된다.

볼더시는 이 스마트미터를 전체 5만 가구의 절반인 2만 5천 가구에 대한 도입을 목표로 하고 있다.

(4) 스마트그리드의 3단계 변화

미국에서는 캘리포니아주의 전력 위기와 뉴욕의 대정전을 계기로 송배전망의 정비를 요구하는 목소리가 커지면서 당시 오바마 대통령은 2009년 2월 경기 부양책인「미국 재생·재투자 법」의 일부로 스마트그리드 관련 분야에 110억 달러를 지출하기로 결정했다. 이것이, 오늘날의 스마트그리드 붐의 계기가 된 것이다.

전미의 전력 소비량의 5%를 줄일 수 있다면, 3,500만 대분의 자동차에 해당하는 화석 연료 절약과 온실 가스 배출량의 감소가 가능한 것으로 알려졌으며 그 수단중 하나로써, 스마트그리드가 유효하지 않을까 예상되기 때문에 정부도 힘을 쏟고 있는 것이다.

스마트그리드에 의한 미국 국내의 전력망의 변화는, 대략 다음의 3단계 과정을 거친다.

처음은 이미 시작되어 있는 스마트미터의 도입이다. 현재 미국 50개 주 가운데 42개 주에서, 주 정부의 정책으로 스마트미터의 도입에 추진하고 있다.

제2단계로 2020년경까지 무선과 유선 통신을 통해, 가정 내 전기 기구류의 사용을 원격 조작할 수 있게 될 것으로 예측되고 있다.

볼더시의 스마트그리드는 일부 이미 이 단계에 들어가 있다.

제3단계는 2020년부터 2030년경까지 모든 기기류가 자율적 부하 제어를 실시하도록 되어, 배전망 내에 대규모 축전 시설이 마련될 것이라고 예상하고 있다.

(5) 하이브리드 자동차의 전원 관리

볼더시의 또 하나의 스마트 시티 계획은 플러그 인 하이브리드 자동차의 인프라 정비이다. 현재, 볼더시 전체의 플러그인 하이브리드 자동차의 도입은 5대 가량이지만 최종 목표는 500대이다.

플러그인 하이브리드 자동차란, 직접 가정용 전원의 콘센트로부터 충전할 수 있는 형태의 하이브리드 자동차이다. 하이브리드 자동차는 다른 2개 이상의 동력원을 가진 차량이다. 복합형 자동차로도 불린다.

게다가 볼더시에서는 향후 플러그인 하이브리드 자동차의 보급이 진행되고 자동차로 출퇴근하는 사람들이 귀가 후 일제히 차고에서 전원 콘센트에 플러그를 꽂으면, 최악의 경우, 부근 일대에서 정전을 일으키는 사태도 상상되므로, 그 대응으로서 웹포털(Web-Portal)에 급전기공급 및 일정기능을 설정했다. 이 기능에 자동차의 급전기공급 뿐만이 아니라, 에어콘이나 급탕기 등의 가전을 관리할 수 있게 되어 있다.

스마트그리드에 가정용 전기자동차와 가정용 전기자동차를 내장함으로써, 주말에 여행을 가다가 행선지에서 가정용 에어컨을 끄지 않았다는 것을 알았을 때 자동차의 컴퓨터 단말기에서 가정용 에어컨에 접속해 전원을 끌 수 있는 것이 가능하다.

또 업무가 끝나고 집으로 돌아갈 때, 5마일 정도 거리에 오면 원격

조종으로 에어컨을 켤 수도 있다. 자동차의 전기화 대책은 제2단계로 계획하고 있는데, 전기 자동차의 스마트 그리드에 편성이다. 이를 통해 전기차에 탑재되어 있는 축전기를 스마트 그리드에 연결, 여타 기능을 유효하게 이용하자는 계획이다. 자동차가 발전기가 되는 시대가 오는 셈이다.

4) 스마트 시티에서 도시를 효율화하는 3개의 IT

지금까지 스마트 시티에 대해 언급해 왔지만, 스마트 시티란 IT를 고도로 잘 다루어 온 효율적인 도시라고 정의할 수 있다. IT기술의 활용은 미국에서 일찍부터 스마트 시티에 주목하고, 미국 IDC 에너지의 부사장인 릭 니콜슨(Rick Nicholson) 씨는 스마트 시티에는 IT가 필수라고 한다.

하지만 그저 막연하게 IT화 한다는 것이 아니라 그 중에서도 중요한 IT기술은 크게 나눠 다음의 3가지라고 했다.

첫 번째 IT기술은 '지능형 장치'이다. 스마트폰과 스마트미터 등이 대표인데, 이에 한정하지 않고 차량형 정보 단말기나 디지탈 사이니지(signage: 전자간판)등도 포함, 양방향 센서와 텔레메트리(Telemetry, 원격계측장치) 기능을 가진 장치다.

두 번째 IT 기술은 '광대역 회선 네트워크'이다. 이 네트워크에서 요구되는 것은 실시간이다. 비용 측면에서 인터넷의 이용도 유력하지만, 보안이나 실시간성을 감안할 때 새로운 네트워크의 구조도 필요하다.

세 번째 IT 기술은 실시간으로 데이터 처리, 분석을 하는 기술과 대량의 데이터를 연관 짓는 소셜 미디어이다.

4 압축도시(스마트시티)로 돌아온 영스타운시

1) 교외로의 확장을 규제하는 압축도시화

미국에서도 인구 감소, 산업의 이전 등으로 쇠퇴하고 있는 도시가 많다. 블록 정비, 공원의 설치, 교통망의 정비, 행사 유치 등 다양한 재생방안을 실시하고 있지만, 반드시 성과가 나오지는 않는다.

이러한 점에서 도시의 재생에는 근본부터 인프라를 개선하는 압축도시로 나서야 한다는 의견이 거세지면서 압축도시화에 나서는 도시가 대두하고 있다.

압축도시(Compact City)란 도시적 토지 이용에 있어 교외로의 확대를 억제함과 동시에 중심 시가지의 활성화를 도모하여 생활에 필요한 제반 기능이 근접하고 효율적이고 지속 가능한 도시 또는 이를 목표로 한 도시정책이다.

미국에서도 아직 성공 사례는 많지 않지만 인구가 대폭 감소한 가운데 대담한 콤팩트 시티화(압축도시화)를 추진하고 있는 영스타운시를 소개한다.

2) 17만 명의 인구가 8만 명까지 감소한 영스타운

영스타운시는, 미국 중서부 동쪽 오하이오 북동부에 위치한 마호닝 카운티의 군청 소재지이기도 하여 지역 정치, 경제의 중심지인 동시에, 지리적으로는 마호닝밸리라고 불리는 지역의 중심지이다.

1797년에 건설되어 200여 년의 역사를 가지고 있고, 역사가 짧은 미국에서는 전통 있는 도시이다.

석탄, 철광석이 발견되었고 용광로, 제철소 철공업이 속속 건설되었으며 최고 전성기에는 하루에 700톤의 철을 생산했다.

제2차 세계 대전 중에는 철공소에서 탱크도 생산됐다. 20세기 전반에는, 클리블랜드, 피츠버그와 함께 미국의 3대 철강의 도시로 번창했다.

[도표 5-4-1] 영스타운시의 인구 추이

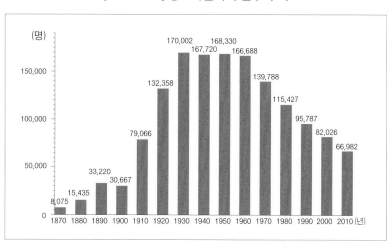

그러나 1970년대 들어 제철소를 비롯해 철강 관련 기업이 잇따라 이전, 폐업하기 시작했지만, 영스타운에 철강을 대체 산업이 없었기 때문에 인구도 감소하기 시작, 전성기는 17만 명을 넘어선것이 현재는 6~7만 명 까지 줄었다.

시내 곳곳에 빈 빌딩이 늘어서 상점은 폐쇄되어 사람의 왕래도 없어지고 시의 중심부는 유령도시로 변하고 말았다.

중심 상가인 웨스트 푸에데랄 거리도 한때는 그 양쪽 끝에 있는 스트라우스 허쉬버그(현 메이시스의 일부)와 맥켈비즈(현 딜러스의 일부)등 백화점 두 곳이 있고, 거리에는 전문점이 즐비했지만 대부분이 폐점하여 일본에서 말하는 셔터대로가 되어버렸다.

특히 1970년대 교외에 슈퍼 리저널 타입의 남부 파크 모르와 이스트우드 몰의 2개의 쇼핑센터가 오픈한 이후에는 그 침체는 더해졌다.

3) '영스타운 2010' 계획에서 재생을 도모한다

영스타운시 당국은 쇠퇴하는 시가지를 재건하기 위해 지역 영스타운 대학에 재생계획을 의뢰했다. 계획 작성에는 오하이오(Ohio) 재건축 개발지원기구의 지원도 받았다. 대학의 프로젝트팀은 많은 시민과 회의를 하고, 시당국의 협력도 얻어 재생계획을 정리했다.

이를 시 의회에서 검토한 뒤 「영스타운 구역 조례」(통칭: 영스타운 2010)를 법제화하는 것을 조속히 실천했다.

이 계획은 '축소하는 도시 모델 계획'이라고 하지만, 뛰어난 도시 재생 계획으로, 2007년 국가 계획 우수상, 2010년 미국 계획 협회 상과 국가에서 인정되어 미국은 물론 전 세계 도시에서 관심을 받고 있다.

"'영스타운 2010'은 보다 컴팩트하고, 더 녹음이 우거진, 더 깨끗한 기존의 자원을 효율적으로 이용하고, 문화 시설과 비즈니스 우위에 투자하는 도시를 만드는 것"이라고 목적을 명확하게 나타내고 있다. 주로 다음과 같은 작업을 수행했다.

① 기본은 도시농업, 숲, 녹색회랑(공원), 토지재활용, 주거지역, 중심도시 등이다. 일반적으로 이러한 구역은 행정기간이 실시하지

녹음이 우거진 도시로 태어난 영스타운 중심 시가지

만 영스타운은 시민 7,500명과 회의를 하고 시민의 뜻을 충분히
수렴해 설정한 결과가 평가된다.

② 구역으로 인해 주거지역 이외에 있는 건물도 자진처리에 맡겨서
는 좀처럼 진전되지 않아 소유자의 승인을 얻은 후, 행정기관이
철거를 실시했는데 그 수는 2,500채에 달했다.

③ 주택지 외에 주민에 대해서는 이사 장려금으로서, 1가구에 대해 5
만 달러를 지급하고 녹지화를 추진했다.

④ 영스타운 대학에 의뢰해 중심부의 시설을 활용하여 비즈니스 스
쿨을 운영하여 시내중심가에 인파의 증가를 도모했다.

⑤ 중심부의 활성화를 위해 유력 소매업을 유치하는 것 외에 음악콘
서트 등의 이벤트를 정기적으로 개최하여 중심가로의 집객을 도
모했다.

⑥ 시내 중심에 기술센터를 개설해 시설도 제공하고, 신규 사업의 창

업을 지원하고 있다. 현재 127개 투자계획이 추진되고 있다.

⑦ 임대물건에 대한 우대소개, 세금특례제도 등을 내세워 시 중심부에 기업유치를 적극 펼쳤다.

그 성과의 한 예로 워싱턴(Washington)주에 있는 철공회사에서 연 매출 3.5억 달러의 V&M 스타스틸(V&M Star)사의 유치에 성공해 350 명의 일자리를 창출했다.

4) 영스타운 재생에 홈페이지도 활약

영스타운 재생에 있어서는 홈페이지도 한몫했다. 개발당국은 '영스타운을 구하라'는 캐치프레이즈로 홈페이지를 오픈했다.

약간 자극적인 캐치프레이즈지만, 이것은 쇠락한 영스타운을 포기하고 거리에서 탈출한 젊은이들에게, "도시는 옛날보다 더 매력적이며 일자리도 있다"고 외치며 다시 돌아와야 한다는 목적의 홈페이지에서 영스타운 재생사업 중 하나가 되고 있는 것이다.

재생을 순조롭게 하고 있는 정보를 사진으로 대대적으로 전달함과 동시에, 이벤트의 정보와 그 인기, 창업 지원과 그 성공자의 소개, 취업 알선, 거주자 소개 등과 같은 내용의 도시 관련 정보가 주를 이루고 있다.

또 최근 도시 인기조사에서 '육아에 좋은 도시'의 네 번째로 도시로 선정되어 살기 편한 도시가 되고 있는 것을 강조하고 있다. 홈페이지 접속 수도 나날이 증가하고 있어 이 홈페이지를 보고 흥미를 갖고 실제로 거리를 보러 온 데다 전입해 오는 젊은이들이 늘고 있다고 한다. 미국에서도 '녹색 넘치는 고향 지향'은 강한 듯하다.

5 새로운 마을 조성의 발상으로 개발된 에머리빌시

1) 작은 도시가 도시 창생으로 유명

　에버리빌(Emeryville)은 미국 서해안 샌프란시스코시의 샌프란시스코만 건너편에 있는 인구 약 1만 명의 작은 도시이다. 인구가 적은 작은 도시이지만 2002년에 베이스트리트몰이라는 쇼핑센터 개발을 중심으로 한 도시 재개발에 성공했으며, 미국에서는 도시 재개발 모델의 하나로 잘 알려져 있다.

　에머리빌은 샌프란시스코의 베이지역의 중심 도시 오클랜드와 캘리포니아 대학이 있는 버클리 사이에 끼어 있어 눈에 띄지 않는다. 면적은 3.226㎢, 이는 사이타마현과 거의 마찬가지로 일본의 기준으로 따지면 시는 크지만 의외로 알려지지 않았다.

　그래서, 인접한 인구, 산업이 풍부한 오클랜드, 버크레이와 같은 번창을 하지 못했는가를 관계자가 연구해 낸 것이, 그때까지 미국에 없었던 "매력적 도시 만들기"에 의한 "도시 창생"이다.

2) '복합 도시 시설'이 정착과 방문객을 늘린다

　에머리빌시로부터 도시개발을 의뢰받은 개발업체는 '에머리빌은 관광도시라고 하지만 관광자원은 인데리안의 무외크마 오로네족의 거주지'뿐이다.

　이것만으로는 관광객을 대거 집객 할 수 있는 매력이 없다고 판단하고 새로운 매력적인 관광자원을 개발하여 사업장, 관광객을 끌어드려 정착주민을 더 늘리는 '복합도시시설'을 건설할 계획이다.

그것은 3.6헥타르에 이르는 면적에 쇼핑센터를 중심으로 멀티플렉스 영화관, 호텔, 주택, 주차장이 있는 상업과 엔터테인먼트 시설을 일체화된 복합 도시 시설로서 미국에서도 보기 드문 것이다.

이러한 복합도시 시설을 구축한 궁극의 목적은 지역뿐만 아니라 외부로부터 고객 동원으로 현지의 번영을 얻고자 하는 일본의 지방 창생적인 발상에서이다.

복합시설을 위한 건물도 기존 쇼핑센터에는 없는 구조로 되어 있다. 우선 중심 시설은 기본적으로는 8층으로 되어 있지만, 1~2층은 쇼핑센터의 이미지를 강조하기 위해 모두 소매점과 음식점으로 구성되어 있다. 그리고 주차장은 수용 대수 1,900대로 넓은 평면, 입체, 도로변과 다양하게 걸쳐 있다. 대부분의 쇼핑센터는 주차장을 사용하기 편리하도록 1층에 있지만 이 시설에서는 주차장은 소매점, 음식점 구역 위의 3~4층에 있다.

또 다른 쇼핑센터에서는 절대로 볼 수 없는 구조로서, 5층에서 8층이 호텔, 아파트, 타운 홈으로 되어 있다. 또 차도와 보도 사이도 모두 상하행렬로 도로에 평행해 차를 세울 수 있는 주차장이다.

매장 면적은 35,489㎡, 세입자 수는 274개의 리저널 쇼핑센터가 있고, 5층에서 8층의 아파트는 286실, 타운 홈은 97채 이며, 쇼핑센터에 종사자 뿐 아니라, 시외에서 이주자를 포함하여 현재 400가구가 입주해 있다. 거주자는 1,000명에 이르고 정주 인구의 증대에도 기여하고 있다.

호텔은 객실 수가 230실이며, 고층의 객실에서는 샌프란시스코만을 끼고 샌프란시스코 시가지도 조망할 수 있다. 관광객의 인기도 높아 단체관광객을 받아들여 호텔로서 아래층에 있는 쇼핑몰의 집객에도 기어하고 있다.

또, 다른 쇼핑센터에서는 볼 수 없는 차별화된 시설로는 박진감 있는 화면으로 인기 있는 'IMAX 시네마 콤플렉스'가 있다. 15개 상영관이 있어 수 일 동안 많은 영화가 상영되고 있다. 객석도 3,300석으로 크다. 인기가 있어 인근뿐만 아니라 멀리서도 오는 관객도 많아 쇼핑센터의 고객 동원에도 큰 도움이 되고 있다.

호텔은 강 건너의 샌프란시스코에 오는 손님뿐만이 아니라, 베이·스트리트·몰에 관광하러 오는 손님의 이용도 많다. 또, 에머리빌에는 시카고, 뉴욕행의 유니언 퍼시픽 철도의 역이 있기 때문에 에머리빌에 숙박하고 내륙으로 향하는 사람, 반대로 내륙으로부터 돌아와 숙박하는 사람 등을 포섭하고 있어 꽤 손님이 많다.

3) 라이프 스타일 센터에서 관광객을 모은다

에머리빌에서 개발된 쇼핑 시설은, '베이 스트리트 라이프 스타일 센터'라고 명명되어, 대략적으로 '베이 스트리트 몰'이라고도 불리고 있지만, 그 이름에서 알 수 있듯이 종래의 쇼핑센터와는 성격, 목적이 다르다. 라이프 스타일 센터는 1980년대 등장한 쇼핑 센터의 새로운 형태로, 규모는 기존 리저널 쇼핑센터 수준이지만, 몰은 인 클로즈 몰이 아닌 푸른 하늘이 보이는 오픈형태의 몰에서 분수, 조각물, 나무 등을 배치하고, 공원의 분위기가 난다.

임대인도 일류 전문점이 많아, 상점가로서 고개의 마음을 편해지는 곳으로 내방객의 인기를 끌었고, 최근 미국에서 증가하고 있다. 베이 스트리트 몰의 임차 내역은 70%가 전문점, 30%는 음식점이다. 모두, 가맹점이 있는 유명점이 많다. 가령 일본의 유니클로를 비롯한, 갭,

바나나 리퍼블릭, H&M, 올드 네이비, 여성 용품의 염가 판매로 유명한 포에버21, 세계에서 가장 큰 서점 번즈&노블, 가구 이케아 등이다. 음식점도 간식으로 저렴한 가게부터 고급 서비스를 제공하여 격조가 높은 매장까지 다양하게 갖추어져 있다.

4) 에머리 빌 도시 재개발 성공 요인

에머리빌의 재개발의 기본이 된 것은 라이프 스타일 센터이다. 그럼 일반적으로 상권 인구가 30만 명 이상 필요로 하는 라이프 스타일 센터가 인구 1만 명에 불과한 에머리빌에서 왜 성공했을까?

그것은 구매 대상 상권 인구를 시내뿐만 아니라 시내 인구의 100배 이상에 달하는 광역을 상권으로 보고 대담한 개발계획 때문이다.

에머리빌에 인접한 오클랜드는 인구 43만 명, 버클리는 10만 명, 강 건너의 샌프란시스코는 80만 명, 이 인접한 3개 도시의 인구를 합치면 133만 명이다. 또 이 3개 도시를 포함한 샌프란시스코만 지역을 미국에서는 베이지역(Bay Region)이라고 부르고 1개 상권으로 취급한다. 그 인구는 400만 명 이상으로 알려져 있다. 에머리빌의 재개발은 이 거대한 베이 지역 인구를 대상으로 구상하고 계획된 것이다.

이어 베이 스트리트 몰의 계획은, 샌프란시스코에 오는 연간 관광객 1,600만 명도 의식하고, 그 상당수를 끌어들이는 것을 계산에 넣고 있었다. 정리하면 에머리빌의 재개발 성공 요인은, 충분한 시장 조사를 하고 대규모 개발 계획을 만들고, 성공을 확신해 막대한 투자를 과감하게 행한 것에 있다. 도시재개발은 일반적으로 투자와 계획의 안전성을 우선하여 중소 규모의 계획이 되어 버리지만, 에머리빌의 과감하고 대담한 개발 계획도, 하나의 방향으로 참고해야 한다.

6 40년간 인구를 4.2배로 늘린 캘리포니아주 랭커스터시

1) 행정적 노력이 결실을 맺은 도시 개발

도시창생사업에서는 인구감소를 어떻게 막고 어떻게 늘릴지가 각 도시에서 중요한 과제가 되고 있다. 그런데 미국에는 시 자치제도를 시행한 1977년에 37,000명이던 인구를 2010년의 국세 조사에서는 156,633명으로 33년간 4.2배 늘린 '랭커스터(Lancaster)'라는 도시가 있다.

랭커스터는 일본에서도 잘 알려진 로스엔젤레스의 북쪽 110km의 모하비 사막의 캘리포니아 쪽에 있다. 19세기 말에는 샌프란시스코와 로스엔젤레스를 잇는 서던 퍼시픽(Southern Pacific) 철도의 일시 정차 역에 불과했고, 호텔 1곳과 몇 채의 가옥이 있을 뿐이었다.

1890년에 금과 선반 붕사(붕소 원료 광석)가 발견되어 작은 호황이 있은 후 1933년에 에드워즈 공군 기지, 보잉(Boeing), 록히드(Lockheed), 노스롭그루만(Northrop Grumman)등 일류 기업의 직원들이 거주하게 되면서, 도시로서 순조로운 발전을 보였다.

그러나 랭커스터는 항공기 산업 진출에 따른 자연증가로 인구가 늘어난 것은 아니다. 시 자치제도가 시행된 이후의 행정기관의 끊임없는 도시 만들기의 결과로, [도표 5-6-1]처럼 인구가 증대한 것이다. 그럼, 행정은 무엇을 했는가. 그것은 지금 일본에서 지방 창생의 이름으로 진행되고 있는 '마을, 사람, 일자리' 만들기이다.

그것을 증명하는 것이, 스마트그로스(Smart Growth)상의 수상이다. 스마트그로스상은 지속 가능한 지역사회로의 활동을 지원하는 것

으로, 환경을 지키고 경제를
발전시켜 주민의 삶의 질을
높이는 대처를 하는 도시에
대해 미국 환경보호청이 수
여하는 권위 있는 상이다.
스마트그로스상을 수상한
랭커스터는 일본식으로 말
하면 지방창생의 모델 도시
이다.

[도표 5-6-1] 랭커스터시의 인구추이

년도	인구	증가율
1960년도	26,012인	-
1970년도	30,948인	19.0%
1980년도	48,027인	55.0%
1990년도	97,291인	20.0%
2000년도	118,718인	22.0%
2010년도	156,633인	32.0%

2) 기업 유치로 고용과 정주 인구를 늘린다

지역활성화의 기본인 인구증가 대책은 일반적으로는 지역산업을
육성하고, 고용을 늘려, 정주 인구를 늘리는 방법을 이용되지만, 랭커
스터는 당초, 사막내의 작은 마을이었기 때문에, 육성하는 현지 산업
도 없었다.

그래서 외부에서 기업을 유치하고 그에 따라 정주인구를 늘리는 간
접적인 인구 증가책을 취했다. 그 계기가 된 것은 1933년에 미국 육군
항공대 공군 기지가 들어서고 그에 따른 보잉, 록히드, 노스롭그루만
등의 일류 항공기 산업 공장이 진출한 것이다. 기지와 공장에서 종업
원이 일시에 증가했고 기지 확충과 함께, 관련 직원 수도 크게 늘었다.

랭커스터시의 개발위원회는 이 동향을 보고 대기업과 관련 기업을
합쳐서 공업 단지를 만들면, 부품 조달, 지역 내 물류 등이 활발하게
되어, 경영 효율화에 기여할 수 있다고 생각해 대기업 유치를 적극적
으로 추진시킨 것이다. 대기업에 대해서는 상당한 유리한 조건을 제

시했다.

사막지대에 넓은 공유지를 가진 지자체에서 '원하는 공간을 시가보다 대폭 저렴하게 제공하고, 고속도로 접근로도 개발하겠다'고 호소한 것이다. 이것이 주효해서 대형 업체로부터 신청이 몰려들어 오늘날에 대형 공업 단지가 5곳이나 만들어졌다. 이것이 랭커스터에 많은 고용을 창출하고, 인구의 대폭증가를 실현한 것이다.

3) 샹젤리제 거리만큼 중심 시가지를 개발

랭커스터 개발국은 랭커스터가 시골 마을 인 채로는 대기업의 진출이나 대도시에서 인구의 전입, 정착도 바랄 수 없다고 생각했다. 그래서 도시개발과 상업시설개발에 있어서는 대도시와 손색없는 마을 만들기, 이주자가 긍지를 가지고 살 수 있는 마을 만들기, 또 이주하고 싶어지는 마을 만들기를 의식했다.

우선 재개발로 중심 시가지에 100만 도시 같은 블루발(Bourebare)을 개통한 것이다. 이로 인해 랭커스터의 평가가 일개 시골마을에서 대도시로 상승했다. 블루발은 통상 2차선 이상 넓이로 자전거와 보행자들을 위한 전용로 등을 갖추고 가로수 등을 심어 거리의 경관을 배려한 넓은 도로이다.

원래 파리에서 19세기에 구축된 '샹젤리제 거리'는 도시 계획의 본보기로 불리게 됐다. 이 때문에 세계에는 블루발로 불리는 큰 도로가 많이 있다. 블루발은 이주를 생각하는 외지인이 쉽게 알 수 있도록 평가받기 위해 공사를 서두르고, 불과 2년 만에 완성했다.

도로변 가옥과 빌딩은 모두 현대화하지 않고 서부개척시대의 모습을 남기고 재생하여 거리의 특색을 부여했다. 블루발에는 총 4개의 쇼핑센터를 갖추고 거기에는 정주자들의 인기를 얻기 위해 전국적으로 유명한 체인점과 레스토랑을 다수 입점했다.

동부지역에서 유명한 약국인 라이트 에이드(Rite Aid)나 중서부에서 인기 있는 수예 체인인 마이클스(Michaels)를 유치하는 등 동부, 중서부로부터 이주자에게 친숙한 임차인의 입주도 고려하고 있다.

4) 태양광 발전으로 넷 제로의 도시를 추진

랭커스터는 미국 전역에서 일조시간이 매우 길기 때문에 태양광 발전에 적합한 지역으로 꼽힌다. 실제로 일찍부터 태양광 발전 보급을 통해 환경 보전에 나서고 있다. 구체적으로는, 시민, 업체에 대해 '넷 제로(Net Zero)'의 에너지 하우스를 설치해 태양광 발전의 확산에 나서고 있다.

'넷 제로'란, 가정이나 오피스로 태양광 발전을 하면서 그 만큼 전력을 소비하는 자급자족 체제를 만드는 것으로, 전력사용료가 없어지고 가정에 있어서도 기업에 있어서도, 경제적으로 큰 이점이 된다.

랭커스트는 현재 인구 1인당 태양광 발전에 의한 발전량은 132와트로, 캘리포니아나 주 가운데 가장 높은 '태양광 발전의 수도'로 불리지만 '넷 제로'를 목표로 2020년까지는 더욱 이를 높이려고 한다.

이에 따라, 시에서는 '솔라·랭커스터'라고 하는 관민 협의에 의한 프로그램을 만들어, 일반 가정이나 사업장으로의 태양광 발전의 보급에 나서고 있다. 또, 신축 주택에는 태양광 발전판을 설치하도록 주택 개발 업체에 의무화하고 있다.

제6장

유럽의
도시창생
프로젝트

1 환경 정책을 관광 자원으로 한 도시 창생 [독일]

1) 콩쿠르에서 '환경 수도' 톱 입상

독일 남서부, 프랑스와 스위스의 국경 근처의 프라이부르크(Freiburg)는 인구 22만 명 정도의 작은 도시지만 시가지에 있는 116m의 첨탑을 가진 대성당과 '베히레(Bachle)'로 불리는 수로가 유명해 연간 300만 명 이상의 관광객이 찾는 것으로 알려졌다. 또 한편으로 독일 환경 지원 협회의 지자체 공모전 '자연 환경 보호 설계 연방 수도'에서 1992년에 최고 점수를 얻어 '환경 수도' 표창을 받았다.

이에 따라 독일 국내는 물론 EU제국에서도 환경보호에서 선진적인 대응을 하고 있는 환경도시로서 도시 재생 관계자에게 널리 알려지게 되었다. 전 세계로부터 시찰이 끊이지 않는 것으로도 유명하고, 환경 대책이 관광 대책으로서도 크게 도움이 되고 있다.

2) 산성비의 피해를 계기로 환경 문제에 대처

프라이부르크는 1000년대 초의 문헌에도 소개되고 있을 정도로 오랜 역사를 지니고 있지만 당시의 인구는 5,000명 수준이었다. 몇 차례 전쟁에 시달렸지만 19세기 이후 산업화로 인구도 10만 명(1947년), 20만 명(1996년)으로 늘고 있으며, 현재 인구는 22만 9,000명이다.

프라이부르크에는 유명한 프라이부르크 대학, 교육 대학, 음악 대학 등 대학이 4개교가 있으며 합하면 3만 명의 학생들이 있다. 이는 시 인구의 15%를 차지해 환경 활동 등 시민 활동에 큰 힘이 되고 있다.

20만 명 도시의 프라이부르크에서 왜 환경 대책이 시작된 것일까? 환경 도시로서의 활동은 의외로 일찍이, 이미 1970년대에 시작되었다. 그 원인은, 산업화에 수반하는 공장의 진출이다.

공장 진출로 일자리가 늘고 인구도 늘어난다는 이점이 있었지만 공장에서의 매연, 폐수, 악취로 인한 환경오염이 점점 심해졌다. 또한 공장의 전력소비가 일시에 증가함에 따라 화력발전소의 확장·신설이 계속되어, 석탄 등 화석연료를 사용하는 화력 발전소가 발생시키는 공해가 문제로 대두됐다.

구체적으로, 슈발츠발트(Schwrazwald) 산맥의 울창한 숲이 산성비로 인해 시들기 시작했고 고사 위기에 직면했는데 그 원인은 공장증설에 의한 배기가스의 증가, 화력 발전소의 증설에 의한 환경의 악화에 있다는 것을 알게 되었다.

비슷한 시기에 세계에서 원자력 발전이 주목받고 프라이부르크에서도 화력발전소를 증설해 산성비가 발생한다면 석탄 등 자연에너지를 쓰지 않는 원자력발전으로 하는 것이 어떨까하는 목소리가 나와 원전 건설의 요구가 높아졌다.

3) 자연 환경 개선에 태양광 도시화로 대처하다

프라이부르크가 환경 대책으로서 원자력발전소를 계획했지만, 1986년 구 소련의 원자력 발전소 체르노빌의 폭발로 원전에서 30km의 넓은 범위에 사람이 살 수 없게 된 사고가 일어났다. 그 소식이 전 세계로 퍼져, 프라이부르크에서도 '원자력 발전소는 100% 안전하지 않다'는 논란이 일자 마침내 원자력 발전소 건설은 취소됐다. 이후 태양광을 바탕으로 공해가 전혀 없다는 태양광발전에 주목, 태양광발전을 목표로 하게 되었다.

독일 정부는 프라이부르크와 같은 환경 정책의 움직임을 지지하고, 2000년에 '재생 에너지 법'을 제정하여 거국적으로 재생 가능 에너지 비율을 높여 전력 사업자는 재생 에너지의 매수를 의무화하고 있다.

또 '10만 채의 지붕 태양 전력 촉진 프로그램'이라고 명명하여, 태양 발전 장치에 저리 융자를 실시해 태양 발전 보급을 도모하고 있다.

프라이부르크는 지형적으로 연간 평균 일조 시간이 1,650시간으로 독일의 주요 도시 중에서 가장 길다. 이 사실은 주민에게도 알려져 프라이부르크에는 태양광 발전이 가장 적절하다고 주민들도 인식하게 되었고, 주민들도 태양광 도시화 계획을 곧 받아들였다.

시 당국은 태양광 도시화를 추진하기 위해 태양광 협회를 설립하고 지붕을 무료로 제공한 시민들에게 태양광 발전장치를 무상 제공했다. 그리고 발전된 에너지는 시 에너지공사가 매입하고 시민들에게는 매입된 전기의 양에 따라 배당금이 지급되는 제도를 만들어 태양광 발전의 보급을 도모했다.

주택 민가의 옥상에도 태양광 발전 시설이 설치되어 있다

태양광 발전에 시 당국이 적극적인 것은 환경대책뿐 아니라, 공업진흥의 목적이 있었기 때문이다. 태양광 발전에 앞장서면서 관계 업체들이 대거 몰리고, 거기에 태양광 시스템의 노하우가 축적돼 산업진흥에 도움이 될 것으로 예측한 것이다.

그 예측은 적중했고, 프라이부르크는 오늘날에 '태양도시' 혹은 '태양산업도시'라고 일컬어, 태양광 기술이 높게 평가되고 있다. 또 태양광 노하우와 환경도시로서의 정책을 외국에서 배우러 오는 사람들이 늘어나고 이것이 관광도시로 변모하는 부차적인 효과도 나오고 있다.

4) 도시지역도 교통 규제로 환경 정책을 추진

1901년 이후 프라이부르크는 시외에서 시내로 전차가 다녀 시민의 발로 편리하게 사용되고 있었다. 하지만, 자동차의 보급에 따라 전철이 교통장애가 된다는 문제가 제기되어 시민들로부터 철거 여론까지 나왔다. 여기서 행정부는 시민의 소리와는 반대로 자동차의 출입을 제한하고 교통 혼잡, 안전을 도모하는 대책을 취했다.

그러나 다른 한편에서는 자가용으로 도심 전철 외곽역까지 와서 전차로 갈아 탈 수 있도록 역 인근에 대규모 주차장을 설치했다. 그 수용 대수는 4,000대 이상이다. 또 자전거 통근자의 편의를 도모하고, 역의 구름다리 아래에는 1,000대 이상 수용할 수 있는 유료 자전거 보관소가 설치되어 있다. 또한 전철의 운행 횟수를 늘려 정류장을 증설해 근거리 승차를 편리하게 했다.

또, 상하선이 동 시각에 정차하는 정류장이나 환승 정거장에서는 정차 시간을 길게 하여 환승을 천천히 할 수 있도록 운행상의 개선을 도모했다. 차량의 개보수도 적극적으로 추진해 승차감을 좋게 하고 편리하게 이용할 수 있도록 했다. 또한 이용자의 편의를 대폭적으로 증대했는데, 그것은 1984년부터 출시된 환경 정기권이다. 환경 정기권은 시내 노면 전차와 버스 모든 노선에서 사용할 수 있으며, 일요일에는 1장으로 온 가족이 사용할 수 있다. 시민들에게 많은 호평을 받고 있으며, 시내로 진입하는 자가용의 진입규제에 도움이 되고 있다. 정기권의 할인은 세계 어느 나라든지 있지만, 본인 이외에도 사용할 수 있는 것은 드물고, 독일에서는 이것을 모방한 정기권을 발행하는 교통 회사가 많다. (여기서는 현지 취재 외 프라이부르크시 홍보 인터넷 정보를 참고 했다)

2 삼위 일체의 거리 만들기 [영국]

여왕의 나라 영국. 정식 명칭은 "그레이트 브리튼 북아일랜드 연합왕국(United Kingdom of Great Britain and Northern Ireland)"으로 역사적 배경으로는 잉글랜드(England), 웨일즈(Wales), 스코틀랜드(Scotland), 북아일랜드(Northern Ireland)등 4개국으로 구성되어 현재 엘리자베스 2세(Elizabeth Ⅱ)를 군주로 하는 입헌군주제의 국가이다.

영국의 인구는 6,410만 명(2013년 현재 세계 22위), 유럽 연합(EU)에 참여하며 GDP는 2조 5,357억 달러(2013년, 현재 세계 6위)이다. 수도 런던에 인구가 집중(2013년 현재 1,400만 명) 되는 한편, 지방 도시는 지방 특색 산업의 쇠퇴와 인구 감소로 인해 산업 활성화와 중심 시가지 활성화에 대한 대책이 요구되고 있다. 이런 영국에서의 도시창생은 어떻게 이루어지고 있는가?

특히 영국의 도시 조성에 초점을 맞추어, 사례와 함께 추이와 현상을 소개한다.

1) 삼위일체(행정·민간·주민)의 마을 만들기

영국의 마을 만들기는 행정·민간·주민이 서로 연계를 취하며 3자가 일체가 되어 대처를 하는 것이 특징이다. 영국의 도시 조성의 추이나 구체적인 대응은 다음과 같다.

(1) 타운 센터·경영(TCM)에서 시작

'타운 센터 · 경영(TCM)'이란 제2차 세계 대전 후 피폐한 지방 도시의 중심 시가지를 활성화하기 위해 1986년에 시작된 제도이다. 중심시가지 활성화 대책으로 선행하는 미국의 사례(타운경영 기관: TMO)를 참고하여 행

스털링시의 중심 시가지

정(관)과 민간(민)이 연계하는 '민관 파트너십(PPP)'을 활용하는 TCM을 레딩(Reading)시 외 4개 도시에서 탄생시켰다. 현재는 전국에서 약 300의 TCM이 지역 활성화 활동을 하고 있다.

구체적인 대응은 행정·민간 소매 업체·주민이 PPP를 설립해 중심 시가지의 운영·관리를 한다. 이는 영국의 중심 시가지 활성화의 핵심이다. EU 및 정부 보조 지원금은 지자체가 아닌 직접 협력사에 지급돼 중심 시가지 활성화의 하드웨어 및 소프트웨어 사업에 활용된다.

또한 TCM의 주요 특징 중 하나인 'Town Management(TM)'로 알려진 도시 계획, 부동산 개발, 관리 및 마케팅과 같은 전문가가 공동으로 역할을 수행한다. 전국 조직의 NPO타운 센터 관리 조합(ATCM)은 1991년에 설립되어 조사 연구, 정보발신, 정부에 대한 제안 등을 수행하고 있다.

TCM의 사례로 스코틀랜드(Scotland)의 스털링(Stirling)시를 소개한다. 스털링시는 인구 46,000명, 한때 요새가 있던 오래된 도시이다. 스털링시의 TCM은 2018년을 향한 경제·문화 활성화를 목표

로 한 시 전략을 바탕으로 지역 주민과 사업공동체와 밀접하게 연계하여 중심 시가지 외관 개선과 스타일링 브랜드와 직결된 도심 마케팅과 모니터링, 안전한 마을 만들기 지속 등을 추진하고 있다.

(2) TCM에서 BID(Business Inprovement District, BID)

'Business Inprovement District(비즈니스 개선 지역구:BID)'는 1960년대에 캐나다에서 시작되어, 1980년대에 미국에서 유행한 도시 조성 기법이다. 미국에서는 주립 법률에 따라 지자체가 지구의 소유주에 세금(고정자산세의 추가)을 징수해 마을 만들기 단체에 교부하고 도로 청소·방범·판촉활동을 벌이는 활동이 이뤄졌다. 영국에서는 TCM이 1980년대 후반부터 활동하고 있었고, 효과적인 사업을 수행하는데 있어서 필수적인 자금 조달의 문제에 직면하게 되었다.

이 자금을 얼마나 확보해야 할지 검토한 결과 미국의 사례를 참고로 2004년 이후 잉글랜드를 시작하여 BID법이 제정되어 지역의 세금을 기반으로 한 안정적인 자금 조달을 통해 제반 활동이 이루어지게 되었다.

영국에서는 현재 179개의 BID가 설치되어 지역 활성화 활동을 하고 있지만, 전 세계에서는 미국 유럽 등에 약 2,000여 곳이 설치되었으며 일본에서도 2014년에 오사카시에서 처음으로 BID법이 제정되었다.

영국의 BID는 다른 서구 국가의 BID와는 약간 다른 특징이 있다. 영국 이외의 서구의 BID에서 첫 번째 역할은 환경 미화 및 안전이지만 영국에서는 환경 미화 및 안전이 행정기관이 담당하는 기본 서비스이며, BID는 지역 사업 및 상업 활성화, 도시 환경 정비 등

옥스퍼드시의 템즈강　　　　　　　　옥스퍼드시의 야간 시가지

더 부가가치가 높은 역할을 담당하고 있다.

BID의 사례로서 옥스퍼드(Oxford)시를 소개한다.

옥스퍼드시는 영국 남부의 인구 154,800명의 마을로 아름다운 전원 풍경에 둘러싸인 대학과 BMW공장으로 유명하다. 시의 BID는 지역 주민과 관광객들에게 편의시설 제공을 목표로 활발한 시가지의 관리와 마을의 안전을 지키는 경비 활동에 중점을 두고 있다.

구체적으로는 점포 면허나 노점 영업의 완화, 저녁부터 새벽까지의 중심 시가지의 경비·방범 활동, 쓰레기 폐기와 반사회적 행동의 억제 외에 '더 깨끗하게, 더 푸르게'라는 캠페인에 기반한 마을 만들기를 실시하고 있다.

2) 행정이 주도한 도시 조성(셰필드시의 사례)

여기서는 행정기관이 중심이 되어 마을을 조성한 사례로서 셰필드시를 소개한다.

(1) 셰필드시의 도전

세필드시는 인구 551,800명, 영국 중북부의 공업 도시로 산업혁명 이후에는 철강업으로 번성했지만 1970년대 이후 세계적 철강 수요 부족으로 철강업은 급속히 쇠퇴해 1980년대부터 약 10만 명의 일자리가 없어졌다.

이에 대해서 시는 1990년대 초부터 중심 시가지 활성화를 위한 마스터플랜을 만들어 중심 시가지와 교외지의 동시 개발을 시도했다. 구체적으로 중심 시가지의 거리풍경은 보존하면서 교외형 쇼핑센터를 충실히 마련하여 양측의 상생공영을 도모하는 것이다.

특히, 중심부와 교외의 쇼핑센터는 노면 전차(LRT: Light Rail Transit)로 연결되어 많은 쇼핑객과 통근자들로 북적이며 거리의 활성화와 더불어 인구 증가에도 도움이 되고 있다.

(2) 공존공영의 거리 만들기

세필드시는 1984년 철강업체가 철수한 자리(약 73,000면)에 대형 쇼핑센터 '메도우 홀'의 건설을 계획해 1990년에 완공했다. 이 대형 쇼핑센터는 의류 및 액세서리 등 약 300개 점포가 입주해 매주 15만대 이상이 주차장을 이용하고 연간 3,000만 명 이상이 방문해 영국에서 손꼽히는 대형 쇼핑몰로 북적이고 있다.

그러나 1990년 메도우홀 완공 초기에는 중심 시가지 경제는 의류, 신발 등 일용잡화를 중심으로 한 매출이 큰 폭으로 떨어져 심각한 타격을 받았다. 이에 대해 당시 시장은 중심시가지 재생을 가장 중요과제로 삼아 1992년에 대학 교수, 상공 회의소 등이 회원으로 참여한 연락 그룹을 출범시켜 방범·청소, 홍보, 판매 촉진, 시민 참여 등에 적극적으로 힘썼다.

그 후 이 연락 그룹과 행정, NPO(자원 봉사 단체)는 1994년에 '중

매도우홀   셰필드시 청사

심 시가지 사업계획'을 수립하여 ① 청결한 거리, ② 방문하고 싶
은 거리, ③ 쇼핑하고 싶은 거리 등을 목표로 내걸었다.

또 중심 시가지를 4개 구역(중심부, 과학 문화 지구 등)으로 나눠
보조금 등을 활용한 공공 투자를 하는 녹지 정비나 거대 온실 건설
등을 벌여 1995년 중심 시가지 500개 점포의 매출은 전년 대비 5%
증가했다.

셰필드시의 성공 비결은 중심 시가지와 교외지구의 차별화 실현과
그것을 보장하는 도시계획에 있다. 중심 시가지는, 역사적인 관광
이나 영화관 등의 놀이시설, 교외 점포는 쇼핑의 거점으로서 각각
매력을 발휘하고 있다.

3) 민간 기업과 협력하는 마을 만들기(기업의 사례)

여기에서는 '기업지역(경제 재생 특구: EZ)'과 '지역기업의 협력관계
(LEP)'를 활용해 민간기업과 협력하여 마을 만들기를 진행하고 있는
사례를 소개한다.

(1) 엔터프라이즈 존(경제 회생 특구: EZ)은?

엔터프라이즈 존(이하 EZ)은 1981년 대처 행정부에서 제조업의 쇠퇴와 이너시티(Inner City)문제(도시의 황폐화)해결을 위해 모델 지구를 설정하고 도입된 한시적인 제도이다. 구체적으로 지방세 감면 및 개발규제 완화 및 절차의 신속화를 통해 지역경제 활성화를 목표로 하는 경제특구다. 본 제도는 2006년 종료됐지만 정부의 장기경제계획의 핵심시책이 되는 사업지원책으로 2012년 4월 재개됐다.

EZ는 현재 영국 전역에 24곳이 설치돼 지금까지 430여개 기업을 유치하고 20억 파운드 이상의 민간투자를 촉진하고 12,500명 이상의 일자리를 창출하고 있다.

(2) 지역 기업 파트너십(LEP)은?

지역 기업 파트너십(이하 LEP)은 2010년 영국에 설치되어 지방 정부와 해당 지역의 기업 및 단체가 협력하는 조직으로서 도로·건물·시설에 대한 투자 등 지역의 경제성장을 촉진하고 비즈니스 환경을 개선하는 것을 목표로 하고 있다. 위원회 위원의 절반 이상은 민간기업이며 비즈니스 주도의 민관학 연계 조직으로, 현재 잉글랜드에서 39곳이 활동하고 있다.

(3) 일본기업들 협력하여 지역 활성화를

'노스이스턴 엔터프라이즈 존(Northeastern Enterprise zone)'은 영국 동북부의 더럼(Durham), 타인위어주(Tyne and Wear)의 뉴캐슬어폰타인시(Newcastle upon Tyne), 선덜랜드(Sunderland)시를 중심으로 한 약 465,000㎡의 경제재생특구이다. 본 특구에서

노스이스턴 EZ   선더랜드의 닛산자동차 공장

는 LEP제도에 의거하여 '노스이스턴 지역기업 파트너십(NELEP)'
이 지역경제 활성화를 위해 활동하고 있다.

NELEP는 동 지역의 전략적 경제계획에 따라 협력사 및 지역사업
자와 협동하여 혁신적인 지역경제 발전과 지속적인 일자리 확보를
목표로 6년간 2억 파운드의 투융자를 시작으로 한 다양한 사업을
지원하고 있다. 구체적 활동은 이하 3개 분야·집적지역을 대상으
로 하고 있다.

• 저탄소자동차(선더랜드시)

  영국 최초의 저탄소 자동차 지정 지역으로 일본 기업이 진출하고
  있다.

• 해안 허브(타인강 북쪽 해안)

  뉴캐슬대(Newcastle University) 센터가 중심이 되어, 차세대 해
  상 풍력 발전 개발 등을 실시하고 있다.

• 차세대 재생 에너지(브리스톨)

  국립 재생 에너지 센터는 초박형 태양전지판을 개발하고 있다.

특히 일본 제2위 자동차 메이커 닛산 자동차가 1984년 선덜랜드시에 진출해 동시에 NELEP와의 협동을 바탕으로 6,000명의 고용과 연간 50만대의 자동차 생산을 달성했으며 영국 여왕으로부터 2번의 수출 훈장을 수여 받았다. 회사의 공장은 2012년보다 전기 자동차용 리튬 이온 전지 생산을 시작해 현재는 이 전지 탑재의 차세대 전기 자동차를 생산하고 있다.

4) 주민 참여 마을 만들기(캐슬베일시의 사례)

이곳에서는 주민들이 중심이 되어 풀뿌리 수준의 마을을 만들고 있는 사례를 소개한다.

(1) 주민 참여로 인한 마을 만들기 역사

영국에서는 민간비영리부문(NPO)에 의한 마을 조성이 한창이었는데 NPO에는 중세부터 존재한 '볼런터리 조직'과 최근 발달한 '소셜·엔터프라이즈(사회적 기업)'라는 두 가지 유형이 있다. 볼런터리 조직의 역사는 중세의 자선사업으로 거슬러 올라간다.

영국 국내에는 약 50만이라는 볼런터리 조직이 있다. 이 조직은 광범위한 분야에 걸친 그룹으로 구성되어 있으며, 사회에서 중요한 역할을 담당하고 있다. 공익목적을 가진 볼런터리 조직은 자선사업으로 등록할 수 있으며 각종 세제혜택을 받을 수 있다.

한편, 1970년대 후반 이후 정부의 볼런터리 조직에 대한 재원 감축과 파트너를 중심으로 한 도시 정책으로 볼런터리 조직은 중앙 정부와 지방 정부의 파트너가 되고 소셜 엔터프라이즈로 변모해 갔다.

특히 1990년 이후 대규모 정부 자금이 이들 조직에 투입되고 계속적인 도시 계획 참여가 요구되게 되고 왕성한 창업 정신과 사회적 목적을 병행하는 소셜 엔터프라이즈로 전개되었다.

⑵ 풀뿌리 마을 만들기

소셜 엔터프라이즈 중에서도 풀뿌리 수준으로 도시재생과 마을 만들기에 임하고 있는 것이 '디벨롭먼트 트러스트(마을 만들기 사업체)'라고 불리는 사업체다. 마을만들기 사업체는 특정 지역에서 사회적 개선에 나서는 소셜 엔터프라이즈로, 정부·기업·자원봉사 조직 등이 상호협력관계를 맺고 활동하고 있다.

1991년 '마을만들기 사업체 협회'가 설립돼 2011년 타 단체와 합병해 영국 전역 네트워크 조직의 '로컬리티'가 됐다.

2015년 1월 기준으로 영국 내에는 492개의 마을 만들기 사업체가 있으며, 10,500명의 고용주, 24,000명의 자원 봉사자가 참여했으며, 6억 5,200만 파운드의 자산으로 볼런터리 조직 회장 협회(ACEVO) 및 마을 만들기 협회(CDF)등 다양한 파트너와 연계하고 있다.

캐슬베일 지역 공동체 캠퍼스

캐슬베일 「위기 펀드」

(3) 풀 뿌리 마을 만들기의 사례

캐슬베일(Castle Vale)시는 잉글랜드 중서부의 버밍엄시 북동부에 있는 인구 1만 명의 조용한 주택지이다. 이 도시에서는 거리가 확대하는 과정에서 도시 외주 지역의 주택 환경이 악화되고, 야간 인구가 감소해, 도시 공간으로서의 기능이 저하하는 '이너시티 문제'로 고민하고 있었다.

'캐슬베일 세입자 주민동맹'은 1994년 주민과 상점, 자원봉사자들이 이 지역문제를 해결하기 위해 설립했고 20여 년 동안 지역재생에 중요한 역할을 해 온 지역민 주도의 NPO조직이다. 현재 사회적 기업으로 연간 50만 파운드의 매출을 올리며 10명의 직원과 50명의 자원 봉사자가 지역 활성화 풀뿌리 활동을 하고 있다.

2014년에는 시 근교를 포함한 3만 명 이상의 사람들에게 직업 알선이나 직업 훈련 지원, 식량 은행·위기 펀드의 제공 등 꾸준한 풀뿌리 활동을 펼쳤다. 또 2015년 가을에는 시청으로부터 커뮤니티의 자산으로 도서관을 취득해, 지역 주민이 독서뿐만 아니라, 다양한 가치 있는 서비스를 받고 배울 수 있는 장소를 제공할 계획이 있는 등, 폭넓은 활동을 펼치고 있다.

3 교통 정책과 중심 시가지 활성화 [프랑스]

1) 사례와 배경

프랑스의 창생 사례를 설명함에 있어 프랑스 도시의 중심시가지를 특히 상가와 연계하여 주목하고 싶다고 생각했다. 일본에서 상점가의 인식은 길거리마다 식품, 옷, 생활용품 등 일상 잡화를 취급하는 상점과 음식점, 그 외 서비스업의 점포 위주로 집적되어 있지만 프랑스는 다른 유럽 국가들처럼, 역사적·문화적인 정취를 남긴 상가가 중심 시가지등에 남아, 지역 경제를 견인하고 있다.

일본의 상가는 전체적으로 쇠락해 화제성이 부족하지만 프랑스 중심 시가지에서는 활성화에 성공한 사례가 적지 않다. 최근 필자는 사업협동조합의 유럽 각국의 상가 조사를 담당하고, 주요 도시의 중심 시가지 활성화와 상점가 상황을 정리·분석함으로써 중심 시가지에서 특징적인 지역 활성화를 실현하고 있는 프랑스 도시의 대처 방안으로 스트라스부르시(Strasbourg)의 사례를 소개하고 싶다.

또한 도시계획의 법제도나 역사적 배경, 행정 시책 등 일본과는 다른 환경이 있기 때문에 이의 개황에 대해 먼저 설명한다.

2) 중심 시가지 상가의 형태

프랑스의 도시 중심 시가지 등에는 일본의 '상가'와 전혀 다르지 않지만 대략적으로 유사한 형태가 있어 그 개요를 설명한다.

일본의 '상가'에 가까운 의미로, 프랑스에서 가장 일반적으로 사용되고 있는 명칭은, 'shopping street', 'rue de Marche'(시장대로) 등이다. 일본 번역으로 상점가('rue commer~ante')라는 명칭은 현지에서는 별로 쓰이지 않는다.

그 외, 'passage'(파사쥬)라고 불리는 아케이드가 붙은 상점가나, 규모가 큰 상가 혹은 상업 집적 지역을 나타내는 명칭으로, 'shopping area', 'rue de France pedestrian area(zone)'(보행자 전용지역), 'centre-ville'(중심 시가지, 비즈니스 거리) 등이 있다.

이들 명칭은 모두 명확한 정의나 근거법령이 없으며 현지에서는 이 외에도 유사한 명칭 등이 많이 사용되고 있다. 이하, 주요 명칭에 대해 설명한다. 또한 미국, 영국 등을 중심으로 도입되고 있는 BID(Business Improvement Districts: 업무개선지구)는 해당 국가에서 법제화가 되지 않아 도입 사례가 없다.

(1) 파사쥬(passage)

도시의 구시가지 등에 있는 아케이드가 딸린 통로에 따른 상가를 말하는 것인데, 대다수는 상가라기보다 지나다니는 보행자 전용

(좌) 파사쥬 du Caire: 파리시 / (우) 파사쥬 Jouffroy: 파리시 파사쥬의 예
(출처: 파리시 홈페이지)

로나 샛길로 인식되고 있다. 시내의 여러 거리를 오가는 쉽게 접속할 목적으로 기존의 건축물을 개축하고 19세기경에 지어진 곳이 많다.

(2) 쇼핑 거리(shopping street)

프랑스에서 상가의 의미에서 일반적으로 가장 많이 사용되는 명칭이다. 다수의 관광지나 주요 도시의 시가지에 'shopping street'라고 불리는 거리가 있다.

(좌) Rue Sainte-Catherine: 리옹시 / (우) Avenue de la Republique: 파리시 shopping street의 예
(출처: 파리시 홈페이지)

(3) 시장 거리(rue de Marche)

도로를 따라 시장(Marche)이 있는 거리로 이웃주민의 부엌이 된다.

(좌) Marche rue de Buci: 파리시 / (우) Marche rue de Levis: 파리시 rue de Marche의 예
(출처: 파리시 홈페이지)

(4) 보행자 전용 지역[rue de France pedestrian area(zone)]

관광지나 도시의 번화가 등에서 보행자가 왕래하기 쉽도록 설치된 보행자 전용 지역이다. 관광·문화시설 등이 인접해 있어 상점·음식점 등의 상업 지역을 볼 수 있다. 특정요일만 보행자 천국이 되는 일본과는 달리 항상 보행자 전용이다.

(좌) Place Massena: 니스시 /
(우) Rue Sainte-Catherine: 볼더시 rue de France pedestrian zone의 예
(출처: 각 시의 홈페이지)

(5) 중심도시, 비즈니스 거리(centre-ville, quartier d'affaires)

도시중심부에 상업 및 사업업체, 공공기관 등이 집약된 지역이다. 이들 지역에는 고층빌딩이 들어서 일반적으로는 '중심시가지', '사

(좌) Euralille : 릴시 centre-ville (우) La Défense파리시 centre-ville의 예
(출처: 각 시의 홈페이지)

업거리' 등으로 번역된다. 덧붙여 뒤에서 소개하는 스트라스부르 시의 사례는, 이 중심 시가지형의 상가로 분류된다.

3) 프랑스의 중심 시가지 시책에 관계 법령 등

프랑스의 중심 시가지 시책에 크게 관계되는 법령으로서 로와이에 법과 장 피에르 라파랭법이라는 상공업 관련 2개의 법률과 도시 계획 관련법을 설명한다. 이러한 법률에 의해 프랑스에서는 중심 시가지뿐만이 아니라, 교외에 있어도 대규모 소매 점포의 출점이 실질적으로 어려운 상황이다.

또, 프랑스의 도시계획 수립 등에서는 도시계획법령에 따라 현지 자치체에 권한이 명확하게 이양되어 현지 주민의 참여가 보장되고 있다.

(1) 상업·수공업 기본 법(로와이에법, Loi Royer, 1973년 12월 7일자 법률 제73-1193호)

1973년에 성립한 통칭 로와이에법은 주로 소규모 소매점과 대형 소매점의 조정에 대해 규정하고 있다.

구체적으로는, 대규모 소매점 출점 규제를 위한 현 상업 도시화 위원회의 심사제도, 상공회의소·수공업 회의소의 도시계획책정으로의 참여 등을 정하고 대형유통업체 출점 규제를 실시해 소규모 유통점을 보호하고 소비자의 소매점 선택의 폭을 확보하고 있다.

이 법에 따라 인구 4만 명 미만의 자치 단체의 경우는 소매 점포 면적 1,000㎡이상, 기타 지자체의 경우, 1,500㎡이상의 점포는 위원회의 승인이 필요하게 되었다.

(2) 상점과 수공업의 발전과 촉진을 위한 법률(라파랭법, Loi Raffarin, 1996년 7월 5일자 법률 제96-603호)

로와이에법을 개정하여 대규모 소매점 신증설 규제를 강화할 목적으로 제정된 법률이다. 매장 면적 300㎡이상의 신규증설 호텔·영화관 등의 신규증설에 대해서도 허가 신청이 필요하게 되었다. 또 매장 면적 6,000㎡ 이상의 대형 매장 출점에는 공청회 개최가 필요했다.

(3) 도시계획법과 도시의 연대 및 재건에 관한 법률

프랑스 도시계획의 대표적인 법령은 '도시계획법전', '도시의 연대 및 재생에 관한 법률'이다. 프랑스 도시 계획의 기본 원칙은, 기존 시가지 이외에서의 건설·개발의 제한, 즉, 기존 시가지 이외 장소에서의 도시화는, 지금까지의 사회자본 투자가 낭비된다고 인식되고 있으며, 이 점이 일본의 도시계획 법령과 다른 점이다.

이러한 법령에 근거해, 프랑스에서는 주택 공급, 교통 정비 등을 포함해 일체적인 도시 조성이 진행되어 왔으며 라파랭법에서도 이들 도시계획 법령에 근거해, 상업 시설의 출점 등을 규제하고 있다.

4) 중심시가지 활성화에 성공한 창생 사례(스트라스부르시)

프랑스의 도시 창생 사례로 스트라스부르시는 북동부의 라인 강변에 위치하는 인구 약 27만 명의 도시로 라인강 건너편에는 독일의 도시 켈(kehl)이 있고 두 도시 간에는 여권으로 자유롭게 왕래가 가능한 하나의 상권이다. 또, 유럽 의회의 본회의장, 유럽 인권 재판소 등 많은 국제기구가 있다.

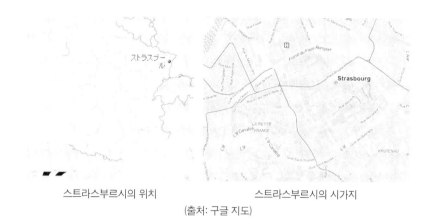

스트라스부르시는 옛부터 하천 교통의 요충으로서 발전했기 때문에 대성당 등 역사적 건축물이 많고 라인강 둘레 2km정도의 구 시가지가 세계 유산으로 되어 있어 관광, 상업의 중심지이기도 하다. 또 4만 명 이상의 학생이 다니는 스트라스부르대학이 있는 학원 도시이다.

(1) 자동차사회에서 벗어나는 스트라스부르의 도시 교통 정책

스트라스부르의 정책의 특징은 도시계획과 일체적으로 이루어진 교통정책이다. 시에서는 1980년대 경부터 자동차 사회가 초래하는 대기 오염, 교통체증, 소음 등의 폐해를 해결하기 위해서 노면 전차(트램, Tram)에 의한 공공 교통기관을 정비해, 중심 시가지로의 자동차의 출입을 금지했다. 단, 가동식 (부침형) 차량멈춤(라이징볼라드, Rising bollard)을 이용함으로써 구급차 등 긴급차량에 대한 대응, 자정부터부터 새벽시간대 상점으로의 반출입차에 대한 배려 등을 실시하고 있다.

또, 노면 전차의 정비에 맞추어 쉽게 환승할 수 있고, 공용차표 등으로 이용할 수 있는 버스 노선의 정비도 실시해 공공 교통 기능을 강화했다. 노면 전차 위주의 신호 시스템을 채용한 결과 트램 평균 시속은 약 21km(파리 지하철의 평균 속도와 비슷)이며, 노면 전차로서는 매우 빠른 편이다. 이러한 교통 정책과 관련해, 중심 시가지 바로 앞의 트램역 주변에 주차장과 자전거 보관소(대여 자전거)를 설치했다. 560km에 이르는 자전거 전용 도로도 정비 파크 앤드 라이드(park-and-ride)를 추진하고 있다. 스트라스부르의 교통 정책은, 중심 시가지의 도로에서 자동차를 배제하고, 노면 전차, 자전거, 보행자를 공존시키는 것이 목적이다.

이 때, 이용자의 편리성을 존중해 조용하고 진동이 적고 승차감이 좋은 신형 노면 전차의 도입, 저상버스의 배려, 학생할인·시니어 요금 등, 이용자별 세세한 요금 설정 등을 실시했다.

사동식 주차

노면전차(트램)

자전거 보관소

트램역 주변의 주차장
(출처: 구글 지도 및 스트라스부르시, 프랑스 관광기구 홈페이지)

또, 도시 진입을 위해 차를 이용할 필요가 없어져 유지비용이 들지 않는 차량공유 서비스를 이용하는 시민도 늘어나고 있다. 도시의 교통 정책의 대전환은 1989년보다 12년간 시장을 지낸 카트린 트로만(Catherine Trautmann)의 지도력에 힘입은 바 크다.

1989년 시장에 취임한 카트린 트로만 씨는 선거 공약으로 제시한 자동차를 거리에서 배제하고, 대신에 노면 전차를 정비하는 정책을 추진했고 공사를 멈추려고 반대하는 시민의 방해 등 우여곡절이 있었지만 차근차근 진행해 1994년 노면전차 개통에 이르렀다. 이후 노면전차, 자전거 전용도로 등의 정비를 진행했다.

이러한 시책의 결과 스트라스부르시는 유럽 국가에서도 선진적인 환경 도시로서 주목 받고 있다.

(2) 걸어서 즐거운 중심 시가지 실현

스트라스부르시의 주요 산업은 관광이다. 중심 시가지에서 자동차를 배제하고, 대중교통을 정비한 결과, 보행자가 걷기 편하고 즐거운 중심 시가지로 자리 잡으면서 관광도시로서의 가치가 높아졌다. 현재는 연간 150만 명이 넘는 관광객이 찾고 있다.

(좌) 1980년 / (우) 현재
(출처: 프랑스 관광개발지구 홈페이지 및 구글 지도)

4 도시계획과 보존, 복원이 가져온 역사적인 도심의 활성화 [이탈리아]

1) 전후에 행해진 이탈리아의 마을 만들기

이탈리아(Italy)는 고대 로마제국의 발상지로서 유적이나 교회 같은 역사적 유산 외에도 미술관이나 박물관이 다수 존재한다.

로마(Rome), 밀라노(Milano), 나폴리(Napoli), 토리노(Torino)등 4대 도시를 비롯한 제노아(Genoa), 피렌체(Firenze)등은 모두 역사와 예술을 자랑하는 도시로 세계 유산 등록 건수는 50건에 이르고 있다 (2015년 2월 현재).

이탈리아의 도시를 상징하는 풍경이라고 하면(출처:http://whc. unesco.org/en/list/797) 성벽에 둘러싸인 도시풍경과 고급 부티크를 떠올리는 사람이 많을 것이다. 중세의 성벽으로 둘러싸인 구시가지는 '첸트로 스트리코(Centro Storico: 역사적 도심부)'라 불리며 역사적 건축물이 유지·보존되고 있는 것 외에 문화·관광·상업 시설이 다수 있어 그 도시의 번화가가 되고 있다.

이탈리아에는 일본의 시군구와 같은 개념이 없고 도시에 해당하는 것이 코뮌

2000년 세계유산에 등록된 베로나시
(출처: http://whc.unesco.org/en/list/797)

(comune)라는 기초 자치단체다. 현재 이탈리아 전역에 8,000개가 넘는 코뮌이 있고, 그 기원은 중세의 11~12세기에 탄생한 도시 국가이다. 도시는 외부의 적으로부터 지키기 위해 성벽으로 둘러싸여 거의 완전한 자치가 이루어지고 있었다. 코뮌은 그 역사를 계승하고 있다.

이탈리아에서는 중세의 모습이 남아있는 아름다운 거리풍경이 보이지만 현재 도시의 모습은 제2차 세계대전이후 형성되고, 중심 시가지에 저명한 부티크가 생긴 것은 1970년대 이후의 일이다. 전후의 황폐한 시기를 넘어 어떻게 번영해 왔는지, 이탈리아의 도시 정비의 경위를 살펴본다([도표 6-4-1] 참조).

[도표 6-4-1] 이탈리아의 도시 계획에 관한 연대기

제정연도	법규 등
1909	문화재 보호에 관한 법률
1939	문화재보호법, 자연미 보호법
1942	도시계획법
1960	구비오 헌장
1967	가교법
1971	상업조정기본법
1977	부카로시법
1985	갈라소 법
1998	베르사니 법

출처: 출전 국토교통성 국토교통정책연구소 EU에 대한 도시정책 방향과 이탈리아 독일에 있는 도시정책 전개를 근거로 작성

2) 도시 계획법에 따른 규제

전후 이탈리아의 마을 조성을 담당한 것이 도시 계획이다. 이탈리아에서는 1942년에 '도시계획법'이 제정되었다. 이 법은 토지 소유에 대한 엄격한 제한과 자치 단체의 '도시 기본 계획(PRG:Piano Regolatore Generale)'의 책정 의무를 특징으로 하고 있지만 시행령 제정 이전에 종전을 맞이하자 PRG는 거의 이행되지 않고 전후 부흥기의 1950~1960년대에는 투기 목적의 난개발이 난무했다.

[도표 6-4-2] 교량법

지역	내용
A	역사적, 예술적 가치가 있는 지구
B	A존 이외의 기성 시가지 부분
C	장래의 개발용지
D	공장, 수공업시설용지
E	농지
F	공공시설용지

가네다 요시후미 지음 '번화' 이탈리아 마을만들기
(학예출판사) 를 기초로 작성

그 결과, 소위 '어반 스프롤 (Urban Sprawl)'현상이 일어나, 중세 이래로 역사 있는 문화가 부각되어 온 첸트로 스토리코(Centro Storico)의 황폐화와 공동화를 초래했다.

1967년 전 자치 단체에 역사 지구의 보존을 의무화한 「도시계획범 개정 조치법」이 제정되었다. 이 법은 옛 도시계획법에서 신도시계획법으로 다리를 놓으려는 의도로 '가교법'이라고 불린다. 가교법은, PRG를 지자체에 의무적으로 두고 그 책정이 끝나지 않은 지역의 건축허가를 금지하는 것이었으며 도시 계획 기준으로 6종류의 구역을 정하고 전 지자체에 대해 구역별로 토지 이용을 규제했다.[도표 6-4-2].

이 중, A존의 첸토로 스토리코의 규제가 가장 엄격했고, 건축 행위를 '수리, 보존적 개조, 통상의 유지와 설비 등의 근대화'로 한정하고 있다.

'가교법'은 또한 모든 건축 행위에 자치단체의 건축 허가를 받도록 했기 때문에 토지 소유자들의 반대 운동이 벌어지고, 1968년에는 이 법은 위헌이라는 판결이 나왔다. 자치 단체가 PRG책정에서 5년 이내에 세부 계획을 정하지 않을 경우 토지 소유자의 건축 행위에 대항하는 가교법에 의한 규제는 무효가 되기 때문에, 정식 허가에 근거하지 않는 개발 행위가 잇따르게 되었다.

1977년, 새로운 도시 계획 법인 '부카로시법'이 제정되었다. 이 법은 신규로 건설되는 건물에 대해서 도시 환경 개혁의 수준에 맞는 비용을 건축주에게 부담시키는 것으로, 토지 소유권의 규제가 도시 계획 수립과 개발 부담이라는 이중구조로 강화되게 되었다.

3) 경관 보호와 보존·복원(가네다 요시후미 지음 번화 이탈리아 마을만들기「학예출판사」를 기초로 작성)

개발의 규제와 함께 마을 만들기를 뒷받침한 것이 경관 보호와 역사적 건축물의 보존 및 수복이다. 이탈리아에서의 경관 규제는 1909년에 제정된「문화재 보호에 관한 법률」에 의한 보호 대상을 1910~1920년대 역사적·예술적 가치를 지닌 공원·정원, 조망의 미 등 경관을 형성하는 것으로 확대한데서 시작된다.

1939년「문화재 보호법」과「자연미 보호법」이 제정되었지만, 이러한 법이 대상으로 삼은 것은 미술품, 미적·전통적 가치 있는 공원 등 특정 물건과 장소에 한정되어 있었다. 이 때문에, 보호의 대상에 포함되지 않는 지역에서는, 경관을 훼손하는 개발이 이루어지기도 했다. 1960년 건축·도시 계획 전문가에 의해 '역사적·예술적 지구의 보존과 재생'을 주제로 한 회의가 구비오(Gubbio)에서 개최됐다.

여기서 채택한 '구비오 헌장'은 단체 건축물이 아닌 첸트로 스토리코 전체를 대상으로 한 보존계획의 필요성을 주장하며, 유럽 국가들보다 먼저 역사적 도시 보존의 원칙을 정한 것이다. 또한 1985년에「환경 가치가 높은 지역의 보호를 위한 법률」(Galasso Law, 초안자의 이름을 따서 '가라소법'이라고 불리기도 한다)이 제정되었다.

모든 주에 책정이 의무화된 경관계획에 따라, 주내의 자치단체는 PRG를 수정해 구체적인 시책을 만들어, 경관보전이 실시될 때까지는 건설행위의 인허가를 금지하는 것이다. 가라소법에 따라 각각의 PRG

와 경관 보호가 결합되고 도시계획제도도 완성됐다.

지금까지 살펴본 것처럼 전후 이탈리아의 마을 조성에 있어서 자치단체의 정책이 중요한 역할을 담당했다는 것은 의심의 여지가 없지만, 역사적 건조물의 유지·보존을 위한 복원기술이 진행된 것이나, 문화재를 이용함으로써 도시를 정비한다는 시민의식이 높아진 것도 큰 영향을 주고 있다.

첸트로 스토리코에서는 사용하지 않는 교회나 수도원이 시민들의 희망으로 문화시설·복지시설로서 이용되는 경우가 많다고 한다. 이와 같이, 주민이 역사적 건조물 활용에 적극적이었던 것은 도시의 활성화와 거리 보존에 기여했다.

4) 이탈리아의 상가

이탈리아의 상업 집적, 이러한 마을 만들기 차원에서 조성되었다. 이탈리아에는 상가에 대한 명확한 정의는 없지만, 대로변에 중소 상

로마의 상점가
(출처: http://www.romeinformation.it/en/shopping-in
-rome/rome-boutiques-high-fashion-information/)

업자가 모여 지역 주민 등의 방문객에게 필요한 제품 및 관련 서비스를 제공하는 일본의 상가와 유사한 다음과 같은 형태가 존재한다.

(1) 쇼핑 스트라다(Shopping Strada)

이탈리아에서 상가를 일컫는 가장 일반적인 말로, 쇼핑가, 쇼핑거리로 번역된다. 도시 주변의 대로에 접한 상업 집적이다.

(2) 스타라다 데이 메르카티(Strada dei Mercati)

시장거리로 번역된다. 시장분위기를 가진 상설상점이 길가에 늘어서 신선식품을 비롯하여 앤티크, 의류, 생활잡화 등 많은 상품이 판매되고 있다.

(3) 메르까띠니(Mercatini)

야외시장, 벼룩시장 등을 가리킨다. 신선식품 이외에도 와인, 꽃, 앤티크, 골동품, 헌책, 의류, 구두, 가방, 복식잡화, 생활잡화 등 다양한 상품이 판매되고 있다.

나포리시가의 시장거리
(출처: http://www.portanapoli.com/
Fng/naples/shopping.html)

유럽 최대 규모의 청공 시장
「portapalazzo 시장」(토리노)
(출처: http://scopriportapalazzo.com/galleria-foto/)

5) 소매 점포와 장인 기업이 가져온 번영

첸트로 스토리코의 상점가에는, 소규모의 소매·서비스업자가 많고 게다가 대규모 점포와의 직접적인 경합 관계가 없다는 특징이 있다. 일반제품은 교외의 백화점에서, 기호성이 강한 제품과 고급 제품은 첸토로 스토리코의 부티크에서, 라는 공존을 하고 있다. 이는 소매업 육성과 대규모 점포의 규제, 도심부를 지향하는 장인 기업과 이를 뒷받침하는 소비자에 의해서 만들어진 것이다.

(1) 소매업 육성과 대규모 점포의 규제

첸트로 스토리코의 소매 상업의 진흥은 1960년의 구비오 헌장 채택 후의 거리 경관을 보존·회복하는 기운의 고조와 시기를 같이 하고 있다. 엄격한 도시계획 규제는 첸트로 스토리코에서 어설픈 대규모 개발보다는 역사적 건조물의 복구·재생으로 눈을 돌렸다. 1971년 「상업 조정 기본법」이 제정되었다. 이 법은 지자체가 독자적으로 정한 상업 계획에 근거해, 도시 전체로 본 점포 배치도 고려하여 영업 허가를 내겠다는 것이다. 지자체가 정하는 상업계획은 소매업을 육성해 전문성을 높이는 정책이었기 때문에 도시의 다품종 소량생산에 대응한 소매업 및 서비스업의 고부가가치화를 촉진시켰다.

또, 지자체에 현지 상업관계자단체가 영향력을 구사하여 기존 점포를 지키고 대규모 소매점의 진출이나 첸트로 스토리코 내에서의 경합을 막았다.

따라서 1970년대 후반부터 로마·밀라노·피렌체 등의 중심부에서 저명한 부티크가 급속히 생겨나기 시작했다. 그 뒤 1998년 「베르

프라다 본점(밀라노)
(출처: http://www.ntv.co.jp/anothersky/contents/2010/12/prada.html)

사니법(Bersani Law)」에서 일정 규모까지 소매 점포 출점에 대한 허가제를 폐지하고 신고제로 만든 것, 그전까지 취급 상품별로 세밀한 상업 판매허가를 폐지하고 상업 분류를 식품 비식품 두 가지로 구분함으로써 소매업이 한층 더 활성화되었다.

(2) 도심부를 지향하는 장인과 이를 뒷받침하는 소비자

첸트로 스토리코의 보존과 복원을 통해서, 역사적 건조물의 예술적·문화적 가치를 모두가 인정하는 것은 장인 기업, 특히 디자인 관련 산업의 약진을 촉구했다. 이탈리아에서 장인이라면 생산수단을 스스로 유지하는 근로자를 말한다.

장인 또는 장인 기업은 법률로 정의되어 있으며 1985년에 제정된 「장인기업보호법」에서는 장인 기업은 개인경영인, 전문 업종으로 대량 생산에 적합하지 않은 제품을 제공하고 있는 것 등 세 가지를 갖추고 있는 것을 기준으로 하고 있다. 또한 장인기업에 대해서는 세제 혜택, 국가에서는 설비투자 보조금과 융자, 코뮌에서는 생산 용지를 제공받게 된다.

장인들 사이에서만 계승되어 온 기술을 갖춘 사람들이 다양한 기능이 집중되고 소비자 밀착형 영업이 전개될 수 있는 도심부를 지향하는 계기가 되었다. 첸트로 스토리코에서는 공방과 매장이 역사적 건조물과 위화감이 없는 형태로 병행 존재하고 있다.

더욱 빼놓을 수 없는 것이 소비자의 동향이다. 그 중 하나는 브랜드가 아니라 부티크 자체를 추구하는 국민성이다. 이탈리아인은 상품을 이름으로 고르는 것이 아니라, 보다 개성적인 상품을 스스로 본인이 선택한다.

또 하나는 국제적 관광객 증가에 따른 관광의 질적 변화이다. 현재 이탈리아를 찾는 관광객들은 이탈리아 상품 구매에 많은 비용을 쓰고 있다. 장인 기업은 이런 소비자에 의해 지지되고 있으며 관광객의 방문지 역시 기존의 역사적 건조물에서 첸트로 스토리코 전체에 영향을 미치고 있다. 이러한 효과 또한 마을 만들기에 있어서 중요한 요소이다.

5 　과소지역에서의 지역 재생 운동 [스웨덴]

여기에서는 현지 취재와 함께 삿포로학원대학(札幌学院大学) 코우치 준코(小内純子) 교수의 지역 재생 관련 논문 「스웨덴 과소지역에 있어서의 지역 재생 운동과 지원 시스템」(대학 연구지·사회 정보지 게재)을, 삿포로학원대학의 승인을 얻어 인용해 정리했다.

1) 옘틀란드주(Jamtlands lan)모델의 실적

옘틀란드주(州)는 스웨덴 중북부에 위치하고 있으며, 8개의 코뮌 (commune, 최소지방정부)으로 구성되어 있다. 옘틀란드의 인구는 1955년 144,393명에서 50년 후인 2005년에는 127,028명으로 12%감소했다. 그동안 스웨덴의 총인구는 667만 명에서 904만 명으로 28% 증가했고 옘틀란드는 스웨덴에서도 유수의 과소 지역이다. 그러나 한편으로는 사회적 경제활동과 지역 재생활동이 활발한 지역으로 꼽힌다.

1980년대부터 활발한 지역재생활동은 1990년대 전반기에는 그 높은 성과로 인해 '옘틀란드 모델'로 불리며 스웨덴에 머무르지 않고 널리 EU전체에, 그리고 일본에도 알려지게 되었다.

2) 인구 감소의 3가지 원인

옘틀란드주의 재생활동은 인구감소 대책으로 시작됐다. 옘틀란드 지구 인구가 줄어든 주된 원인은 세 가지다.

첫째는 옘틀란드주를 구성하는 8개의 코뮌 중 1955년부터 2005년까지 50년 사이에 인구가 증가하고 있는 코뮌은 3개에 불과하고 나머지 5개 코뮌에서는 감소하고 있으며, 인구 감소로 코뮌의 거주지로서의 매력이 저하된 것이다. 둘째로는 남성인구가 여성인구를 웃도는 경향이 현저하게 나타나게 된 것이다. 이것은 여성이 대도시에 매력을 느껴 빠져나간 인구가 남성유출자보다 현저히 높아서 생긴 현상이다. 이에 따라 혼인수도 줄고 출산율도 감소해 인구 감소를 부추기게 되었다.

셋째는 옘틀란드주는 전 스웨덴 농촌 개발 기구(GBV)에 의해서 '인구 희소 지역'으로 분류되어 있으며, 원래 인구가 희박한데다가 주민들이 그것을 의식한 것도 인구 감소의 원인의 하나라고 생각된다(GBV는 스웨덴 국내 21개 현을 '도시 구역(인구 3,000명 이상의 커뮤니티)', '전원 지역(도시 구역까지 차로 45분 이내의 지역)', '인구희소 지역(도시 구역에서 45분 이상의 지역)'의 세 가지로 분류했다). 또 인구의 도시로의 이동에는 1960년대부터 1970년대 말까지 실시된 정부의 주택 계획 '100만 채 계획'도 크게 작용했다.

이로 인해 스웨덴 중앙과 남부를 중심으로 대량의 주택이 세워졌으며 거기에 지방에서 많은 사람이 유입되었다. 그 결과 도시구역 인구는 늘었지만 지방 인구는 감소했다.

3) 활동 스타일의 특징

1960년 전후부터 시작된 생활 불안과 위기감을 벗어나기 위한 지역 재건 활동은 이윽고 '옘틀란드 모델'이라 평가되어 전국과 EU국가들에 알려지게 되었고 그 특징적인 활동은 다음의 세 가지이다.

(1) 지방 자원 봉사 단체들의 활동

1980년대 이후 여러 봉사 그룹이 결성되어 활동이 활발해졌다. 자원봉사 그룹의 활동은 지금까지 지역에 축적되어 온 역사적 사회 자본을 시대상황에 맞게 재이용하여 활발하게 이루어졌다.

(2) 새로운 협동조합의 설립

기존의 대규모 협동조합과 달리 지방에서 소규모 협동조합이 많이 결성됐고 이것이 지역재생운동을 추진했다.

(3) 여성들의 운동

활동의 중심이 여성들의 네트워크를 만들고 여성의 자립을 위한 지원을 실시했다. 그 결과 1995년에는 70개의 여성 네트워크가 구축되어 이것이 재생활동에 효과적으로 기여했다.

4) 재생활동을 지탱하는 공적 시스템

엠틀란드주에서 지역 재생활동을 지탱하는 공적 조직과 사업 활동은 다음과 같다. 스웨덴에서는 국가의 방침을 받아 현이 지역개발 방침을 결정하고, 지역이 나아가야 할 방향을 보여준다.

정부의 지역정책 대부분은 지방행정부 기간으로 실시된다.

(1) 스웨덴 산업·기술 개발청(Nutek)

이 기관은 새로운 사업 창출, 더욱더 사업의 성장과 더불어 더 강한 지역 창조를 촉진하는 것을 사명으로 하고 있다. 이 사명을 달성할 때마다 다음 업무를 수행한다.

- 인터넷이나 전화를 통해 창업가에게 안내
- 창업에 관한 법률 및 제도 개선
- 기업가 활동에 관한 지식의 보급과 정비
- 중소기업의 성장을 위하여 필요한 조건의 정비
- 사업에 대한 자금 원조
- 관광 산업의 진흥
- 스웨덴 환경 기술 회의의 개최
- 지역 성장 프로그램 작성과 실시
- 지역의 성장과 고용 증대에 대한 지원
- EU의 지역구조기금 프로그램 운영

(2) 전 스웨덴 농촌 개발 기구(GVB)

농촌지역 인구희박지역 도시의 개발에 관한 연구 및 보고 제안을 진행하고 있으며, 활동 분야는 다음과 같다.

- 필요한 교육과 훈련에 관한 제안
- 고용창출을 위한 제안
- 주택공급으로 장애가 되고 있는 점의 명확화
- 인프라 및 통신정비에 관한 제안
- 인구에 관련된 연구
- 지역발전정책의 협력
- 국내·국제적인 조사실현과 결과의 보급
- 지방에 필요한 서비스 파악
- 통계와 분석방법의 개발

(3) 비즈니스 파트너의 공적기업(ALMI)

공적 기업에서 주로 기술 혁신 기업, 신규 창업자, 경영 혁신을 하는 중소 기업에 대해서 컨설팅과 금융 지원을 한다.

⑷ 스웨덴 경제 성장 연구소 (ITPS)

경제 성장에 대한 통계 자료 수집 분석하여 정부의 정책을 평가하기 위한 조사기관으로 다음 관점에서 연구를 진행하고 있다.

- 국제 경쟁력의 향상
- 산업의 재구축과 원동력
- 지방 재생
- 기술 변혁과 개발
- 산업 구조와 원동력에 대한 통계적 분석
- 산업 개발과 혁신에 관한 국가 및 지역 정책에 대한 평가
- 다른 나라의 경제 정책에서 배우는 정책 이해력

⑸ 옘틀란드 지역 개발국(JiLU)

옘틀란드의 지역 재생과 교육에 공헌하는 기관이다. 농업대학교를 운영하고 있으며, 15개의 EU프로젝트가 가동하고 있다. 현(県) 의회, 현(県) 내의 코뮌, 다른 공적인 조직이나 민간의 조직과 협력하여, 옘틀란드현의 교육과 개발에 관하여 중요한 공헌을 하고 있다.

5) 지역 재생을 추진한 외적 자극 지원

옘틀란드의 지역 재생은 공적 지원시스템과 함께 다음과 같은 대중

운동 지원기관의 외적 자극지원 시스템을 통해 성공하고 있다.

(1) 시민 활동 평의회

시민 활동 위원회는 지역 재생의 봉사 활동을 지원하는 조직에서 현재 스웨덴 내에 4,300개가 있는데 조직의 목적은 다음의 5개이다.

- 지역 개발을 촉진하고 지원하기
- 지역 그룹 간의 의사소통과 협력을 강화하는 것
- 국가 차원에서 NGO와 협력하는 것
- 마을 그룹의 대변자로 활동하는 것
- 여론과 정책 결정에 영향을 미치는 것

(2) 도우미

도우미는 새로운 협동조합을 지원하는 조직이다. 도우미의 중요한 일은, 지역 주민 스스로 자신들의 아이디어를 실현하거나 사업을 일으키거나 발전시키는 것에 협력하는 것이다. 조언과 정보제공, 학습기회 및 훈련장 지정, 관련 출판물 발행 등을 하고 있다.

(3) 여성 자원 센터

이 프로젝트의 가장 큰 목적은 젊은 여성이 살기 좋은 지역이나 외부로 이주한 젊은 여성이 돌아올 수 있는 환경을 만드는 것에 있다. 이를 위해, 다음과 같은 사업을 실시하고 있다.

- 여성의 필요에 맞는 교육 및 훈련 개발
- 연구자와 여성 간의 협력 관계를 구축

- 고용개발과 창조를 위한 여성의 잠재력 증진
- 여성을 위한 쿠빈눔(프로젝트를 정식으로 시작하는, Kvinn은 스웨덴어로 여성)의 만남의 장소
- 국제 네트워크를 구축
- 민주적인 업무 방식을 지원

6) 옘틀란드 재생의 성공 요인

이상 스웨덴의 과소지에 위치하는 옘틀란드의 지역재생시책, 관계기관의 활동에 대해 소개해 왔는데, 그 성공 요인은 다음과 같이 정리된다.

(1) 다양한 공동관계가 존재했던 것

옘틀란드주는 마을의 형성 과정을 통해 다양한 공동관계가 존재하고 있다. 자치회를 중심으로 한 공동관계, 금주운동, 지역의 가로등, 도로, 수도펌프 등의 유지관리를 위한 공동관계 등이 재생운동을 부추겼다.

(2) 역사적 사회자본을 지역의 상향식(Bottom-Up) 활동 속에서 살린 것

자원봉사 활동을 'new-old 운동'으로 규정지어, 그 때까지 지역에 축적해온 역사적 사회자본을, 시대 상황에 맞게 재사용했다.

(3) '필수의 삼각형' 원칙이 유효하게 작동

지역 살리기의 성공조건을 뜻하는 말로 '필수삼각형'이란 것이 있다. '필수삼각형'이란 '지역동원'을 정점으로 '공적지원', '외적자극'

이 저변이 되어 삼각형을 구성하고, 서로 관련하면서 운동을 전개하여 가는 지역 활동이다[도표 6-5-1].

스웨덴형이라고 할 수 있는 옘틀란드의 지역재생운동에서는 공적 기관에 의한 하향식(Top-Down) 공적지원과 대중운동지원기관에 의한 상향식(Bottom-Up) 외적자극 지원이 담당하는 역할이 컸다. 공공 지원 체제에 대해서는 항상 모순 없이 기능하는 것은 아니지만 활동의 자립성이 손상되지 않도록 조정되고 있다. 예를 들어 정부는 보조금 사용처에 개입하지는 않지만 결과가 요구되고 평가도 받는 시스템이 되고 있다.

[도표 6-5-1] 지방재생의 「필수의 삼각형」

맺음말

저출산, 고령화 등으로 도시기능이 쇠퇴하고 있는 대한민국 현실에 있어서 지역의 도시 활성화는 매우 중요한 전략이다.

지금까지의 도시개발이 재개발, 재건축을 위주로 전개하는 경우가 많았지만 이제는 기존의 역사와 문화, 자원을 살리면서 지역민이 함께하는 지역재생의 양상으로 급변하고 있다. 지역재생이야말로 향후 도시의 지속성장을 창출하고, 나아가서는 해당 도시의 활력과 발전을 이끄는 중요한 전략이라고 평가받고 있다.

본 저자는 지역창생에 입각하여 도시, 지방 등 지역활성화를 얘기하고자 한다.
이에 역자는 도시, 지방, 지역 등의 명칭에 다소 경계의 모호함이 있어 '지역창생'으로 통일하고자 한다. 지역은 도시 및 지방을 아우를 수 있기 때문이다.

'창생'이라는 의미는 기존의 '재생' 차원에서 한 발 더 나아가 '새로운 도시나 지역을 만들자'는 의미다. 그것은 기존의 것을 거부하자는 것이 아니라 그만큼 지금까지의 시각과는 전혀 다른 시각으로 거듭 태어나자는 관점을 갖는 것이다.

지역창생의 양대 축은 지역경제와 지역민이라고 할 수 있다.

중소기업의 활성화를 위해 지자체와 중소기업이 함께 해야 한다. 지역에서는 중소기업유치를 통해 일자리 창출을 이루고 중소기업은 현지의 주민을 활용함으로 인재확보를 통해 실질적인 지역활성화를 이룰 수 있다. 대기업유치, 대형 테마파크, 산업단지 뿐만 아니라 중소기업을 통해서도 충분한 효과를 노릴 수 있다. 지역의 발전과 중소기업이 같이 해야 하는 시대적 요구이다.

'빈집'이라는 부정적 요소도 지역창생의 '핵'으로 활용할 수 있고 은퇴한 운동선수가 인생 이모작을 통해서도 지역창생의 주인공이 될 수 있다. 결국 지역창생이라는 것은 우리가 사소하게 여기거나, 부정적인 소재까지도 아우르며 지역민이 주역이 되어 지방을 바꾸고 발전시킬 수 있는 전략이다.

지역문화, 콘텐츠관련 프로젝트에 참여하며 지역활성화에 대한 관심과 소명을 쌓아왔다.

비록 '지역창생'이라는 것이 일본의 지식기반에 비롯되었지만 무엇보다도 우리의 삶의 방식과 지역의 특성이 가장 유사한 일본의 도시재생 프로젝트부터 학문적 접근의 첫발을 내딛기로 결심했다.

지난 4월부터 번역작업을 시작했다. 대역을 하라는 지인들의 조언도 있었지만 아무래도 내용을 소화하기 위해서는 직접 하는 편이 낫다고 판단해 부족하지만 교정까지 했다. 그 만큼 허점이 있어 부끄러움이 앞선다.

일부 난해하고 도저히 이해가 되지 않는 것은 일본 지인한테 부탁을 해서 번역을 했지만 그래도 완전한 내용이 되지 않은 점도 독자들에게 송구함과 용서를 구한다.

간신히 책 편집을 마쳤을 때 외교 문제가 붉어져 출간에 대한 고민도 하게 되었다.

하지만, 일부 비판의 시각도 있겠으나 이미 시작한 것이라 물릴 수도 없고, 민간교류차원의 책 발간이므로 넓은 아량으로 양해를 구한다. 무엇보다 우리나라의 지역활성화에 참고가 될 만한 가치가 있다고 판단했다.

앞으로 '지역활성화'에 관련된 책을 여러 편 계획하고 있다. 아무쪼록 이 책이 지역활성화로 고민하고 있는 지자체와 관련 종사자들에게 미력이나마 도움이 되었으면 하는 바람이다.

【참고문헌목록】

1장 - 1

やまなしの統計（http://www.pref.yamanashi.jp/toukei_2/）

1장 - 3

島根県しまね暮らし推進課「島根県の定住対策」

島根県「平成27年度予算案」

公益財団法人ふるさと島根定住財団「しまねUIターン総合サイト くらしまねっと」
（http://www.kurashimanet.jp/）

1장 - 4

美波町地域活性プロジェクト(報道用基礎資料)、2015年2月

DAIMOND ONLINE ホームページ 相川俊英（http://diamond.jp/articles/-/60145）

Business Media 誠ホームページ 小槻博文
（http://bizmakoto.jp/makoto/articles/1311/14/news005.html）

IT Media ニュースホームページ 山崎春奈
（http://www.itmedia.co.jp/news/articles/1401/29/news121.html）

徳島の過疎の町美波町が社会増を達成したワケ(地方創生事例)
（http://matome.naver.jp/odai/2139227230119426901）

2장 - 1

早川正樹・田邊達也「小豆を使った神話のまちおこし」『豆類時報』No.61

田邊達也「出雲大社の門前町にふさわしい神門通りの甦りをめざして」『大社の史話』
　　第175号

2장 - 2

巻鯛車商店街ホームページ（http://www.taiguruma-syouten-gai.com/）

巻商工会「巻商工會だより」

2장 - 4

那覇市中心市街地活性化基本計画(仮称)策定基礎調査、那覇市経済観光部、2014年3月

一般社団法人なは市場振興会ホームページ（http://naha18.com/）

2장 - 5

出雲えんむすび商店街(出雲市中心5商店街) ホームページ
（http://www.enmusubi-street.com/）

出雲中央通商店街ホームページ（http://www.izumo-center.com/）

写真提供 （出雲市駅周辺）

(http://tamagazou.machinami.net/izumoshigaichi.htm)

3장 - 2

「石川の朝とれもん」ホームページ(http://www.asatoremon.jp/)

石川中央魚市株式会社ホームページ(http://www.ishikawa-uoichi.co.jp/)

石川県漁業協同組合ホームページ(http://www.ikgyoren.jf-net.ne.jp/)

すし処大敷ホームページ(http://sushi-ooshiki.com/)

水産庁「平成25年版水産白魯」

3장 - 3

「東北食べる通信」2014年6月号、2014年12月号

「東松島食べる通信」2014年11月号

高木英彰「日本における地域支援型農業 (CSA) 普及の可能性~一般消費者の利用意
　　向調査から~」農協共済総合研究所ホームページ

(http://www.jkri.or.jp/PDF/2013/Rep126takagi.pdf)

高橋博之「東北食べる通信を始めた理由(大量消費カルチャーを乗り越える)」

3장 - 4

EVN 公式ホームページ (http://ehimevn.info/)

EVN Facebook ページ (https://www.facebook.com/ehimevn)

中小企業庁「2014年版中小企業白書」

有限責任監査法人トーマツ 平成25年度創業・起業支援事業 (起業家教育の実態及び
　　ベンチャー支援策の周知・普及等に関する調査) 調査報告書

(http://www.meti.go.jp/policy/newbusiness/downloadfiles/140331_kigyouka-
　　kyouiku_tyousa_houkokusyo.pdf)

一般財団法人ベンチャーエンタープライズセンター 平成25年度創業・起業支援事業
　　(起業家精神と成長ベンチャーに関する国際調査)「起業家精神に関する調査」
　　報告書

(http://www.meti.go.jp/policy/newbusiness/downloadfiles/140331_gem_tyousa_
　　houkokusyo.pdf)

3장 - 5

米山久『ありきたりじゃない 新・外食』商業界

『第12次業種別審査辞典 (第6巻)』金融財政事情研究会

『業種別業界情報 (2015年版)』経営情報出版社

株式会社エー・ピーカンパニーホームページ (http://www.apcompany.jp/)

株式会社エー・ピーカンパニーIR 情報

株式会社オリエンタルランド プレスリリース

農林水産省「改正農地法について」(概要版)

株式会社農林漁業成長産業化支援機構ホームページ (http://www.a-five-j.co.jp/)

株式会社農林漁業成長産業化支援機構会社案内

株式会社農林漁業成長産業化支援機構出資同意決定済6次産業化事業体一覧
小林勇治・波形克彦 編著『小さな会社を「企業化」する戦略』同友館
Business Model Gallery Vol. 2　Kindle 版

4장 - 1
藻谷浩介・NHK 広島取材班『里山資本主義―日本経済は「安心の原理」で動く』角川
　　one テーマ21
真庭市「真庭バイオマス産業杜市構想」
一般社団法人真庭観光連盟「バイオマスタウン真庭 ツアーガイダンス」
冨山和彦『なぜローカル経済から日本は甦るのか』PHP 研究所
「特集 森林・林業再生と地域の活性化」『月刊地域づくり』一般財団法人地域活性化セ
　　ンター、第301号、2014年 7月
銘建工業株式会社ホームページ(http://www.meikenkogyo.com/index.html)
真庭市ホームページ(http://www.city.maniwa.lg.jp/webapps/www/index.jsp)

4장 - 2
株式会社アイエフエスネットホームページ(http://www.isfnet.co.jp/)
川崎市生活保護・自立支援室編集『現場発！生活保護自立支援川崎モデルの実践』ぎ
　　ょうせい
国立社会保障・人口問題研究所ホームページ
(http://www.ipss.go.jp/s-info/j/seiho/seiho.asp)

4장 - 3
海の博物館「目で見る鳥羽・志摩の海女」
(http://www.umihaku.com/exhibition/Ama/toba-shima-ama.html)
平成25年観光統計資料(鳥羽市観光課)
(http://www.city.toba.mie.jp/kikaku/toukei/13kankou/documents/25kanko-
　　toukei.pdf)
鳥羽商工会議所「海女のまち 相差」

4장 - 4
首相官邸ホームページ「まち・ひと・しごと 創生本部」
(http://www.kantei.go.jp/jp/headline/chihou_sousei/)
農林水産省ホームページ「農業委員会について 農業委員会の概要」
(http://www.maff.go.jp/j/keiei/koukai/iinkai.html)
株式会社げんちゃんホームページ(http://gen-chan.info)

4장 - 6
霧島酒造株式会社社社案内
霧島酒造株式会社ホームページ　(http://www.kirishima.co.jp/)
「黒霧島5000日戦争」『日経ビジネス』日経BP 社 No.1765、2014年 11月 10日

「ヒットの科学 九州版：黒霧島のヒットを支える赤霧島」2014年 7月 2日付西日本新聞電子版

5장 - 2

ロバータ・B・グラッツ『都市再生』晶文社

ピーター・カルソープ『次世代のアメリカの都市づくり　ニューアーバニズムの手法』学芸出版社

吹田良平『グリーンネイバーフッド』繊研新聞社

服部圭郎『衰退を克服したアメリカ中小都市のまちづくり』学芸出版社

Metro(http://www.oregonmetro.gov/)

5장 - 3

ボルダー市資料

『エネルギーフォーラム』No.660、2009年 12月

2011年 8月22日付サンケイビズ

2011年 8月22日付日本経済新聞

6장 - 2

「イギリスにおけるタウンセンターマネジメントの発展と我が国における成立条件」『地域経営ニュースレター』Vol.5-1-1、1999年 1月

自治体国際化協会「英国におけるBID の取組み」Clair report366

和歌山大学足立基弘教授「イギリスの中心市街地活性化に関する分析」

スターリング市TCM ホームページ

(http://my.stirling.gov.uk/services/transport-and-streets/town-centre-management)

オックスフォード市BID ホームページ

(https://www.atcm.org/search/results?query=OXFORD+BID&defaultvalue-cloneeec8=+&Submit=Search

メドウホールホームページ(www.meadowhall.co.uk/)

ノースイースト・エンタープライズ・ゾーンホームページ

(http://enterprisezones.communities.gov.uk/enterprise-zone-finder/north-eastenterprise-zone/)

ノースイースト・ローカル・エンタープライズ・パートナーシップホームページ(http://nelep.co.uk/)

ローカリティホームページ(http://locality.org.uk/)

カッスル・ヴェイル市事例

(http://locality.org.uk/projects/power-change/case-studies /castle-vale-tenantsresidents-alliance/#sthash.q1AWbFMf.dpuf)

6장 - 4

宗田好史著『にぎわいを呼ぶイタリアのまちづくり』学芸出版社

国土交通省国土交通政策研究所「EU における都市政策の方向とイタリア・ドイツにおける都市政策の展開」2002年 12月

上田貴雪「ヨーロッパの景観規制制度―『景観緑三法』提出に関連して―」『調査と情報』国立国会図書館、No. 439、2004年 2月

財団法人自治体国際化協会「イタリアの地方自治」2004年 3月

民岡順朗「イタリアの都市計画と都心部活性化方策―都市計画制度と、民間活力による『保全型まちづくり』」『新都市』公益財団法人都市計画協会、Vol. 58 No. 9、2004年 9月

福田理「都市景観形成の意義―景観法の成立と課題―」『レファレンス』国立国会図書館、No. 649、2005年 2月

日本貿易振興機構「イタリアにおけるサービス産業基礎調査」2011年 3月

【저자약력】

〈편저자〉

고바야시 유우지

메이지 대학 전문직 대학원 글로벌 비즈니스 연구과 수료(MBA), 중소기업 진단사, IT코디네이터. 일본 NCR(주)17년 근무 후 독립.
현재 와세다 대학 대학원 비즈니스 정보 아카데미 CIO 코스 강사,
이·매니지·컨설팅(협) 대표이사, (주) 매니지먼트 컨설팅턴츠그룹 대표이사,
(일사)일반사단법인 동경도중소기업진단사협회고문, 비영리특정법인 IT코데이네이터협회 부회장, (사)일본사업재생사협회이사, 동경도 경영혁신우수상심사위원장

가츠히코 나미카타 (제5장 - 1·3·4·5·6 제6장 - 1·5 담당)

와세다 대학 비즈니스 스쿨 수료(정보·물류 전공), 중소기업 진단사, 사회보험노무사, IT코데이네이터. 일본부인신문기자, 섬유신문기자·편집장 역임후, 상업시스템연구센터를 설립, 경영컨설턴트

〈옮긴이〉

엄상용

국내 첫 이벤트정보 웹사이트 이벤트넷(www.eventnet.co.kr)대표, 경기대학교 이벤트국제회의학과(관광학 박사), 한국이벤트산업협동조합 이사장, 한국이벤트컨벤션학회 부회장, 한림국제대학원대학교 컨벤션이벤트 경영학과 겸임교수, 제25대 중소기업중앙회 이사역임

• 대전세계박람회, 2002 한·일월드컵, 한·일 슈퍼엑스포 등 행사기획 다수
• 축제 및 박람회 자문·평가 등 다수(축제평가, 박람회 백서 등)
• 일본 행사 및 지역활성화 관련 인프라 다수 연계

〈저자〉

콘도 오코(제1장 - 1 담당)

도쿄농업대학 졸업. 웹디렉터로서 주로 중소기업의 정보발신에 관한 제안을 실시한다. 또 중소 기업 진단사로서 디자인의 관점에서 전략적인 브랜딩과 6차 산업화 지원 등을 실시하고 있다

쿠로카와 오사무(제1장 - 2 담당)

도쿄농업대학 공학부 졸업, 중소기업진단사. 일본 아이비엠(주)에 근무하며, 현재는 기술영업으로서 아자일을 비롯한 개발프로세스 개선과 클라우드 제안에 종사한다. 경영혁신, IT를 이용한 업무개선을 장점으로 한다.

하타케야마 유타카(제1장 - 3 담당)

도카이대학 대학원 이학 연구과 졸업, 중소기업 진단사, 미국 공인회계사 (USCPA).

마츠시마 다이스케(제1장 - 4 담당)

나고야 상과대학 대학원 매니지먼트 연구과 수료, MBA, 중소기업 진단사. 관광 컨설턴트, 청년해외협력대를 거쳐, 국제협력데이터서비스 총무과 근무. 도쿄도 중소기업진단사협회 중앙지부 국제부 부부장

츠츠이 메구미(제1장 - 5 담당)

중소기업 진단사, 인정 사업 재생사(CTP), IT 코데이네이터, (재단) 카가와 산업 지원 재단 응원 센터 전문가, (유) 링크·서포트 대표이사, 도쿄도·가나가와현 등 재생 지원 협의회 전문가. 저서 "올바른 회사의 끝내는 방법"(닛케이 BP사)

아다치 슈우지(제2장 - 1 담당)

시마네대학 법문학부 법학과 졸업, 중소기업 진단사, 일급 판매사, IT코디네이터. 유한회사스타일크리에이션 대표이사 경영혁신 등 인정지원기관

마츠자키 카스미(제2장 - 2 담당)

게이오 기주쿠 대학 법학부 졸업, 중소 기업 진단사·1급 판매사. 일본 NCR(주식), 후지 제록스(주)를 거쳐서 독립. 저서 "판매사", "당신의 가게를 강하게 하는 계수 관리" 공저자 다수, 현재, 지방상가의 활성화에 종사하고 있음.

미야타 사다오(제2장 - 3 담당)

이바라키대학 졸업, 이바라키현 요로즈 지원 거점. 코데이네이터, 중소기업 진단사, ITC. 일흥증권(주) 영국 현지법인 근무등을 거쳐 독립, (주)프티 대표이사, 중앙대학강사. "기업 재생 지원의 진행 방법"(공저, 동우관) 외, 저서 다수.

메이카리 야스히로(제2장 - 4 담당)

게이오 기쥬쿠 대학 대학원 경영관리 연구과 수료, 중소기업 진단사, IT코데이네이터. 넥스트시스템 컨설팅 대표이사

스미타 아키라(제2장 - 5 담당)

호세이 대학 경영 대학원 수료, MBA, 중소 기업 진단사. 전일본 공수(주) 정년퇴직, 법정대학 경영 대학원 이노베이션(innovation)·매니지먼트 종합 연구소 특임 연구원. 에니컨설팅 대표

무라오 나츠(제3장 - 1 담당)

도쿄외국어대 대학원 지역문화연구과 박사 전기과정 수료, 중소기업진단사

헤키 리츠코(제3장 - 2 담당)

나고야 대학 교육 학부 졸채, 중소기업 진단사, (유) 유키나가비즈 대표이사, 이매니지 컨설팅 협동조합 이사. 경영혁신, 창업, 지원 등에 종사. 저서 "컨설팅 이노베이션"(공저, 동우관)

타가 슌지(제3장 - 3 담당)

쿄토 대학 법학부 졸업, 중소기업 진단사, 준인정 펀드 매니저. 현재, 일반 사단법인 전국 노동 금고 협회에서, 조사 연구의 업무에 종사. 비영리단체 자금조달 전문

다카하시 히로유키(제3장 - 4 담당)

도쿄대학 대학원 공학계 연구과 수료, 중소기업 진단사, 정보처리 기술자(시스템 애너리스트, 프로젝트 매니저 외). 후루카와 전기공업(주) 근무.

나카노 마사시(제3장 - 5 담당)

메이지 대학 졸업, 중소 기업 진단사, 사회 보험 노무사 유자격자 택지 건물 거래사, 2급 파인 파이낸셜 플래닝 기능사. IT, 농업, 비즈니스 모델, 마케팅을 중심 테마로 활동.

오오하시 야스히코(제4장 - 1 담당)

와세다 대학 제일문학부 졸업, 중소기업 진단사. 중소기업을 위한 경영 컨설팅 회사인 밸류포스 합동 회사 대표 사원

야마고우 마나가(제4장 - 2 담당)

군마 대학 공학부 대학원 수료, 중소 기업 진단사, IS014000심사원. 철판인쇄(주)에서 생산기술, 환경관리, 구매관리, 공장감사를 경험. 현재, 산고비즈니스 컨설팅 대표. 사업승계, 경상혁신에 종사

마스다 아호(제4장 - 3 담당)

도쿄공예대학 단기대학부 사진학과 졸업, 중소기업진단사(공재) 일본생산성 본부 인정 컨설턴트(주) OFFRE대표 이사. (주)소시에 월드에서 16년간 마케팅·인재 육성에 종사

오오노 카츠에(제4장 - 4 담당)

법정 대학원 경영학 석사, 일본 사회사업 대학 전문직 대학원 복지 매니지먼트 석사. 중소기업 진단사, 사회복지사, 산업상담사. 개별 기업지원, 공공기관의 등록 전문가, 군마현 스쿨 카운슬러

츠보이키 미오(제4장 - 5 담당)

토야마 대학 경제학부 졸업, 중소기업 진단사, 사업 재생 어드바이저. 츠보이 경영 기획 대표. 주택 설비 기기 업체에서 16년간 영업, 3년간 기획직에 종사하고 독립 개업

호시노 유우지(제4장 - 6 담당)

메이지 대학 상학부 상학과 졸업, 중소기업 진단사. 야마하(주)근무. 저서 "2014년판 중소 기업 진단사 2차 시험 합격자의 머릿속에 있던 전 지식", "모든 노하우(공저, 동우관)", "중소 기업의 미래를 만드는 여성들!(공저)"

후지타 야스히로(제5장 - 2 담당)

교토 대학 졸업, 중소 기업 진단사. 종합 상사와 라면(현·도요타 통상)에서 식품본부에 26년간 근무하고, 식품과 수출입·삼국 간 무역, 태국 중국 등에서 식품 공장 관리에 종사, 미국 포틀랜드, 휴스턴의 주재 경험 있음

미네자키 유우이치(제6장 - 2 담당)

도쿄 교육 대학 문학부 영어 영문학과 졸업, 중소기업 진단사, 실용 영어 검정 1급. (주)대양 어업(마루하니치로)입사 후 해외 상사(영국 런던 주재 6년 포함), 물류 사업에 종사. 시사 영어 연구 위기관리 마스터가이드 외 저서 다수

오오츠카 타츠오(제6장 - 3 담당)

사이타마 대학 이학부 수학과 졸업, 중소기업 진단사. 일본전기(주)에 12년간 근무 후 현재 (유)어펙트 매니지먼트 대표, 이미지컨설팅협동조합 조합원·이사

오노타카 요시(제6장 - 4 담당)

히토쓰바시 대학 법학부 졸업, 사회보험노무사, 1급 파이낸셜·플래닝 기능사, 중소기업 진단사. 비철금속메이커에 근무하였고, 현재는 파견으로 심해자원개발 근무

CHIHOUSOUSEI DE MACHI WA KASSEIKASURU
ⓒYuji Kobayashi & Katsuhiko Namikata 2015
Original Japanese edition published by DOYUKAN CO.,LTD.

Korean Translation copyright (c)2019 by Hakyoun Cultural Publishing Co.
This Korean edition is published by arrangement with KL Management, Seoul, and Cuon
Inc., Tokyo

지역창생과 지역활성화 전략

- 미국, 유럽, 일본의 도시창생 프로젝트 -

2019년 9월 16일 초판 1쇄 인쇄
2019년 9월 20일 초판 1쇄 발행

지은이 고바야시 유우지 / 나미카타 가츠히코
옮긴이 엄상용

펴낸이 권혁재

편 집 이정아
인 쇄 ㈜동양인쇄

펴낸곳 학연문화사
등 록 1988년 2월 26일 제2-501호
주 소 서울시 금천구 가산동 371-28 우림라이온스밸리 B동 712호
전 화 02-2026-0541~4
팩 스 02-2026-0547
E-mail hak7891@chol.com

ISBN 978-89-5508-402-3 93300